Línea de sombra
El no sujeto de lo político

Segunda edición, revisada

Alberto Moreiras

Con un prefacio de Sergio Villalobos-Ruminott

London
Spanish, Portuguese and Latin American Studies in the Humanities

Línea de sombra. El no sujeto de lo político (Segunda edición, revisada) by Alberto Moreiras, con un prefacio de Sergio Villalobos-Ruminott

The right of Alberto Moreiras to be identified as author of this work has been asserted by him in accordance with the Copyright, Designs and Patents Act, 1988.

© Alberto Moreiras, 2006, 2021

Preface © Sergio Villalobos-Ruminott

All unauthorised reproduction is hereby prohibited. This work is protected by law. It should not be duplicated or distributed, in whole or in part, in soft or hard copy, by any means whatsoever, without the prior and conditional permission of the Publisher, SPLASH Editions.

This is a revised and expanded edition of *Línea de sombra. El no sujeto de lo político*, published by Palinodia, 2006.

All rights reserved.

ISBN 9781912399161

Cover photograph © the author.

Author photograph © Teresa Vilarós, reproduced by permission.

Cover design by Hannibal.

Índice

Prefacio Sergio Villalobos-Ruminott   7

Nota a la segunda edición revisada de *Línea de sombra*.   17
El no sujeto de lo político

Prólogo   21

1 Más allá de la línea   27

2 Caza preventiva: el nuevo partisano   53

3 Hijos de la luz. Neopaulinismo y catexis de la diferencia   79

4 Una relación de pensamiento. El fin de la subalternidad   121

5 Línea de sombra. Hacia la infrapolítica   161

6 Un dios sin soberanía. La decisión pasiva   199

7 An-arqueología de lo político   229
   (Sobre *Volver al mundo*, de José Angel González Sainz)

Coda   251

Obras citadas   257

> He felt his anger inch over just a little, like a fat man making room on a bench.
> (T. Jefferson Parker, *California Girl* 328)

A Willy y Federico

A Marta, Oscar y Iara, por su amistad en años duros

Prefacio. Arrojo y perseverancia
Sergio Villalobos-Ruminott

Seré breve, aunque no por eso menos injusto. Partiré por decir que es, desde todo punto de vista, una situación afortunada contar con la reedición de *Línea de sombra. El no sujeto de lo político* de Alberto Moreiras, un libro cuya publicación original data del año 2006 en Chile, y cuya pertinencia sigue siendo indiscutible hoy en día. Enfrentado a la tarea de escribir este prólogo, he decidido optar no por la acostumbrada estrategia de celebrar sus contribuciones y anticipar sus ideas centrales, sino que, de manera más acotada, quisiera comentar el horizonte general en el que se inscribe el libro y en el que ahora lo leemos, cuando han pasado cerca de quince años desde su publicación original. Esto nos permitirá dimensionar la condición arriesgada y perseverante del trabajo de su autor, quien no teme arrojarse al mundo para cuestionar una serie de presupuestos naturalizados que marcan y definen nuestra forma de habitar, esto es, nuestros hábitos de pensamiento, de ordenación y de constitución del sentido, de la historia, de la política y de la democracia.

Línea de sombra es un texto precedido por algunos libros anteriores de Moreiras, entre los que destaca en primer lugar *Tercer espacio. Literatura y duelo en América Latina*, publicado también en Chile, en la editorial ARCIS-LOM, el año 1999, y que reúne una serie de elaboraciones relativas a la cuestión de la literatura latinoamericana, la violencia estructural o constitutiva que transpira en sus procesos creativos, la posibilidad de una relación post-mimética entre esta literatura y sus contextos de inscripción, la problemática del duelo y la posibilidad de leer en ella un tipo de pensamiento que no quede capturado ni por la economía monumental del canon, ni por las lógicas identitarias de la periferia. Dicho libro, en cierta medida, confirmaba la relevancia de los seminarios doctorales que su autor realizaba en ese entonces en la Universidad de Duke y que fueron fundamentales para la formación no sólo de varios destacados académicos contemporáneos, sino que contribuyeron substantivamente también a la configuración de un tipo de aproximación a la literatura regional ya entonces advertida de las limitaciones identitarias, locacionistas e historicistas que habían definido sistemática y sintomáticamente al campo de estudios latinoamericanos. Contra toda pretensión de novedad, habría que decir con mucha claridad que *Tercer espacio* fue una de las primeras interrogaciones sostenidas y teóricamente sustentadas de la literatura latinoamericana más allá de la floja economía alegórica-identitaria relativa a la formación de la nación, la puesta en forma del Estado nacional o la geopolítica convencional que le asignaba a las prácticas escriturales y críticas del llamado Tercer Mundo una función antiimperialista casi inescapable. *Tercer espacio*, en efecto, no solo interrogaba la literatura regional como una formación cultural alternativa tanto a la identidad como a la diferencia, en cuanto emanaciones metafísicas de un mismo principio de articulación del sentido, sino que lo hacía con una clara conciencia de la condición inestable de su suelo histórico; inestabilidad derivada no solo del agotamiento de los aparatos críticos y hermenéuticos tradicionales, sino derivada también de la inevitable fuerza desterritorializadora de los procesos de globalización y mundialización que se han desencadenado desde fines del siglo pasado. Para decirlo de forma alternativa, *Tercer espacio* inscribía su entramado conceptual y crítico en el horizonte del latinoamericanismo, sin ignorar que dicho horizonte estaba en ruinas. En cierto sentido, el libro hacía duelo por el latinoamericanismo, sin caer en la nostálgica restitución de sus agendas, sino que, aprovechando tal situación, nos ofrecía la posibilidad de entrar en relación con estas formaciones culturales sin supeditarlas ni a las inquietudes tradicionales ni a la división internacional del trabajo intelectual, para la cual el latinoamericanismo había sido poco más que un repertorio etnográfico, exótico y pletórico, en el que se podían poner a prueba elaboraciones teóricas provenientes de los centros metropolitanos.

En efecto, lejos de asumir esta naturalizada división universitaria del trabajo, *Tercer espacio* nos invitaba a pensar autores y textos de la literatura latinoamericana en el mismo horizonte en el que cabía elaborar la crítica al logocentrismo y sus formaciones de poder. Por supuesto, estas eran malas noticias para un campo intelectual y profesional cuya inercia le impedía asumir la responsabilidad histórica de pensar sin filosofía de la historia, es decir, sin las claves ni las garantías ofrecidas a los estudios de área desde el moderno contrato social y su respectiva institucionalidad universitaria; garantías estas que habían instrumentalizado, a su vez, a la literatura para convertirla en un poderoso aparato normativo de interpelación ideológica. De tal manera, las malas noticias que *Tercer espacio* traía no solo repercutían a nivel epistemológico, sino también a nivel existencial, afectando a los exponentes de un campo cuya constitución no era en absoluto ajena a las prácticas brutales del exilio, de la censura, de la represión y de la consiguiente cancelación de sus proyectos políticos, individuales y colectivos. Moreiras, que hacía duelo frente al naufragio del latinoamericanismo, no podía sino ser percibido como *el cartero de la verdad*, pero de una verdad todavía difícilmente procesable para muchos que en vez de asumir el desafío presente en sus páginas, optaron por traducir sus agotadas agendas a los mojones categoriales de un nuevo humanismo que recuperaba las pasiones del Tercer Mundo, reciclando su plus de goce en el horizonte decolonial de una geopolítica aún más sustancialista que la anterior, relativa a la emergencia de un Sur global. *Tercer espacio* aparecía entonces como una salida desde esta recalcitrante geopolítica, una salida hacia un espacio de historicidad radical (*ni...ni*), que no podía ser subsumido *ni* a la lógica del reconocimiento *ni* a la lógica de la monumentalización: *ni* Occidente *ni* Oriente, *ni* Norte *ni* Sur global, sino heterogeneidad de procesos históricos y formaciones de regionalismo crítico sin fundamento. Es decir, *ni* ontología *ni* identidad.

Le siguió a este libro el volumen titulado *The Exhaustion of Difference. The Politics of Latin American Cultural Studies*, publicado por la editorial de la Universidad de Duke en 2001. Otra vez nos encontramos con un libro cuyo arrojo y perseverancia venía a estropear el festín culturalista de un campo de estudios cuyo rodeo por la teoría lo había llevado a la elaboración de narrativas cada vez más sofisticadas relativas a la formación cultural latinoamericana, a sus dimensiones transculturales, a "su" realismo mágico y a sus potencialidades, para ser integrada, no sin tensiones, al horizonte todavía general de la modernidad occidental. En efecto, *Exhaustion* no se conformaba con presentarnos una crítica de las formaciones culturales hegemónicas (desarrollismo, modernidad, nación, progreso, etc.), sino que insistía en mostrar el plus de goce relativo a la elaboración de la diferencia ya siempre tributaria de las mismas formaciones hegemónicas. El agotamiento de la diferencia no era entonces una crítica a la diferencia *tout court*, sino una crítica a las formulaciones suntuosas de dicha diferencia, como identidad invertida y lista para ser reconocida o recuperada. En efecto, el culturalismo etnográfico que surgió como contestación a los procesos de modernización y globalización, desde el siglo pasado hasta ahora, se ha mostrado por lo general incapaz de cuestionar radicalmente la misma traducción y domesticación de la diferencia a la lógica flexible y neutralizadora tanto del Estado nacional integrador y hegemónicamente articulado, como del actual currículo flexible universitario, en la época de su subsunción neoliberal. Para estas narrativas de la diferencia, América Latina siempre había sido moderna, aunque alternativa; o, mejor aún, la región siempre había sido estilísticamente post-moderna en su propia confección, en sus culturas e hibridaciones múltiples, que nos presentaban un mosaico de posibilidades donde todo podía pasar. América Latina siempre había sido, en otras palabras y casi de manera natural (dada la complejidad barroca de su formación), una contra-modernidad capaz de deconstruir los presupuestos universalistas de la razón occidental. Moderna, postmoderna, deconstructiva y alternativa a la vez, la situación latinoamericana parecía augurar por fin un encuentro efectivo entre sus procesos históricos y las teorías etnográficas y culturales maravilladas con la fuerza desreguladora de la globalización, olvidando de cierta manera los efectos de esta globalización a nivel de las prácticas de acumulación y poder.

Por supuesto, estas teorías gozosas de la diferencia fallaban en problematizar la condición flexible del neoliberalismo y sus relatos culturales (hibridez, multiculturalismo, diversidad), asumiendo, sin mayores problemas, procesos de desterritorialización y desregulación cuyo sello intelectual venía dado por el Boom de los nuevos estudios culturales, que habían abandonado el rigor y la complejidad analítica de sus primeros exponentes para convertirse en una narrativa populista alojada en la academia y en el emergente Estado neoliberal. No es casual entonces que esta pérdida de complejidad y rigor haya sido pensada como una suerte de americanización de los estudios culturales, pues coincidió con la puesta en escena, sin mediaciones, de la *Pax Americana* a nivel global, en el contexto de la post-Guerra Fría. Sin embargo, a pesar de que estas innegables transformaciones motivaron a muchos practicantes de los estudios latinoamericanos a criticar los límites históricos, epistemológicos y políticos del latinoamericanismo criollista tradicional, abriéndose a las problemáticas de los estudios post-coloniales, al subalternismo y al testimonio como práctica escritural no letrada de resistencia, la pulsión por restituir un horizonte crítico y político convencional llevó, más que a profundizar el análisis, a reiterar mecánicamente las claves del liberacionismo que había fallado ostensiblemente en los años anteriores. En otras palabras, sostenemos que la astucia del liberacionismo consistió en su capacidad para reciclar sus imperativos y compromisos humanistas, haciendo que el proceso crítico de elaboración y conceptualización de estas innegables transformaciones históricas quedase suspendido en atención a las urgencias activadas por el compromiso moral con la región.

Lejos de esto, *Exhaustion of Difference* tampoco demandaba la recuperación de un horizonte normativo que le restituyera a la práctica intelectual su perdida condición aurática y emancipatoria. La preocupación era y sigue siendo mucho más radical: frente a la capacidad neutralizadora del neoliberalismo, expresada en las lógicas neo-humanistas del currículo universitario flexible, en los tiempos de la universidad en ruinas (como anticipaba Bill Readings en 1996), la interrogación llevada a cabo en este volumen tenía que ver con identificar, por un lado, las continuidades entre la desenfadada teoría cultural reciente y los modelos hermenéuticos y representacionales del criollismo latinoamericano, aquellos modelos que fueron centrales para la constitución del pueblo, de lo nacional-popular, del Estado nacional, de la hegemonía cultural, del mestizaje y de las diversas formas de transculturación, nacionales y regionales. Pero, para determinar las continuidades entre todas estas tecnologías de formación y regulación, de producción y optimización de lo social, no basta con encontrar convergencias formales o superficiales; por el contrario, hay que atender a la complicidad estructural en sus diseños del orden social y en las formas en que las viejas teorías culturales y las nuevas co-inciden en un mismo horizonte identitario, criollista y criollista-tardío, para el cual el indigenismo y el neo-indigenismo decolonial cumplían y siguen cumpliendo la misma función ilustrativa y compensatoria. Ya en ese texto el arrojo de Moreiras complicaba la euforia con que se celebraban los hallazgos de la etnografía cultural post-nacional, sin caer en la tonalidad melancólica de un saber intelectual que añoraba el mundo feliz de la crítica como tecnología universitaria moderna.

Por otro lado, para *Exhaustion* no bastaba con la simple identificación de las profundas continuidades y coincidencias entre el momento clásico y el momento tardío del criollismo latinoamericano, se trataba además de plantear la problemática de la subalternidad como límite de toda lógica hegemónica de articulación equivalencial. Moreiras leía el subalternismo como interrupción de la semiótica cultural y representacional que abundaba y aún abunda en el latinoamericanismo actual, que, mientras intenta mantenerse a flote en una universidad marcada por la "excelencia" de la irrelevancia, no dejaba ni deja de restituir sus criterios históricos y políticos de relevancia, ahorrándose el necesario cuestionamiento de tales criterios. Es importante atender a este desliz, pues aunque el subalternismo en ese momento todavía gozaba de cierta visibilidad en el campo de estudios latinoamericanos, ya podían atisbarse diferencias irreconciliables entre lo que se dio en llamar un subalternismo de primer orden y otro, de segundo orden, orientado hacia la deconstrucción de las claves onto-políticas que habían alimentado a los discursos liberacionistas universitarios. Más allá de las tensiones personales entre los exponentes del subalternismo deconstructivo y lo que después se denominó "giro decolonial," me interesa detenerme en este punto para mostrar que ya en *Exhaustion* se estaban gestando varios desplazamientos (luego complementados por el libro de Gareth Williams del año siguiente, *The Other Side of the Popular. Neoliberalism and Subalternity in Latin America* [Duke UP, 2002]), relativos a la misma imaginación política progresista latinoamericana, articulada fuertemente por las nociones de lo nacional popular, del Estado nacional como proyecto histórico ineludible en la lucha contra el imperialismo, y de la hegemonía como estrategia política inescapable, pero también como fundamento último del pensamiento liberacionista.

Por supuesto, no se trata de presentar el arrojo de Moreiras como si fuera un gesto solitario, pues podríamos mencionar las contribuciones del mismo Williams, de John Kraniauskas, de Brett Levinson y de muchos otros, cuyas insistencias son convergentes. Por el contrario, damos estos antecedentes para destacar el papel central que el trabajo y el arrojo de Moreiras han tenido en la constitución de escenas de pensamiento distintivamente indispuestas con las hegemonías consensuales de los estudios latinoamericanos. Ese arrojo, lleno de riesgos, ha generado ninguneos y omisiones, pero ha sido fundamental para instilar un *estilo* de pensamiento incapaz de conformarse con la buena conciencia humanista de aquellos que trabajan a favor de la historia. Y no habríamos de tomar la cuestión del estilo a la ligera, pues al final, y en términos nietzscheanos, el estilo es lo que importa.

Como se ve, la serie de desplazamientos provocados por las reflexiones de *Tercer espacio* y *Exhaustion of Difference*, complicaban radicalmente las piedades del latinoamericanismo progresista y su inconfesado humanismo, mostrándonos una dimensión imperceptible de los procesos históricos, culturales y políticos recientes. Durante los años inmediatamente posteriores a la publicación de *Exhaustion*, Moreiras se entrevera, ahora ya decididamente más allá de las referencias habituales de los estudios latinoamericanos, con una serie de textualidades preocupadas con la transformación del mundo contemporáneo y con las dimensiones más propiamente filosóficas que cumplían la función de fundamento para el pensamiento progresista a nivel general. Lecturas sistemáticas de autores tales como Alain Badiou, Ernesto Laclau, Carl Schmitt, Jacques Derrida, Slavoj Žižek, Judith Butler, etc., continuaban insistencias ya presentes en su temprano volumen *Interpretación y diferencia* (Madrid: Visor, 1992), pero ahora estaban marcadas por una clara conciencia respecto al agotamiento de los estudios de área para hacerse cargo de un trabajo de pensamiento que requería, como primera condición, un cuestionamiento radical de los presupuestos onto-políticos que alimentaban la imagen del mundo y la imaginación hegemónica del liberacionismo a nivel global. Estas intervenciones llevaron, en efecto, el año 2006, a la publicación de *Línea de sombra*, un volumen constituido por varios ensayos que interrogan precisamente las nuevas claves conceptuales del pensamiento crítico: nomos-anomia, legado-deslegación, hegemonía-subalternidad, política-soberanía, subjetividad-multitud, e imperio-contra imperio, entre otras.

Sin embargo, las resistencias que sus volúmenes anteriores habían generado ahora parecían multiplicarse, en la medida en que el giro decolonial parecía convertirse en el sentido común progresista a nivel académico, y la constitución de la llamada Marea Rosada parecía confirmar las apuestas liberacionistas de un pensamiento que dejaba atrás sus análisis económico-políticos y de clases, y se consagraba a la fundamentación de las estrategias de articulación contra-hegemónica frente a la predominancia brutal del neoliberalismo regional y globalmente. *Línea de sombra*, un libro profundamente comprometido con la destitución de la categoría onto-política de sujeto, parecía contradecir, otra vez, la euforia progresista del "post-neoliberalismo," que adornaba retóricamente el discurso de las administraciones gubernamentales, que estaban basadas, a su vez, en el llamado consenso de las mercancías, de claro carácter neo-extractivista pero combinado con políticas distributivas generosas, orientadas, por supuesto, a contener cualquier irrupción o desorden que pudiese alterar los procesos de acumulación.

De esta manera, el arrojo y la perseverancia de las intervenciones críticas de Moreiras parecían ahora delatar su naturaleza escondida: se trataba, o esto es lo que se le reprocha habitualmente, de un pensamiento no comprometido, escéptico, formalista, despolitizante en el sentido convencional y, sobre todo, extemporáneo. Sería esta condición extemporánea, sin embargo, la que hace de sus textos un intrincado trabajo de pensamiento, que nunca coincide ni con los ritmos superficiales del presente ni con sus pasiones políticas. Esta extemporaneidad no tiene nada que ver ni con la anti-política ni con la meta-política, sino que nos envía hacia una problematización rigurosa de la misma tradición política occidental desde la suspensión del presupuesto fundante de dicha tradición, a saber, la homologación de existencia y política. Suspender dicha homologación no implica, por supuesto, posicionarse desde un existencialismo solipsista, ni menos desde un desdén aristocrático que desprecia las luchas sociales del presente; implica, por el contrario, y gracias a la destitución de las nociones consulares de esta tradición (sujeto, hegemonía, soberanía, etc.), abrirse a una nueva relación con la política más allá del mandato sacrificial de la identidad, de la soberanía y de la militancia partisana. Y esto, que constituirá el trabajo de Moreiras desde ese entonces, y que alcanzará su momento de plena formulación en sus libros recientes (*Marranismo e inscripción*, *Infrapolítica. Instrucciones de uso*, *Sosiego siniestro*), sigue siendo el blanco para las críticas de una *intelligentsia* progresista que no se cansa de reproducir sus claves liberacionistas, sujetas al mandato moral emanado de una floja filosofía de la historia.

Frente a un pensamiento insatisfecho con la fórmula de la hegemonía, con el recurso subjetivo a la decisión soberana, con las apelaciones decoloniales a la comunidad, con el resuello partisano del neo-comunismo académico y con las esperanzas contra-imperiales en la multitud, *Línea de sombra*. *El no sujeto de lo político* inauguraba un horizonte de reflexión que no podía ni puede ser circunscrito al latinoamericanismo o al hispanismo, pues traza sus inquietudes como líneas verticales que atraviesan la misma división universitaria de saberes y disciplinas, abriendo la posibilidad para un trabajo de pensamiento que ya no puede habitar cómodamente al interior de las universidades actuales, cada vez más corporativizadas y sujetas a la lógica de la reproducción y de la equivalencia general. En eso consiste la radicalidad del arrojo presente en este volumen, en desmarcar sus inquietudes desde las euforias y las piedades del progresismo y del liberacionismo reciclado, mientras que no se solaza en las postulaciones teóricas de su momento, iniciando un trabajo de cuestionamiento crítico dirigido directamente a la teoría sancionada universitariamente. Gracias a este arrojo y a su perseverancia, es posible dibujar hoy, aunque sea de manera tentativa, la vertical que abisma los compromisos y las seguridades de todo campo profesional; me refiero a aquella vertical que se inició con su lectura no convencional del tercer espacio latinoamericano, que continuó con un trabajo an-arqueológico de suspensión del suelo que abastecía a la teoría culturalista latinoamericana, inscribiéndola en la problemática reconfiguración geopolítica del mundo y en función de las posibilidades de un regionalismo crítico no identitario, y que derivó, ya en *Línea de sombra*, hacia un cuestionamiento de los límites del pensamiento político progresista contemporáneo, todavía anclado a los mojones teológicos de la tradición tales como los conceptos de sujeto, soberanía, hegemonía o comunidad.

Gracias a la condición extemporánea y radical de este libro, lo que vino después y aquello en lo que todavía estamos domiciliados, circula constelado bajo los nombres de la infrapolítica y de la posthegemonía, nombres estos que no definen ni categorizan nada más que un sostenido intento de pensamiento que involucra no solo la afortunada organización de algunas ideas, sino una práctica casi corporal de escritura y desacuerdo, que implica sostener el arrojo con una perseverancia orientada siempre hacia la libertad.

Nota a la segunda edición revisada de *Línea de sombra. El no sujeto de lo político*

Es difícil nadar contra la corriente. A menudo tales esfuerzos son vanos e irrisorios y por eso es doblemente iluso esperar reconocimiento público en consecuencia. En esta nota a la reedición de *Línea de sombra. El no sujeto de lo político*, cuya primera edición fue publicada en Santiago de Chile por Palinodia en 2006, me toca hacer dos cosas: en primer lugar, expresar mi agradecimiento sincero a Bernard McGuirk y a Macdonald Daly por haberla propuesto y facilitado; en segundo lugar, tratar de justificar su necesidad o, más modestamente, su oportunidad, en el caso de que ya hoy, como espero, la presentación que este libro ofrece no pueda desestimarse como intempestiva, ya no prematura sino ajustada al tiempo en el que vivimos. Porque lo cierto es que el libro, aunque su distribución fuera limitada (pero para eso está internet, al fin y al cabo), atravesó en su momento el cuerpo lector más o menos como el rayo del ángel atravesó a María, pero con escasos resultados en el orden de la fecundación. Creo que es correcto afirmar que este es un libro que no ha sido todavía leído, fuera de círculos restringidos de amistad, y sólo cabe esperar que ahora lo sea. Que su intempestividad pueda haber quedado compensada por el movimiento histórico mismo es en todo caso la apuesta que subyace a esta nueva publicación.

A mí me cuesta releerme, y hacerlo dieciséis años después todavía más. Pero lo hice, y no pude evitar una constatación melancólica: el libro merece la pena. Hubiera sido mejor, desde cierta perspectiva, constatar su inutilidad o su ruina. Pero no: el libro, que es, en resumidas cuentas, una deconstrucción rigurosa de la noción de sujeto de la política, y en consecuencia una primera aproximación a las nociones de posthegemonía e infrapolítica—todo eso está en juego en la mención del no sujeto de lo político--, se sostiene, para bien o para mal, y ofrece una reflexión que espero tenga ahora recibo efectivo. A mi juicio el recibo es urgente, todavía lo es o lo es hoy más que nunca. Su pregunta central es la pregunta política por excelencia, si es que todavía podemos esperar que el registro apropiado para ella sea cabalmente el de la pregunta por la emancipación—por la igualdad y por la libertad. Queda formulada como pregunta por la relación entre deconstrucción y subalternidad a partir de la noción de no sujeto como resto enigmático de toda (des)articulación política. Esta es, para mí, la fuerza del libro, su fuerza crítica en primer lugar, pero se trata de una fuerza que, para funcionar en cuanto fuerza, precisaba de una recepción en el campo de pensamiento que no ha tenido todavía. Es extraño pensar que dos de las nociones con más presencia en las discusiones universitarias de los años noventa, las de deconstrucción y subalternidad, hayan encontrado tanto silencio en el intento mismo de ponerlas en común.

No es para mí, sin embargo, tratar de dilucidar si las respuestas que *Línea de sombra* ofrece o propone sean adecuadas, o las más adecuadas. En todo caso la pertinencia de sus preguntas no ha sufrido menoscabo: al revés, la situación que las motiva sólo parece haberse intensificado en todos los órdenes de experiencia. El libro buscaba interlocución con formaciones de pensamiento poderosas en nuestro presente, capaces de orientarnos hacia problemáticas reales e intensas—con las obras de Carl Schmitt, de Alain Badiou y Slavoj Žižek, de Ernesto Laclau y de Judith Butler, de Michael Hardt y Antonio Negri, de Jacques Lacan y Jacques Derrida, de Martin Heidegger y Walter Benjamin, de Giorgio Agamben y Emmanuel Lévinas, y finalmente Karl Marx. Por supuesto es un diálogo selectivo, y en el caso de los que están vivos entre ellos podría haberse complicado con el análisis de obras publicadas por ellos después de 2006. Pero no se ha complicado excesivamente: me atrevo a suponer que el trabajo de *Línea de sombra* subsiste y sobrevive en su relativa efectividad y que sus preguntas, en la medida en que no fueron contestadas en el libro mismo, tampoco lo han sido por la obra subsiguiente de los autores interpelados, ni por ninguna otra obra de la que yo tenga noticia. Las preguntas están vivas.

Por supuesto no han dejado de ocurrir cosas, entre ellas la elaboración todavía en curso de la noción de infrapolítica (ver *Infrapolítica. Instrucciones de uso*, Madrid, 2020). Y han aparecido nuevas formaciones de pensamiento que es preciso medir, como las vinculadas a Comité invisible y al grupo de intelectuales en Black Study que trabaja en afropesimismo y black ops. La aceleración del estado de vigilancia y la aceleración del cambio climático son problemas de los que *Línea de sombra* no se hizo cargo y que resultan ya ineludibles. Pero la continuada crisis teórica de la izquierda política contemporánea es un grave obstáculo para lograr respuestas a ellas.

Propongo a los lectores que busquen en *Línea de sombra* no más que las trazas de ciertas aporías de pensamiento cuya confrontación es inevitable y que atañen, en primer y último lugar, a dos regiones de reflexión: la posibilidad de pensar políticamente un fin de la subalternidad desde presupuestos no vinculados a la noción moderna de subjetividad, que convierte al mundo en objeto de uso y extracción; y la posibilidad de pensar infrapolíticamente cómo vivir, cómo estar en existencia. Si esa primera posibilidad es deconstructiva, la segunda es propositiva. Ambas son necesarias para cruzar la línea de sombra que amenaza crecientemente con ocupar nuestro horizonte, si es que no se lo ha comido ya irreversiblemente.

Prólogo

> El descenso, sobre todo cuando el hombre se ha estrellado ascendiendo hacia la subjetividad, es más difícil y peligroso que el ascenso.
>
> (Heidegger, "Carta sobre el humanismo" 288)

Espero que los lectores, apremiados por los rigores del argumento, no pierdan de vista la extrema simplicidad de lo que este libro quiere proponer en su insuficiencia misma: que en el mundo hay más que sujeto y objetos, y que la instancia que voy a llamar el no sujeto de lo político, susceptible tanto de agencia como de patencia, activa y pasiva y más allá de ambos órdenes, debe ser tomada en cuenta para cualquier conceptualización de pensamiento. Así, también para toda conceptualización que quiera ser adecuada en el orden de lo político. No se trata por lo tanto de una teoría ni de una tipología del no sujeto. Más bien resiste toda voluntad de teoría y aspira a una cierta sequedad propositiva. Quiere exponer, y así también exponerse. Al final cabrá pensar que no hay satisfacción de ningún saber a qué atenerse, pero quizá se insinúe en ello mismo el temblor latente de una oscura figura sin la cual ninguna política puede importar.

La he tratado de buscar como quien busca agua con un palo en ejercicio de lectura a contrapelo de determinados textos o autores del siglo veinte, en su mayoría proponentes de filosofía política, pero ni siquiera necesariamente los más señalados, ni siquiera necesariamente los más decisivos. Procedo con modestia impuesta e inevitable desde la intuición, creo que teóricamente inarticulable, de que hay en nosotros y más allá de nosotros algo que excede abrumadoramente a la subjetividad, incluyendo la subjetividad del inconsciente. Y que ese algo cuenta, y cuenta fundamentalmente, no sólo en nuestra experiencia cotidiana, sino también si es que alguna vez podremos disponernos a formular pensamiento que escape a las trampas del nihilismo pragmático y de la piedad humanista.

Continúo o repito en estas páginas preocupaciones para mí

vigentes en escritos anteriores, irresueltas en ellos, pero ahora de forma no directamente latinoamericanista. Mi interés tenía que ver con desarrollar un concepto teórico de subalternidad a partir de mi trabajo en el Grupo de estudios subalternos latinoamericanos, que coincidió en el tiempo con la redacción de mi libro anterior, *The Exhaustion of Difference* (2001). Se me hizo patente que la noción o las nociones de subalternidad que manejábamos resultaban deficientes o por lo menos insatisfactorias desde las posiciones teóricas que yo quise defender dentro del grupo.[1]

Fuera de ese interés o compromiso, y de toda una estructura de desencanto a ellos vinculada, la redacción de este libro tiene mucho que ver con otras coyunturas de tiempo y generación. Mi atención a Carl Schmitt, a Martin Heidegger, a Ernesto Laclau y Judith Butler, a Slavoj Žižek y a Alain Badiou, a Michael Hardt y Antonio Negri, a Giorgio Agamben y a Jacques Derrida, a Max Horkheimer y Theodor Adorno y Emmanuel Lévinas es producto de intereses tópicos de la estructura universitaria en la que he trabajado, aunque mis disciplinas fueran nominalmente otras que la filosofía o la filosofía política. Sólo José Angel González Sainz, entre los autores estudiados, resultará un autor poco conocido para la mayoría de los que adquieran este libro—cabalmente es el más cercano a mí, en varios sentidos. Quiero decir con esto que esa constelación de autores no es una necesidad impuesta por la temática misma que quiero abordar a partir de ellos—otras constelaciones de textos y autores hubieran sido posibles en cuanto objetos de interés crítico. Sin duda las contingencias profesionales o biográficas que me llevaron a estos textos y no a otros son tan restrictivas como, espero, posibilitadoras.

Este libro es entonces resultado de lecturas orientadas por lo que me iba pareciendo una obsesión: encontrar la posibilidad misma de formaciones de pensamiento que puedan guiar una reflexión sobre lo político no enterrada en el subjetivismo. El subjetivismo está sólo a un paso del identitarismo, que considero, a partir de la totalidad de mi

---

[1] Debo sin embargo afirmar mi cercanía a dos de los mejores libros, ni deficientes ni insatisfactorios en modo alguno, escritos en la órbita del subalternismo que ensayamos a mediados de los años noventa: Gareth Williams, *The Other Side of the Popular. Neoliberalism and Subalternity in Latin America*, y Brett Levinson, *Market and Thought. Meditations on the Political and the Biopolitical*.

experiencia académica, la conciliación contemporánea más obvia de nihilismo embarrado y humanismo piadoso en todas sus formas, desde la nacionalista hasta la de sexualidad o género, sin descuidar al esquizoidentitarismo tan de moda entre ciertos proliferantes pero patosos deleuzianos norteamericanos (aunque no lo llamen así). Los autores cuyas obras estudio, aunque en buena medida proclives a la subjetivación de lo político, no lo hacen sin embargo identitariamente. Son interlocutores a cuya altura espero haber podido acercarme en alguna página. En varios casos—Derrida, Lévinas, González Sainz—mi relación es menos crítica que persuadida, aunque me doy cuenta de la radical insuficiencia de mi comentario en cuanto a Derrida y Lévinas en particular. La cuenta pendiente con el segundo de ellos, dada la relevancia de su pensamiento, en toda su problematicidad, para entender o perseguir las implicaciones posibles de la figura del no sujeto en lo político será, si no subsanada, al menos atendida, espero, en estudios posteriores.[2]

En uno de sus cuadernos de 1886-87 anotó Friedrich Nietzsche: "Contra el positivismo que se para en los fenómenos—'Sólo hay hechos'—yo diría: no, los hechos son justo lo que no hay, sólo hay interpretaciones. No podemos determinar ningún hecho 'en sí mismo:' quizás no tenga sentido querer hacer tal cosa. 'Todo es subjetivo,' dices: pero eso mismo es una *interpretación*; pues el 'sujeto' no es algo dado sino ficción añadida, incrustada.—¿Es siquiera necesario postular al intérprete tras la interpretación? Incluso eso es ficción, hipótesis" (Nietzsche, *Writings* 139; 7[60]). En tal demolición de los derechos de la subjetividad—hay interpretaciones, pero la subjetividad es una interpretación más, y a partir de cierto momento no de las más eficientes, a pesar del reaccionarismo a ella asociado—encuentro un

---

[2] La problematicidad del pensamiento de Lévinas es, sin embargo, menos obvia de lo que parece. Slavoj Žižek, por ejemplo, al concluir su reciente ensayo sobre Lévinas en "conclusión radicalmente antilevinasiana: el verdadero paso ético es el que se toma más allá del rostro del otro, el de suspender el enganche del rostro, el de elegir contra el rostro, por el tercero" (*Neighbor* 183) y al decir en consecuencia que "la limitación de nuestra relación ética de responsabilidad hacia el rostro del Otro que necesita el alza del Tercero (el dominio de las regulaciones) es una condición positiva de la ética, no simplemente su suplemento secundario" (184), llega sin darse cuenta a posiciones claramente levinasianas.

punto de partida no enteramente caprichoso para abordar las páginas que siguen. La fórmula del no sujeto, en su obvia negatividad, no pretende invertir la subjetividad hacia una forma alternativa de personalismo, como si el no sujeto fuera, en suma, una clase perfeccionada o bien degenerada de sujeto, algo así como un sujeto tenue o un sujeto al revés. Busca, más bien, el abandono de todo personalismo, pero no a favor de ninguna objetividad de los hechos, ni siquiera a favor de hermenéutica alguna. Tampoco quiere sustituir la ontología del sujeto, consustancial a la filosofía moderna, hasta Nietzsche y después de Nietzsche, si bien en este último caso en forma ya desesperada, por ningún tipo de ética de la otredad. Esa no me parece una alternativa, o es en todo caso una alternativa falsa. El no sujeto no es siquiera fundamentalmente el otro—toda noción del otro presupone siempre de antemano un uno estable y delimitado, incluso cuando se dice que el uno es la producción dialógica del otro. En esto también vivimos presa de ideologías gramaticales, pero el lenguaje no es sólo gramática. Si, por debajo de la mención explícita de que este libro busca sobre todo intervenir en un registro político, o de reflexión sobre lo político, hay aquí algún tipo de posición ética, el horizonte de tal posición sería algo así como la originariedad de la ética en tanto que morada de lo humano. No vivimos *en* la ética, no tenemos una ética, sino que la ética es nuestra vida.

Por otro lado, este libro no propone ningún tipo de vitalismo o naturalismo como sostén ideológico de su investigación. Su secuencia argumental es desde el principio abiertamente anti-biopolítica. Pero el no sujeto no es un ideal a alcanzar, una meta a conseguir: sólo una instancia a tomar en cuenta, sólo una condición necesaria de todo pensamiento político que, jugado en un *más* que la vida, jugado en una voluntad de política que permita regular la relación humana a favor de un abandono del sacrificio, a favor de la idea de que no podrán existir ni la justicia ni la igualdad ni la libertad si la justicia, la igualdad y la libertad son excluyentes, quiera sin embargo abandonar la santurronería sacerdotal—o, alternativamente, aunque no son incompatibles, la visión *técnica* del mundo—implícitas en todo subjetivismo. El subjetivismo en política es siempre excluyente, siempre particularista, incluso allí donde el sujeto se postula como sujeto comunitario, e incluso allí donde el sujeto se autopostula como representante de lo universal. De hecho, la reivindicación de universalidad es siempre un síntoma de sacerdotismo político, pues sienta el afuera de tal universalidad como siempre ya inhumano, y así marcado para su conversión o liquidación. El límite de la universalidad en política es siempre lo inhumano. ¿Y el no sujeto? ¿Es inhumano? En cuanto dimensión de lo humano, el no sujeto es lo sacrificial mismo, lo siempre de antemano sacrificable como conjura de lo que oscuramente amenaza. Lo que amenaza es lo inhumano. Pero el no sujeto no amenaza: sólo está, y no excepcionalmente, sino siempre y por todas partes, no como el inconsciente, sino como sombra del inconsciente, como, por lo tanto, lo más cercano, y por ello, en cuanto que más cercano, al mismo tiempo como lo ineludible y como lo que más elude. Ese es, me temo, también su estatuto en las páginas que siguen. De ahí su dificultad.

Este libro está en su mayoría organizado a partir de ensayos que fueron originalmente escritos y publicados en inglés.[3] En la traducción hube de optar en general por mantener las referencias bibliográficas a las traducciones inglesas que usé, o bien por remitir a los originales. Opté, por razones prácticas relacionadas con mi dificultad de acceso a traducciones al castellano, por mantener las referencias a las traducciones inglesas en casi todos los casos (si bien tras compulsar la doble traducción con el original).

---

[3] Versiones preliminares de diversos capítulos (ver Obras citadas) han aparecido en *American Literary History, South Atlantic Quarterly, positions, The Bible and Critical Theory, Rethinking Marxism, Extremoccidente, Polygraph* y *New Centennial Review*.

Capítulo primero
Más allá de la línea

1. El "crac" en la coalición

La semana de los atentados terroristas del 11-M en Madrid (2004) fue también la última semana de campaña antes de las elecciones generales en España, que ocurrieron el 14 de marzo. Los sondeos habían adelantado una victoria razonablemente sólida del Partido Popular, pues el Partido Socialista iba unos cuatro puntos a la zaga en el último sondeo oficial del 7 de marzo. Sin embargo, el Partido Popular fue derrotado con margen amplio y los socialistas obtuvieron una mayoría (no absoluta, dada la presencia de otros partidos en la lid) de 164 contra 148 diputados. El 16 de marzo el presidente norteamericano George W. Bush dijo en la televisión que el electorado español se había amilanado frente a los terroristas islámicos supuestamente responsables del atentado madrileño. Esta idea resultó compartida por un buen número de comentaristas periodísticos en los Estados Unidos y también por varios políticos partidarios de Bush. El portavoz del Partido Republicano en el Congreso, J. Dennis Hastert, le dijo al *New York Times* que los españoles "habían cambiado de gobierno por la percepción de una amenaza. Aquí tenemos un país que le había hecho frente al terrorismo y tuvieron un gran atentado y eligieron cambiar de gobierno y, en un sentido, aplacar a los terroristas." El mismo artículo en el *New York Times*, sin embargo, informaba de que otro miembro de la Administración Bush, Richard L. Armitage, vicesecretario de Estado, adoptó la perspectiva opuesta: "el voto que puso a los Socialistas en el poder en España . . . fue una protesta de la gente contra el manejo del acontecimiento terrorista por el gobierno español."[4] Para algunos, pues, aunque no para todos, el amilanamiento de los españoles explicaría la retirada de apoyo electoral al Partido Popular, que estaba comprometido a sostener la política de la Administración Bush en Irak y en otros

[4] Ver Sanger y Johnston, A10. Ver también Thomas Friedman, A27.

lugares; y también explicaría el nuevo apoyo a los socialistas, que habían prometido mucho antes de su victoria y de los atentados del 11-M que, si ganaban las elecciones, retirarían las tropas españolas de la coalición dirigida por los Estados Unidos en Irak a menos que se obtuviera un mandato de las Naciones Unidas antes de junio de 2004.

La victoria socialista en España fue así denunciada por algunos conservadores como una victoria de Al Qaeda y del fundamentalismo islámico en general. Los españoles quedaron tildados de débiles y pasmados, cuya falta de entendimiento de lo que estaba en juego en la confrontación histórica entre los Estados Unidos y el terror mundial habría puesto en peligro la posición occidental y abierto el camino para muchas otras traiciones derrotistas. Para este sector de la opinión mundial no parecía importar que José Luis Rodríguez Zapatero, aunque opuesto a la guerra en Irak, hubiera dicho explícitamente que la lucha contra el terror sería la primera prioridad de su gobierno. A la acción militar sin mandato de las Naciones Unidas Rodríguez Zapatero prefería una cooperación policial más intensa en Europa y con Estados Unidos y el establecimiento de una red de inteligencia eficaz contra redes terroristas. Poco más de un año más tarde, en junio de 2005, hubo nuevos atentados en Londres, y los ataques suicidas en Irak continuaron sucediendo de forma regular y regularmente atroz. Pero el acontecimiento político español de marzo de 2004 había dado algunas razones para la esperanza.

Los españoles hicieron uso de su derecho político al voto para penalizar al gobierno del Partido Popular por su arrogancia y por sus mentiras, pues su dirección no dejó de insistir, contra evidencia creciente y hasta que se hizo imposible, un poco demasiado pronto en su perspectiva, en que el grupo terrorista vasco ETA estaba detrás de los atentados. Lo hicieron suponiendo que la acusación de autoría de ETA en la masacre de Atocha beneficiaría sus resultados electorales. Fue una apuesta calculada y la perdieron. Nunca sabremos si una admisión franca y temprana, en los primeros momentos o días, y antes de cualquier reivindicación o análisis concluyente de la evidencia, de que no podían estar seguros de la autoría de los atentados habría producido resultados electorales diferentes, aunque cabe sospechar que sí, pues la gente hubiera naturalmente apoyado, inmediatamente después del atentado, al partido en el poder, además más visceral o retóricamente comprometido con el antiterrorismo. Pero el encubrimiento de información se hizo notorio y claramente visible, y los responsables perdieron las elecciones, como ciertamente merecían. La democracia española no sufrió en el proceso. Los embustes cavaron la tumba del Partido Popular más que la cobardía de los ciudadanos. Y un nuevo escenario político se hizo plausible en los resquicios del evento.

El procesamiento por parte de Baltasar Garzón del ciudadano marroquí Amer Azizi, el 28 de abril de 2004, en relación con los atentados de Atocha, y con cargos simultáneos de haber ayudado en la planificación de los atentados del 11 de septiembre de 2001 en los Estados Unidos, fue entendido como evidencia preliminar de que Al Qaeda estaba de hecho tras los atentados madrileños.[5] Quizá, entonces, el famoso comunicado firmado por el "portavoz militar de al-Qaida en Europa, Abu Dujan al-Afghani," no sea apócrifo después de todo. El comunicado dice: "Declaramos nuestra responsabilidad por lo que ocurrió en Madrid exactamente dos años y medio después de los ataques en Nueva York y Washington. Es una respuesta a vuestra colaboración con los criminales Bush y sus aliados. Esta es una respuesta a los crímenes que habéis causado en el mundo y específicamente en Irak y Afganistán, y habrá otras respuestas, si Dios lo quiere. Vosotros amáis la vida y nosotros amamos la muerte, lo cual da un ejemplo de lo que dijo el Profeta Mahoma. Si no cesáis en vuestras injusticias, fluirá más y más sangre y estos atentados parecerán muy pequeños."[6]

Aparte el *non-sequitur* de la afirmada equivalencia entre justicia y muerte, ¿fue la intención de Al Qaeda y de su subsidiario marroquí, Ansar Al Qaeda, forzar un triunfo electoral del socialismo en España? Todo es posible, por más que también dudoso. Pero el llamado "crac" en la coalición anti-Al Qaeda, que fue un resultado directo de los atentados en la medida en que los atentados radicalizaron posiciones políticas, abrió posibilidades prácticas. Pensarlas, durante los años en que la insurgencia iraquí continuaba haciendo la ocupación

---

[5] Ver María Jesús Prades, A3. "La investigación de los ataques del 11 de marzo ha proporcionado evidencia de que los sospechosos de los atentados con bombas en los trenes tenían lazos con gente inculpada en los procesamientos del 11 de septiembre. Pero Azizi es la primera persona vinculada a ambos ataques terroristas."

[6] Publicado bajo el título "Statement You Love Life, We Love Death," en *The Guardian Weekly*.

norteamericana de Irak extremadamente costosa, fue una tarea necesaria, aunque complicada por la ideología. Ni siquiera fue posible establecer un *modicum* de consenso respecto de si el 11 de septiembre de 2001 constituyó un acontecimiento histórico, más allá del americanocentrismo y del eurocentrismo. En 2004 vivíamos en su sombra, como los atentados de Madrid y de Londres, tanto como la ocupación norteamericana de Irak, insistían en recordar. Pero pudo ser una sombra ilusoria, desde alguna perspectiva más amplia de lucha de clases, y puede ser que el 11 de septiembre y sus secuelas hayan sido no más que episodios menores, aunque catastróficos, de una batalla más grande por el futuro del planeta.

Haya constituido el 11 de septiembre un acontecimiento histórico en el sentido fuerte o no, todavía no hemos terminado de pensarlo en sí mismo. El 11 de septiembre y sus secuelas fueron un síntoma ineludible de la necesidad de proceder a un nuevo entendimiento de lo político, esto es, de la necesidad de proceder a un nuevo agrupamiento de amigos y enemigos, siguiendo la caracterización existencial de lo político proporcionada por Carl Schmitt. También, sin embargo, lo fueron de la necesidad de una conceptualización alternativa que nos lleve más allá de una noción de lo político, la schmittiana, demasiado marcada por la historia de la modernidad y por la historia de las formas de estado en la modernidad.

2. Legado y des-legación

Schmitt dice en *El concepto de lo político* (1932): "en la orientación hacia el posible caso extremo de una batalla real contra un enemigo real, la entidad política es esencial, y es la entidad decisiva para el agrupamiento amigo/enemigo; y en esto (y no en ningún tipo de sentido absolutista), es soberana. De otra forma, la entidad política es inexistente" (39). La entidad política es soberana, o bien es inexistente en cuanto entidad política. Si la entidad política es soberana, establece su primacía sobre toda determinación intrapolítica y no reconoce principio más alto alguno, esto es, no reconoce principio que pueda subordinarla. Unos veinte años más tarde Schmitt publicó otro libro, titulado *El nomos de la tierra*, en el que afirmaba que la historia de la modernidad registra la presencia de tres *nomoi* alternativos, es decir, tres principios fundamentales de orden y orientación en el mundo, siempre desde la perspectiva europea o de la historia europea. Para Schmitt el primer nomos es premoderno y quedó organizado alrededor de la noción de *Respublica Christiana*, asociada con el papado romano y con las nociones medievales de imperio. El segundo nomos empieza con la llamada Edad de Descubrimiento e incluye el sistema interestatal que sostiene a la modernidad propiamente hablando desde el siglo diecisiete hasta el diecinueve y el veinte (más explícitamente, de 1648 a 1917). El segundo nomos entra en crisis durante la "guerra larga" del siglo veinte, que empieza en 1914 y no termina hasta la caída del bloque soviético en 1989. En el momento de terminar su libro, hacia finales de los cuarenta o principios de los cincuenta, tras la derrota de Alemania en la Segunda Guerra Mundial, Schmitt piensa que es necesario salir de lo que él entiende como el nihilismo contemporáneo y moverse hacia el establecimiento de un nuevo nomos de la tierra.

Por los mismos años, otro pensador alemán también gravemente comprometido con la historia del nazismo, Martin Heidegger, publicaba su "Carta sobre el humanismo" (1947), donde aparece usada la expresión griega *nomos*. Para Heidegger, "sólo en cuanto el hombre pertenece al ser ex-istiendo en la verdad del ser, puede llegar del ser mismo la prescripción de esas normas que tienen que convertirse en ley y regla para el hombre. Prescribir se dice en griego *nemein*. El *nomos* no es sólo ley, sino de modo más originario la prescripción escondida en el destino del ser. Sólo ella consigue destinar y conjugar al hombre en el ser. Sólo semejante conjunción es capaz de sustentar y vincular. De otro modo, ninguna ley pasa de ser un mero constructo de la razón humana. Más esencial que todo establecimiento de reglas es que el hombre encuentre su estancia en la verdad del ser" (294). El opúsculo de Heidegger quería rendir cuenta del presente de la posguerra mundial a través de una curiosa apuesta por un "pensar que abandona la subjetividad" (270). No parece haberse ahondado lo bastante en ese proyecto heideggeriano, a pesar de constituir un motivo constante en su pensamiento, ligado a la crítica radical de la subjetividad trascendental hegeliana, para Heidegger consustancial a la historia de la metafísica en su momento de consumación y agotamiento. ¿Cómo pensar contra la subjetividad? El proyecto mismo sonará vagamente ridículo hoy, o más bien, sobre todo hoy, puesto que la subjetividad subyace por todas partes como lo propiamente impensado de nuestras presuposiciones. Contra Heidegger, la ideología contemporánea postula la subjetividad como la verdadera casa del ser, el refugio último contra la desprotección o desterramiento que "deviene un destino universal" (Heidegger, "Carta" 279). Pero la subjetividad es para Heidegger la desprotección misma. Pensemos por ejemplo en el nacionalismo, todavía fundamentalmente importante en cuanto proyecto de subjetividad comunitaria en 1947: "Todo nacionalismo es metafísicamente un antropologismo, y como tal un subjetivismo. El nacionalismo no es superado por el mero internacionalismo, sino que simplemente se amplía y se eleva a sistema. El nacionalismo se acerca tan poco a la *humanitas* de este modo como el individualismo mediante el colectivismo ahistórico. Este último es la subjetividad del hombre en la totalidad. El colectivismo consuma la autoafirmación incondicionada de la subjetividad y no permite que se vuelva atrás" (280). El hombre, lo humano, concebido desde la subjetividad, permanece atrapado en su "esencial desterramiento" (280).[7]

¿Cómo puede un pensamiento antisubjetivista servir la reflexión política? En "La palabra de Nietzsche 'Dios ha muerto,'" de 1943, Heidegger, siguiendo a Nietzsche, refiere a "doctrinas filosóficas fundamentales" (*Question Concerning Technology* 101) en cuyo nombre se librará, dice, la lucha por el dominio del mundo. Ambas doctrinas fundamentales son producto de la metafísica en su consumación—la doctrina nietzscheana de la subjetividad incondicional de la voluntad de poder y el materialismo hegeliano-marxista, del que dirá en "Carta:" "La esencia del materialismo no consiste en la afirmación de que todo es materia, sino, más bien, en una determinación metafísica según la cual todo ente aparece como material de trabajo. La concepción metafísica moderna de la esencia del trabajo ha sido pensada ya con antelación en la *Fenomenología del espíritu* de Hegel como el proceso que se dispone a sí mismo de la producción incondicionada, es decir, como objetivación de lo efectivamente real por parte del hombre, experimentado éste como subjetividad" (279).[8] Nietzscheanismo y materialismo hegeliano-

---

[7] Para el tratamiento de referencia de estas cuestiones en relación con la Alemania nazi ver Richard Evans, *The Coming of the Third Reich* y *The Third Reich in Power*.

[8] El marxismo, en cuanto herramienta de estudio del capitalismo, permanece

marxista nombran para Heidegger el peligro, y es un peligro específicamente político. Con ambas doctrinas el pensamiento europeo entra, según Heidegger, en un reaccionarismo esencial, pues queda atrás, queda rezagado con respecto del "curso esencial del incipiente destino mundial, el cual, sin embargo, sigue estando determinado de modo europeo en lo que respecta a los rasgos fundamentales" (280). La influencia de Schmitt en Heidegger es aquí tan notoria como inconfesada. Son palabras en alguna medida enigmáticas, pues el desfase del pensamiento europeo con respecto de sí mismo parece asumir la culpa de una conflagración mundial: Europa no puede pensar su propia época, y así es que Europa forzará o propiciará una hecatombe presumiblemente mayor que la que en 1947 humeaba todavía en el sur de Alemania. En 1947 Heidegger todavía está viendo llegar el desastre, a despecho de sus reflexiones sobre el "poder de salvación" (*Question* 34) que pueda siempre alentar en él.

Pero ¿cuál es ese destino mundial incipiente o auroral en 1946? El Tercer Reich ha sido destruido, y lo que queda presente como fuerza susceptible de dominación política sólo es concebible como comunismo o como americanismo. El pensamiento heideggeriano de la historia del ser apunta a otra cosa, hacia una tercera opción, pero debe ser alcanzado en lo que llama un "diálogo productivo" con ambos, con el comunismo y con el americanismo, entendidos como opciones en la historia del mundo que están en sí producidas por la historia de la metafísica. "El que entienda el 'comunismo' solamente como un 'partido' o una 'concepción del mundo' piensa tan cortamente como los que bajo el título de 'americanismo' sólo entienden, y encima de modo despectivo, un particular estilo de vida" ("Carta" 280), puesto que en ellos "se expresa una experiencia elemental de lo que es historia universal" (280).

---

mientras tanto como esencial al presente. En cuanto a la voluntad de poder, dice Alain Badiou en su libro sobre Gilles Deleuze que es necesario rechazar la noción del "fin de la filosofía," en clara referencia a Heidegger, y reafirmar los derechos de la metafísica, que en suma son derechos directamente bajo la tutela de Nietzsche para nuestra época. Badiou sitúa a Deleuze y se sitúa a sí mismo en la estela de la metafísica nietzscheana. Ver por ejemplo *Deleuze* 12, 59, 101. Aunque tanto marxismo como nietzscheanismo se mueven en direcciones opuestas al camino preferido por Heidegger, Heidegger no dejó de considerarlos formas de pensamiento esencial en la historia de la metafísica.

La historia misma se ha encargado de eliminar de su registro de opciones al comunismo soviético. El tercer nomos de la tierra, como Schmitt mismo había temido, aunque prefiriéndolo a la opción de sovietización universal, se consolida hoy como americanismo. Si el presente nomos de la tierra es norteamericano, lo es porque Estados Unidos ha conseguido que su retórica política pase en general por verdad universal. Schmitt, sin embargo, enseña que un orden nómico sólo alcanza validez universal no por su universalidad moral sino mediante su carácter histórico concreto. Schmitt fecha la decadencia del segundo orden nómico a partir de la Conferencia del Congo de 1885, en la que un "universalismo general" impulsado por Estados Unidos vino a reemplazar en el consenso jurídico y en el derecho internacional al hasta entonces dominante *jus publicum Europaeum*. Fue entonces cuando "el nuevo Occidente reivindicó ser el verdadero Occidente, la verdadera Europa. El nuevo Occidente, América, sustituiría al viejo Occidente y reorientaría el orden histórico del viejo mundo, se convertiría en el centro de la tierra . . . El derecho internacional dejó de tener su centro de gravedad en Europa. El centro de la civilización se desplazó más al Oeste, a América" (Schmitt, *Nomos* 290). La demanda americana de ser considerada "la verdadera Europa" (291) tenía que ser sostenida superficialmente mediante la demanda simultánea de que América vendría a apoyar "un derecho internacional universalista y sin espacio" (290) en nombre de la libertad y de la justicia para todos. Pero en realidad la reivindicación de haberse constituido en universalidad verdadera ya era el resultado del desmantelamiento y de la sustitución del viejo orden europeo por un principio diferente de orientación, a saber, la hegemonía imperial norteamericana, un orden histórico concreto en cuanto tal, el nuevo organizador del nomos de la tierra en su tercera configuración.

Claro que ni a Heidegger ni a Schmitt, con su fiero, por más que no particularmente reconocido, y en el caso del Heidegger de la posguerra denegado, nacionalismo alemán, podía gustarles este estado de cosas, aunque aceptaran que, en la situación de la posguerra, no habría retorno a un orden nómico europeo. Ambos cometieron su error propiamente histórico al entender el nazismo, por lo menos durante buena parte de los años treinta, como la grande y resuelta repetición apropiativa del legado alemán, síntoma y concentración de la herencia europea, y única posibilidad de devolver el destino de Occidente como algo otro que comunismo o americanismo. Ya en la sección 74 de *Ser y tiempo* (1927) Heidegger había hecho descansar la totalidad de su analítica ontológica en la noción de historicidad auténtica. Dice Heidegger:

> La resolución, en la que el Dasein retorna a sí mismo, abre las posibilidades fácticas del existir propio a partir del legado que ese existir asume en cuanto arrojado. El retorno resuelto a la condición de arrojado encierra en sí una entrega de posibilidades recibidas por tradición, aunque no necesariamente en cuanto tales. Si todo bien es un legado, y si el carácter de la bondad consiste en la posibilitación de la existencia propia, entonces en la resolución se constituye siempre la trasmisión de un patrimonio... La finitud, cuando es asumida, sustrae a la existencia de la infinita multiplicidad de posibilidades de bienestar, facilidad, huida de responsabilidades, que inmediatamente se ofrecen, y lleva al Dasein a la simplicidad de su destino. (*Ser y tiempo* 399-400)

El pensamiento del legado comunitario—y ese legado nunca dejó para Heidegger de ser muy específicamente el legado germánico, en la medida en que para Heidegger lo germánico constituye la periferia europea de lo imperial romano y guarda en cuanto tal la posibilidad de un comienzo-otro del pensar mismo del legado, un legado no curializado, un legado no automáticamente traducido a las reglas de la hegemonía romana, como era necesariamente el caso para los países latinizados—es posiblemente la contribución más explícitamente política de *Ser y tiempo*. Pero en la hipóstasis del legado como instrumento de una nueva política se arruina la posibilidad de pensar la política por fuera de una subjetividad constituyente, y en tanto que constituyente también exclusiva. La política de la subjetividad, en la que Heidegger recae necesariamente a partir del comunitarismo *Volkisch* del ser-ahí entendido como posibilidad resuelta de la afirmación de un legado, como toda política culturalista, no puede sustraerse a su condición radicalmente sacrificial. Los ídolos de la tribu reclamarán siempre sus derechos.

La simplicidad del destino histórico, asumida en resolución, en anticipación de la muerte, y en la repetición de un legado, en la que culmina el establecimiento de toda posibilidad de auténtica comunidad histórico-política para Heidegger, ignora la facticidad terrible de lo que voy a llamar des-legación. Y quiero plantear la hipótesis fuerte de que quizá sólo un pensar de la des-legación pueda ser un pensar propiamente democrático y antisubjetivista, en el sentido de que sólo el pensar de la des-legación puede eventualmente lograr el abandono de la estructura sacrificial de la historia. El legado, incluso en su sentido más auténtico, como otorgador de una "simplicidad de destino," es creador de sacrificio y entronizador de ídolos. A partir del legado, y a partir de la finitud necesaria de todo legado, el mundo no puede sino dividirse entre ídolos y víctimas, y las víctimas son precisamente aquellas para quienes el acceso al legado está constitucionalmente restringido o imposibilitado.[9]

Con respecto de un legado histórico, la des-legación es el afuera. En el olvido de la facticidad de la des-legación la crítica heideggeriana de la subjetividad no puede evitar una caída política en la repetición de un comunitarismo subjetivizante, pues basado en la interpelación de una memoria histórica. El olvido de la des-legación es también clausura al *Da-* del Dasein, pues *hay* des-legación, y no solamente en cuanto inautenticidad. La repetición de un legado, auténtica o no, excluye la des-legación, la des-piensa. Des-legado es el que no puede repetir un legado, y entra así en el olvido. El abandono de la subjetividad, el logro de un pensamiento que abandona la subjetividad, no es posible en la estela de la aceptación resuelta de un legado histórico—antes bien, supone fundamentalmente pensar la des-legación, pensar el olvido en aquello que no se deja ser recordado. ¿Y si lo repetido pudiera ser la des-legación misma? ¿Si lo repetido pudiera ser, en el nombre de la acción histórico-política misma, la desnominación en cuanto tal? ¿No es esta la única forma cabal de pensar el olvido? ¿Y no sería esa posibilidad desconocida la posibilidad misma de un pensamiento político de la subalternidad?

---

[9] Sobre la estructuración sacrificial de la historia en ídolos y víctimas y su fin en la democracia, o en la promesa de la democracia, ver María Zambrano, *Persona y democracia*, en particular 42 y siguientes.

3. En el nomos pero no del nomos

¿Existe el nomos? ¿Debe regular nuestra existencia política? ¿Es el nomos mera ideología o es el nomos, precisamente, en su dura materialidad, real, y por ello al menos en un sentido lo contrario de la ideología? El nomos, si existe, existe en una materialidad legal derivada de la historia del mundo tal como es leída por lo que Schmitt llama el derecho público europeo, fundamento del derecho internacional. No es, por lo tanto, un asunto meramente político. Parecería existir en una región que la política puede tocar, y que puede tocar a la política, pero que no es en sí política.

Si el nomos dirige lo político, el nomos es la última norma para la acción, y la política no es soberana. Si está subordinado a la política, entonces el nomos debe someterse a la división amigo/enemigo, y no es soberano, esto es, no puede actuar como último principio de orden y orientación, como organizador y distribuidor de poder político e impotencia política, de paz y de justicia. En otras palabras, ¿qué hay de la que es para Schmitt la definición última de lo político en términos de la división amigo/enemigo en relación con la idea del nomos de la tierra? ¿Cuál es la relación entre lo político y lo jurídico, si es que lo jurídico tiene fuerza extrapolítica de vinculación?

Si hay un nomos de la tierra, si el nomos presente es entendido, no como dominación americana, sino más bien simultáneamente como su resultado y como su condición de posibilidad, y si ese nomos es, por definición—o incluso, si habrá siempre sido de antemano—, mejor que la anarquía o el nihilismo, entonces el nomos de la tierra produce sus propias determinaciones políticas, su propio espacio político. Es así una condición de lo político, y marca en cuanto tal tanto la política intranómica como cualquier intento de sobrepasar o negar el orden nómico mismo. Hay dos maneras lógicas de negar el orden nómico: oponiéndose al nomos actualmente existente o bien oponiéndose a todo nomos, es decir, a cualquier nomos posible. Al nivel más alto, es decir, al nivel en el que la confrontación política no es intranómica o sostenida dentro de un nomos dado, sino que cuestiona el poder mismo del nomos existente, en tanto que meramente existente o en tanto que determinación ontológica de toda práctica política, los amigos son los que apoyan el nomos y los enemigos los que buscan su destrucción explícita. Por ejemplo, en el presente occidental, los terroristas de Al

Qaeda son enemigos nómicos, pues su meta es atacar el orden nómico presente. Pero la mayor parte de los habitantes del planeta no son ni amigos ni enemigos del nomos, sino que habitan el nomos—si existe, si no es meramente una figura de la imaginación schmittiana: son en el nomos pero no son del nomos. Esa diferencia entre "en" y "de" marca un lugar especial: el lugar del ni-amigo-ni-enemigo. Y ese lugar puede estar emergiendo hoy como el lugar propio de una nueva configuración de lo político, o del pensamiento de lo político.

La idea del nomos inscribe políticamente la noción de amistad. Dentro de un nomos dado, son todavía amigos los que rompen ostensiblemente el orden dado de la amistad y luchan en guerras discriminatorias (que son guerras en las que se siguen reglas nómicas sobre la guerra), en tanto que las guerras no-discriminatorias (es decir, en la definición de Schmitt, las guerras que no siguen las reglas de la guerra entre contendientes intranómicos) están por definición situadas "más allá de la línea," esto es, en el límite expansivo del orden nómico, fuera del orden nómico (*Nomos* 93-94). De ahí que el orden nómico sea en última instancia lo que podríamos llamar una dictadura de amigos. Si un nomos es orden y orientación, hay los que cumplen el orden y siguen la orientación, aunque puedan encontrarse ocasionalmente en guerras unos contra otros, y hay los que no cumplen el orden ni siguen la orientación. Los que no lo hacen no son necesaria o inmediatamente enemigos en la medida en que se abstengan de acción efectiva: son sólo potencialmente enemigos, pero sólo en la medida en que son también potencialmente amigos—son en su mayor parte vida desnuda, ni-amigos-ni-enemigos, y en esa medida un modo de estar en el afuera. Pero la división amigo/enemigo es peculiar al nivel más alto, que es el nivel de la configuración nómica. Tal peculiaridad podría llegar a destruir el entendimiento de lo político como basado fundamentalmente en la división amigo/enemigo. En el supuesto de que el nomos exista o quiera venir a la existencia.

Schmitt describe dos ordenes nómicos—el nomos imperial-curial de la Edad Media y el nomos interestatal de la modernidad—y anuncia un tercer nomos, que está bajo formación alrededor de 1950. A Schmitt le preocupa la formación de este nuevo nomos y encuentra para él tres posibilidades: la primera posibilidad es la emergencia de un nuevo "solo soberano" que "se apropiaría de toda la tierra—tierra, mar y aire—y la dividiría y la administraría según sus planes e ideas"

(Schmitt, *Nomos* 354). La segunda posibilidad es la hegemonía norteamericana, esto es, no la total y absoluta soberanía norteamericana, sino algo así como un apoyo norteamericano y una vigilancia y administración norteamericana del tipo de equilibrio interestatal que era la estructura misma del previo nomos de la tierra. Y la tercera posibilidad es un equilibrio no regulado ni por un soberano absoluto ni por la hegemonía norteamericana, sino una división del mundo en bloques de poder diferenciados (353). Unos setenta años más tarde todavía no sabemos si debemos confirmar la sospecha de que la primera y la segunda posibilidad en Schmitt fueron una y la misma, a pesar de la profunda crisis desatada por la administración Trump, dado el uso creciente de un unilateralismo, explícito o disfrazado pero cada vez menos resolutivo, por parte de Estados Unidos en decisiones de política y economía internacional. La tercera opción, el multilateralismo, ha quedado borrada por la experiencia de que no hay multilateralismo sin hegemonía, y no hay hegemonía sin tendencias soberanas.

Los dos primeros *nomoi* se disolvieron bajo la presión de su propio desarrollo. La expansión imperial europea temprana llevó la configuración imperial-curial a su final en la intensificación del poder de los Habsburgo y en las guerras de religión que fueron su consecuencia. Y el desarrollo del poder norteamericano como mera intensificación de la influencia europea más allá de Europa llevó a su final al sistema interestatal europeo. La idea misma del nomos, en la medida en que es la idea de un nomos *de la tierra*, presupone que los enemigos nómicos, es decir la configuración enemiga que puede acabar con un nomos dado, siempre se genera desde dentro: los enemigos del nomos no han sido enemigos propiamente externos. Esto es así, no sólo históricamente, sino quizá estructuralmente, porque el nomos, como principio de división, como la división misma (*nemein*), siempre regula de antemano, y así siempre incorpora y subsume, su externalidad: la externalidad sólo es concebible desde el orden nómico, y es una función del orden nómico. O mejor: un principio de división, y particularmente un principio de división que abarca la tierra, no puede tener externalidad. Más allá de la línea, y eso sólo puede querer decir: en la región en la que los habitantes no se han percatado todavía de que están dentro del ámbito del *nomos* desde el punto de vista de las potencias nómicas, puede haber enemigos, si son atacados, pero no son enemigos nómicos, no son enemigos del nomos de la tierra, sino que simplemente ignoran que existe. Los fundamentalistas islámicos, por ejemplo, no están más allá de la línea: son, precisamente, enemigos del nomos, lo cual significa que el nomos los explica y así los incluye como enemigos. En la medida en que el fundamentalismo islámico o cualquier otro movimiento de protesta contra la dominación occidental o norteamericana de la tierra no es un fenómeno autónomo y autocontenido sino más bien un desarrollo histórico orientado contra el nomos presente, si existe, sus adherentes deben ser considerados intranómicos. Son intranómicos, pero quieren un fin del nomos (pero no necesariamente un fin de todo nomos).

Los órdenes nómicos, como todas las formas de razón imperial, generan su propia crítica en función de su desarrollo, y perecen, cuando lo hacen, de su propio triunfo. Esto anuncia ya una incompatibilidad básica entre la determinación schmittiana temprana del campo de lo político, "independientemente de otras antítesis" (Schmitt, *Concept* 27), como campo de la división entre amigo y enemigo, y la noción de un orden y una orientación espacial básica incorporados en la noción de nomos. Al nivel más alto de práctica política, al nivel más alto de la división amigo/enemigo, allí donde la existencia o la continuación de un nomos dado está en juego, el nomos segrega su propia enemistad. La enemistad no precede al nomos: está en cada caso producida por el nomos. La división amigo/enemigo es por lo tanto una división subordinada a la división primaria nómica, producida desde sí misma. La división amigo/enemigo no es por lo tanto suprema: es generada por una antítesis nómica, y por lo tanto permanece bajo ella. El nomos, si existe, dirige lo político.

Por lo tanto la ontología política implicada en la noción del nomos de la tierra deconstruye la ontología política cifrada en la división amigo/enemigo, y viceversa. Son mutuamente incompatibles. O bien la división amigo/enemigo es suprema, para una determinación de lo político, o bien lo supremo es el nomos de la tierra. La brecha entre ambas posibilidades es estrictamente inteoirizable. Si la división amigo/enemigo existe independientemente de todas las demás antítesis en tanto políticamente primaria, entonces no hay nomos de la tierra. Si hay nomos de la tierra, es el nomos mismo el que produce sus propias divisiones políticas.[10] Sólo hay una forma en la que esos dos

---

[10] Debo remitir al capítulo sexto de este libro para una continuación de esta

conceptos—el concepto del nomos como principio supremo de división, de orden y de orientación, y el concepto de lo político como contenido por la división amigo/enemigo—pueden salvarse haciéndose compatibles: a través del triunfo total de la "primera posibilidad" schmittiana para el tercer nomos de la tierra, es decir, de la tiranía global norteamericana o de la tiranía global de cualquier Uno, la tiranía global de un régimen que aglutinaría amigos y decidiría enemigos, del que Estados Unidos es hoy o fue hasta hace poco manifestación primaria aunque no más que inicial e imperfecta. Una vez que se logra un monopolio total de poder, también se logra una total sujeción, y una total sujetificación, sin residuo. La globalización liberal, si bien todavía no está plenamente consumada, parece ser su nombre contemporáneo. La globalización divide tendencialmente el mundo entre amigos y enemigos injustos, tan fáciles de llamar terroristas internacionales. Nadie está así fuera del nomos—excepto precisamente los que pueden ser matados sin asesinato ni sacrificio, o incluso los que pueden ser matados sin guerra, los habitantes de la vida desnuda. Contra la vida desnuda hay sujeción planetaria, hay sujeto único del presente, *el* sujeto, con tantos o tan pocos atributos identitarios como uno quiera darle. ¿Pero podríamos decir que la sujeción total—la continua reducción del mundo a subjetividad o abyección—es siempre ya el índice o el síntoma de un monopolio global del poder realmente existente? En la continua sujetificación global la coincidencia del nomos consigo mismo y con el orden de lo político en tanto tal, sin deconstrucción, es testigo de la tiranía del Uno. Para el tirano, hay amigos y hay enemigos. O más bien, sólo hay amigos, y todos los demás son precisamente nada: no-amigos, indiferentemente sujetos a destrucción. Los terroristas también son figura y contrapartida del tirano: el elemento cuya función es establecer un afuera, el sitio del mal radical (que, para el practicante del terror, debe proyectarse retrospectivamente y ser exhaustivamente absorbido por el Uno, pues el terrorista nunca tiene ni asume la culpa de nada). Los terroristas, busquen un Califato global o simplemente la destrucción de todo orden bajo el amor de la muerte, son un elemento necesario en el orden nómico total entendido como el conjunto de amigos y enemigos

---

discusión, incluyendo definiciones precisas de las nociones de enemigo justo y enemigo injusto, a las que me refiero más abajo.

injustos. Pero un orden nómico que engloba amigos y para el que todo enemigo es ya injusto y así absoluto es precisamente no un orden nómico—la noción misma de nomos, cuya función fundamental es prevenir la posibilidad de guerra total dentro del orden nómico, se ha puesto a sí misma más allá de la línea. En el momento de su total configuración nómica, cuando el orden nómico decide un orden de amistad total con respecto del cual solo cabe asentimiento o terror, el orden nómico entra en descomposición estructural.

Por lo tanto quizá debamos agradecer que pueda todavía ser detectada una heterogeneidad de carácter fundamental entre el orden del nomos y el orden de lo político.[11] El Partido Socialista español, y con él el electorado español, optó en 2004 por afirmar tal heterogeneidad, a través de un rechazo doble. Morar en tal heterogeneidad, que es quizá la forma propia de lo político hoy, implica siempre un rechazo, y un rechazo por su misma naturaleza doble, a agotar el concepto de lo político en la división amigo/enemigo, a favor de la vida desnuda, de lo subalterno, y de todo aquello que en nosotros y fuera de nosotros pueda permanecer siempre más allá de la sujeción, de la sujetificación, de la identidad, de la inscripción, de la línea, fuera del tercer orden nómico schmittiano que divide al mundo entre el tirano y su más profunda abyección especulativa, que es la figura del terrorista global. Esta posición del no-amigo, como la contrapartida necesaria a la exhaustiva pero imposible división del mundo entre amigos y enemigos injustos, es el lugar contemporáneo de la política: un lugar sin duda en parte definido por los atentados del 11 de septiembre de 2001, o más bien, por el doble rechazo del 11 de septiembre y de sus secuelas. Como decían algunos de los manifestantes en las protestas masivas del 12 de marzo de 2004 en España, "ni terrorismo ni guerra." La frase es más compleja de lo que parece.

---

[11] El orden del nomos y el orden de lo político acaban configurando la posibilidad deconstructiva del doble registro o doble inscripción de la práctica política a la que refiere Jacques Derrida en *Espectros de Marx*. Ver también capítulo 9 de mi *Exhaustion of Difference*, del que este libro pretende ser reelaboración y revisión.

4. Descolonización infinita

El nomos que empezó a llegar a su final con la Primera Guerra Mundial dio paso a una ideología de descolonización masiva. La descolonización como principio fue fuertemente apoyada por el hegemón norteamericano tras la Segunda Guerra Mundial, y el movimiento mundial hacia la liberación nacional-popular llegó a constituir una de las tres ideologías políticas más importantes de la época (siendo las otras dos el liberalismo demócrata y el movimiento comunista, entendido como lucha de clases y articulación de la necesidad del fin de la explotación capitalista). De hecho la descolonización masiva, apoyada siempre en una ideología de desarrollo nacional postcolonial, era ya una respuesta política a las reivindicaciones radicales del proletariado sostenidas por los partidos marxistas de masa. Se creía que el desarrollo nacional podría finalizar la explotación en cuanto tal, o minimizarla hasta hacerla políticamente viable. La descolonización, en su forma radical o infinita, sin embargo, iba más allá de presupuestos desarrollistas y asumía la posibilidad de un rescate del legado precolonial en la deslegación misma. Incorporaba así la promesa de la liberación proletaria o subalterna a un nivel fundamental, vinculando la liberación con una reapropiación de la tierra, con una nueva posibilidad de *Bodestandigkeit* o enraizamiento telúrico. Por eso, quizá más que un suplemento a la liberación marxista, la descolonización, en su carácter telúrico-cultural, sea su complemento o contrapartida, en la que los estudiosos postcolonialistas han insistido durante la mayor parte del pasado siglo.[12]

[12] No todos sin embargo insisten en la descolonización como suplemento, y de ahí el problema que fuerza estas páginas. Pocos días después de que el por entonces nuevo presidente boliviano Evo Morales Ayma presentara su primer discurso presidencial, enfatizando las reivindicaciones indígenas en Bolivia, empezaron a leerse bobadas en la prensa afirmando que Morales no es de izquierdas ni de derechas, pues esas son categorías de la tradición política europea, con la que Morales no querría tener nada que ver. El propósito de Morales sería más bien la descolonización total del Tawantinsuyo como proyecto genuinamente indígena. Bien—más vale descolonizar que colonizar. Pero el éxito (deseable) de Morales será una función de la capacidad de su gobierno para fomentar la producción y redistribución de la riqueza y para crear justicia social; no de la retórica, por lo demás tan respetable como cualquier otra, de Pachamama y ayllu. No es la descolonización infinita de lo

¿Es la descolonización infinita parte del orden de lo político o parte esencial del tercer nomos de la tierra? Quizás la descolonización, en la medida en que se hace infinita en su demanda radical de reapropiación de un legado perdido, en la medida por lo tanto en que es un pensar del legado más que un pensar de la des-legación, no sea realmente descolonización sino más bien una curiosa forma de recolonización apotropaica, que sólo descolonializa para mejor recolonializar, siguiendo el espíritu de los tiempos. A ese espíritu se refiere el libro de Bartolomé Clavero *Genocidio y justicia. La destrucción de las Indias ayer y hoy* con la expresión "nuestras alturas." *Genocidio y justicia* busca ofrecerse como un intento teórico de presentar la situación de la descolonización hoy. "Nuestras alturas" refiere a un tiempo que es más sabio, más ilustrado, más avanzado que los tiempos anteriores, sin duda gracias a los esfuerzos de los descolonizadores. Pero la expresión "nuestras alturas" es también indicio claro de cierta presencia de ideología nómica: sabemos más hoy, estamos mejor organizados, mejor dispuestos, conocemos un orden mejor, si solamente supiéramos llevarlo a cabo. La descolonización infinita es quizá la otra cara de la presencia abrumadora del orden nómico en nuestro mundo, y en cuanto tal ha venido a constituir algo así como la ideología progresista dominante de nuestro tiempo, aunque más en el discurso universitario que en otros ámbitos de discurso. Es hoy una forma aceptable y naturalizada de izquierdismo, y quizás es aceptable porque es plenamente legible para la derecha, que ha venido a considerarla su enemigo: pero es un enemigo fácil, precisamente porque es un enemigo justo, e incluso demasiado justo. Kant decía que el enemigo justo es aquel del que deberíamos hacer un amigo, convertirlo en amigo. Tales enemigos sólo pueden acabar haciéndose amigos, y no precisamente porque el enemigo de nuestro enemigo sea nuestro amigo, siempre una suposición peligrosa. El enemigo aquí no

---

cultural lo que más importa ni lo que más le puede importar al pueblo boliviano, sino la justicia social y la capacidad republicana de la ciudadanía para sostener un sistema político y económico genuinamente democrático. El rechazo de la opresión cultural no es automáticamente traducible a la deseabilidad del desarrollo de una ciencia o de un derecho "propios," como veremos que dice Bartolomé Clavero y con él tantos otros postcolonialistas (ya sólo) culturalistas. Sin duda no es ese el propósito de la nueva constitución boliviana que Morales apoya.

es el enemigo injusto de Kant o de Carl Schmitt, el enemigo absoluto, no es el terrorista global, sino que es aquel de quien esperamos eventual sometimiento y colaboración, que en este caso concreto significa colaboración con el régimen de acumulación global que mantiene a tantos habitantes de la tierra, en el nomos pero no del nomos, en miseria o precariedad profunda e injusta.[13] No es obviamente cuestión de pronunciarse contra la descolonización, que en cualquiera de sus formas será siempre preferible al hecho brutal de la colonización, en la medida en que toda colonización debe ser entendida como dominación. Pero sin un compromiso claro con la justicia social y económica toda ideología de descolonización—es decir, toda voluntad de resistencia a la dominación—corre el riesgo de quedar reducida a un culturalismo cuyo carácter redentorista no puede en última instancia ocultar su incapacidad de redención. El culturalismo es a fin de cuentas un camuflaje político del oportunismo nómico.

Clavero dice: "Tras el presente está la historia, y tras la historia puede estar el derecho" (82). No es una frase trivial, aunque uno la lea pensando que no hay que ser demasiado exigentes cuando se trata de aceptar la propuesta de separación y autonomía relativa entre la historia y el presente. Que el pasado y el presente sean diferentes parece ser una cuestión de sentido común, dado que por supuesto hay una diferencia, y el pasado es historia y el presente, sea lo que sea, es precisamente no historia. El presente es, más bien, una referencia sustitutiva a una noción no reconocida de nomos: "tras la historia está el derecho."

Siguiendo la lógica de *Genocidio y justicia* tenemos, por un lado, el presente, y por el otro la historia. Si la historia y el presente no son parte de la misma sustancia, si son, en otras palabras, sustancialmente diferentes, ¿qué teoría del tiempo puede sostenerse sobre la base de la afirmación de una sustancia doble de la temporalidad? Y si hay dos sustancias en el tiempo, ¿por qué no tres, o muchas? O bien, si hay sólo una sustancia, y por lo tanto la naturaleza de la división entre historia y presente es meramente accidental, meramente anecdótica, nunca fija, cuestión de escribir, y de escribir rápido, para que se entienda, sin aspirar a la fijación abstracta, bien, entonces, como decía Samuel Beckett, no hay nada que añadir, pero sobre todo porque esta frase ya ha durado demasiado tiempo. Se

---

[13] Ver por ejemplo Pierre Bourdieu, *La misére du monde*.

pretendería entonces que usáramos o aceptáramos una distinción que no podemos justificar, pero sería una distinción que todos sentimos instintivamente como correcta, parece pretender Clavero. La historia es una cosa, el presente es otra, igual que el sujeto es una cosa, y el objeto otra, y sólo desde el presente podemos hablar de historia, igual que sólo desde el sujeto es el objeto conocible. El presente es lo que conocemos directa e inmediatamente, el presente somos nosotros, el sujeto, y así la historia sólo puede ser un objeto para nosotros. La historia y el presente, la división misma entre ellas, es la división del sujeto, reproduce un entendimiento del mundo como diferencia sujeto-objeto, contra la que el tiempo vive. El sujeto puede decir, el sujeto puede siempre decir, y puede en primer lugar decir el tiempo, pues toda forma verbal personal es siempre una modalidad del pasado, del presente, o del futuro: yo digo, yo dije, yo habré dicho. El derecho a una clara distinción temporal, entre historia y presente, es tan verdadero como el derecho a ser sujetos. Y eso es primariamente lo que nuestro tiempo, nuestras alturas, las alturas de nuestro tiempo han hecho posible: la sujetificación total, la sujetificación potencialmente total.

Todo esto ya es bastante complicado para una frase supuestamente tan práctica, tan concreta. Y aun así, no es todo. Porque no es sólo que hay presente, y también hay historia, y la una está detrás del otro, casi de la misma manera en que siempre hay otro detrás de uno. Pero hay más: primero está el presente, luego está la historia, y por fin está el derecho. O mejor dicho: puede estar el derecho. Derecho es en español no sólo "justicia, razón," sino también, como dice el Diccionario de la Real Academia, "conjunto de principios, preceptos y reglas a que están sometidas las relaciones humanas en toda sociedad civil, y a cuya observancia pueden ser compelidos los individuos por la fuerza." El derecho, al ser justicia y razón, supone una incorporación de todas las leyes, y rige el conjunto de las leyes, o es ley de leyes. Así que tenemos el presente, y tras él la historia, y tras ella la justicia y la razón, o bien un conjunto de principios, preceptos y reglas, lo cual hace que el derecho, y con él la ley, rija el tiempo. El derecho es suprahistórico, o transhistórico, no en el sentido de que no tenga historia, sino en el sentido de que rige su propia historia, e incluso la historia toda, la domina, e incluso la toma por atrás. El derecho es nómico, y no es nada sino tendencialmente nómico. Cada ley, cada uno de sus principios, preceptos y reglas quiere establecer un nomos de la tierra.

Genocidio y justicia es un libro bien intencionado que busca revisitar, en nombre de la descolonización universal, la llamada destrucción de las Indias, esto es, la destrucción colonial que España impuso en las gentes que encontró al otro lado del océano. Busca una restitución fundamental, una restitución infinita, aunque aparezca vago en términos de qué es lo que busca restituir infinitamente: un legado siempre indefinido. Restituye por lo tanto más bien el derecho a la restitución, restituye la restitución bajo el nombre de restitución infinita, que no es quizá otra que la restitución de lo propio, del nombre propio. Hay por supuesto mucho que discutir a propósito de la noción de restitución, de la noción de lo propio, de la noción de nombre y de la noción de nombre propio, como si los nombres pudieran en el fondo ser otra cosa que nombres comunes, supuesto que hubiera nombres en algún principio (el principio mismo del legado o el legado como principio). Clavero dice: "La ciencia social de matriz europea, casi toda ella, contribuye por su parte al genocidio manteniendo el paradigma teórico de cancelación de la humanidad indígena a efectos como los de historia y derecho. Hasta el empleo usual de meros términos como indio o incluso como indígena puede abrigar genocidio cuando encubre ignorancia y desentendimiento de la pluralidad notable de pueblos comprendidos . . . el genocidio se permite o encubre con la simple cancelación teórica de parte de la humanidad como sujeto de ciencia, historia y derecho propio" (95). Desde el punto de vista de la descolonización estas parecerían frases incontrovertibles.

Clavero está contra el genocidio. La única posible respuesta al genocidio, esto es, la única respuesta no-genocida al genocidio es, para Clavero, la restitución infinita, no del derecho a, sino de la subjetividad misma, entendida como la propiedad de la ciencia, de la historia y del derecho a toda la humanidad, particularmente a la parte de la humanidad que fue privada de tal propiedad en algún momento de la historia, o en algún momento del presente. Lo cual plausiblemente quiere decir que hay algo que está incluso tras el derecho, y eso es la propiedad misma, y no cualquier propiedad, sino la propiedad misma de la subjetividad, para todos. Lo cual crea un problema difícil, pues la llamada a la restitución infinita de la subjetividad no viene de la subjetividad, sino del derecho. El derecho dice que debe haber una infinita restitución del derecho, y con esa regla el derecho se sustrae al derecho, o se sitúa tras el derecho. O bien la subjetividad dice que la restitución infinita de la subjetividad debe ser la ley, o el derecho, y con ello la subjetividad se sitúa tras la subjetividad. La ley, o el derecho, y la subjetividad, o bien la ley de la subjetividad, imposiblemente entendida como la misma cosa que la subjetividad de la ley: esa sería, para Clavero, y quizás para todos los teóricos de la descolonización infinita, la ley silenciosa, no tanto de la historia, sino de nuestro presente. Pero, puesto que la historia está tras el presente, en algún punto medio entre el presente y el derecho, la ley del presente es también de alguna forma la ley de la historia. De ahí que el discurso del derecho, del derecho contra el genocidio, que es, en los términos de Clavero, el único discurso no-genocida ante el genocidio, sea el punto final del recurso histórico y el fundamento terminal de la historia misma: "tras la historia está el derecho" significa que la ley contra el genocidio—la ley de descolonización, que para no ser genocida debe ser ley de descolonización infinita—opera algo así como la muerte o vencimiento del tiempo. Es la asignación misma del tiempo en el presente, es decir, ni más ni menos que el nomos de la tierra.

Uno podría aceptar quizá esta metafísica apresurada como asunto de fe, y quizá esa es la forma en la que los juristas deban en última instancia moverse: a través de una ontoteología siempre dada por supuesta en relación con la cual uno pueda o deba simplemente creer y afirmar su fe—un asunto de elección militante. Pero la fe debe ser internamente consistente para sostener en fidelidad al sujeto de fe: lo requiere la militancia, pues una militancia inconsistente no es militancia. Esta fe inconsistente no es otra cosa que fe infiel, es decir, mera ideología. Clavero dice: "No es el genocidio ahora una categoría retórica. Es un crimen de derecho de gentes o de un orden internacional muy distinto, a nuestras alturas, al de los tiempos de Las Casas, precisamente porque ahora se funda en derechos humanos, los debidos y acreditados a una humanidad cumplida y entera" (94). Algo por lo tanto se ha cumplido en las alturas de nuestro tiempo, y lo que se ha cumplido no es otra cosa que la humanidad, "cumplida y entera." Desde la perspectiva de una humanidad cumplida hay genocidio y no retórica. Desde que la humanidad se cumplió, también la ley. Ahora la ley contra el genocidio es la ley de la restitución infinita de la propiedad de lo propio. La ley de la humanidad es la ley contra el genocidio, y la ley contra el genocidio pide la restitución infinita de los derechos humanos, entendidos primariamente como los derechos de propiedad a la propiedad, es decir, como derechos a una subjetividad total, entendida como propiedad y autopropiedad. El derecho a una subjetividad plena es el derecho universal de la humanidad. El derecho a la plena subjetividad es el derecho a la restitución infinita, que es el derecho infinito a la propiedad de lo propio, que es el derecho a la subjetividad infinita. Pero esto empieza a parecerse a un círculo vicioso, y hay que romperlo, en cuanto vicioso, si no en cuanto injusto, por alguna parte: hay que establecer un fundamento que rompa la figura del círculo y nos lleve a una jerarquía lineal, estructurada conforme a principios.

Para lograrlo Clavero elige atacar, prediciblemente, por el lado de la cultura: "Con todo, la primera dependencia que debiera tal vez afrontarse y tratar de superarse puede que no sea la política o ni siquiera tampoco la económica o cualquiera de otra índole social más material, sino precisamente y en definitiva la cultural. No digo que las otras no sean importantes e incluso decisivas, sino que ésta puede ser la primaria. Me refiero ahora a la que deriva de quienes . . . se arrogan, controlando y manipulando claves, la autoridad de dar nombres y señorear palabras con la pretensión no siempre disimulada de condicionar o con la más íntima incluso de regir la libre determinación humana" (90). La cuestión es ciertamente saber quién es el señor de las palabras. Lo que Clavero llama "la privación radical del derecho propio" es, piensa, un fenómeno cultural, la imposición cultural genocida de nombres ajenos en derechos propios, y de ahí el robo del derecho propio. Contra tal robo está la suprema autoridad contemporánea, esto es, la autoridad a nuestras alturas, nuestro orden nómico, que manda restituir, no imponer, como el superego nos dice que disfrutemos. Excepto que disfrutar, cuando responde a una ley del superego, es una forma de sufrir. Excepto que tal restitución es ya una imposición, una imposición nómica, en la misma manera en que no puede haber una ley de lo múltiple sin una unificación previa, y de la misma manera que no puede haber una infinitud de nombres propios sin un nombre común que los sostenga a todos. Pero si hay un nombre común que los sostiene a todos, y si ese nombre común es la humanidad cumplida, entonces la ley de la restitución infinita encuentra su excepción impasable. No es cualquier excepción, porque es una excepción de lo infinito, que necesariamente pone un límite a la infinitud, y hace a la infinitud finita. Y la destruye como infinitud. De la misma forma la ley de restitución infinita se destruye como ley y no es defensa contra el genocidio, sino pretensión de defensa, y en cuanto tal no constituye herramienta apropiada para la liberación que dice sostener en nombre de una descolonización de lo propio que debe seguir la ley universal. No cabe descolonizar nada desde supuestos y presupuestos nómicos, amparados en la ontoteología europea por más que denegada, y que inscriben infinitamente la dominación, ahora planteada como liberación. Y de esto no han llegado a percatarse tantos decolonialistas.

La película que dirigió John Huston sobre *El halcón maltés*, de Dashiell Hammet, no hace referencia a uno de los pasajes más famosos del libro, que es el pasaje en el que Sam Spade le cuenta a la encantadora pero aviesa Ms. O'Shaugnessy la historia del hombre llamado Flitcraft. Flitcraft es el tipo que, en el medio de "una vida limpia, ordenada, sana y responsable" (64), tiene una experiencia que lo acerca a la muerte y le obliga a hacerle frente a su finitud. Flitcraft decide que, puesto que vivimos en un universo que tiene a la muerte por real, un universo de azar ciego y acontecimientos impredecibles, un universo de sinrazón, cuanto más acogidos estemos a la vida razonable, más lejanos estaremos de la vida tal como es. Cuanto más sintonizados con la vida, tanto más fuera de tono; cuanto más razonables, menos razonables. El pobre Flitcraft, una especie de Quijote invertido, lo abandona todo, su vida, sus lealtades, su familia, su trabajo y su dinero, y se muda a una nueva ciudad y emprende una vida nueva, sólo para darse cuenta unos años más tarde de que no ha podido hacer otra cosa que reproducir su vida previa en todos sus rasgos esenciales. La posición de Clavero, que he estado llamando de restitución infinita, a favor de una empresa también infinita de descolonización cultural en nombre de la liberación, es similar al intento imposible de Flitcraft para escaparse de su propia sombra. Flitcraft quiere descolonizar su vida, librarla de todo lo que en un punto pareció ser limpio, ordenado, sano y responsable, pero termina en el fracaso, porque no busca sino restituir una subjetividad que no puede evitar caer, en cuanto subjetividad, en la limpieza, en el orden, en la cordura y en el sentido de la responsabilidad cuyo precio es siempre el de una omisión fundamental: la omisión de lo real, como desconexión fundamental entre la vida y la historia. No puede haber restitución, la restitución es quijotismo imposible, y mera ideología. Ya es hora de abandonar lo que Dipesh

Chakrabarty no hace tantos años llamaba "la buena historia."[14] Si la colonización infinita es en todo caso aquello que no puede ser evitado por ninguna subjetividad, bajo el precio de dejar de serlo, como Flitcraft descubre cómicamente, ¿no deberíamos rehusar ser colonizados por la pretensión opuesta?

La radicalización de la coincidencia entre el orden nómico de la tierra y el orden de lo político, que necesariamente incluye la redescripción de todos los enemigos como enemigos injustos, y por lo tanto una tiranía del amigo (una ley universal del amigo) como sujeto total de la humanidad, podría ser al mismo tiempo una proyección imaginaria de las consecuencias de los atentados del 11 de septiembre y la apertura a un entendimiento diferente de lo político sobre la base de la figura de quien no es ni amigo ni enemigo, el no-amigo. El crac en la coalición representado por el voto socialista en España, cuya consecuencia inmediata fue la retirada de las tropas españolas de Irak, inicia un doble rechazo: un no a la guerra total, ya desde la perspectiva del orden nómico, o desde la perspectiva de los enemigos (injustos) del orden nómico. Los enemigos injustos, en la definición de Kant, son los que se excluyen de la humanidad cumplida, del orden nómico, en la voluntad nihilista de perpetuación de un "estado de naturaleza," es decir, de algo que es otro que la humanidad, de *brutalitas* como caos total y desorden generalizado.

La noción de descolonización infinita, entendida como restitución total de lo propio de la subjetividad en el presente, es consistente con la noción de humanidad cumplida que el tercer orden nómico de la tierra busca sostener. La descolonización infinita, como nombre de la ley contra el genocidio, como única ley no genocida, es la contrapartida del nomos global y así esencial a él. Ambos buscan la prioridad radical de la sujetificación, y ambos condenan a sus enemigos a un afuera radical, o incluso a un afuera genocida. El enemigo injusto, para los partisanos de la descolonización infinita, es el enemigo genocida. El enemigo genocida, para los partidarios de un tercer nomos global, es el enemigo injusto kantiano. Hay por lo tanto una relación fundamental entre la noción de que es preciso buscar una nueva configuración de lo político contra la división amigo/enemigo y la noción de que la descolonización infinita ya no es una herramienta

---

[14] Chakrabarty, *Provincializing Europe* 97-98.

adecuada para la liberación política o social. Pensar las implicaciones políticas del lugar del no amigo debe incluir una crítica de la poderosa noción de descolonización como palabra última de la paz y de la justicia para todos: la descolonización no es palabra última, a despecho de todo postcolonialismo. Y claro que ninguna política y ningún orden nómico que no persigan precisamente eso, pensar el no amigo, pensar la subalternidad en su diferencia respecto de aquello que puede ser domesticado y traído al orden nómico, merecen la pena.

Capítulo segundo
Caza preventiva: el nuevo partisano

-"¡Pero idiota," dijo la tortuga. "Ahora te morirás tú también. ¿Cómo se te ocurre hacerme esto?"
-"Es que es mi carácter," dijo el escorpión.

I. El partisano

Entre 2002 y 2005 nos acostumbramos a leer en la prensa descripciones de operaciones de busca y captura llevadas a cabo por la Fuerza de Tareas 121 y otras fuerzas especiales norteamericanas, británicas, pakistaníes o incluso iraquíes. Trataban de aprehender o destruir a Saddam Hussein y a Osama Bin Laden, al Mullah Muhammad Omar, a Ayman al-Zawahiri, a Muqtada al-Sader, y a otros líderes de Al Qaeda, del Talibán o del Partido Baath, del Ejército del Mahdi, o de la insurgencia suni, todos ellos dirigentes de países o de bandas partisanas con las que los Estados Unidos estuvieron o están formalmente en guerra.[15] Su captura es una necesidad de la guerra en el sentido tradicional. Pero estamos menos acostumbrados a lo que el Pentágono, según Seymour Hersh, llama "la caza preventiva del hombre" ("Moving" 5) para caracterizar un tipo de operación específica desempeñada por esas fuerzas. "Caza del hombre" es un término aparentemente imaginado por el Secretario de Defensa norteamericano Donald Rumsfeld para referirse a las tácticas militares apropiadas para terminar con la insurgencia iraquí, y con otras amenazas terroristas. Hersh cita a "un americano" que ha asesorado a la autoridad civil en Bagdad: "La única manera de poder ganar es tirarnos a lo no-convencional. Vamos a tener que jugar a su juego. Guerrilla contra guerrilla. Terrorismo contra terrorismo. Tenemos que aterrorizar a los

[15] Ver por ejemplo Eric Schmitt, "Finding Hussein," A18.

iraquíes hasta la sumisión" ("Moving" 49-50). Cazar preventivamente remite a un modo no convencional de hacer la guerra: guerra de guerrillas, guerra partisana, desarrollada sin embargo por combatientes regulares en la coalición aliada.

Hersh compara esta nueva política de asesinato selectivo con el Programa Phoenix de la guerra del Vietnam, mediante el que al menos veinte mil sujetos bajo sospecha de ser colaboradores del Vietcong fueron liquidados. Pero el Programa Phoenix no era preventivo por naturaleza (aunque lo haya sido tácticamente en muchos casos). La extensión de la doctrina militar de "ataque preventivo" que sostiene la Administración Bush a operaciones de guerrilla llevadas a cabo por fuerzas especiales meses y años después del fin oficial de la guerra convencional parece una novedad de nuestro tiempo.[16] Hay sin embargo un importante precedente: las unidades de comando israelíes Mist'aravin, altamente eficientes, y especializadas en la captura o asesinato de "comandos suicidas potenciales así como de la gente que los recluta y entrena" (Hersh, "Moving" 52). Las fuerzas especiales norteamericanas parecen haber adoptado el método israelí. Su fin es la muerte del enemigo, aunque la noción de enemigo incluye ahora un componente de potencialidad basado en inteligencia previa: el enemigo es ahora el enemigo probable, ya no solamente el enemigo seguro. Entre los enemigos probables están los jóvenes extranjeros que merodean por las fronteras iraquíes. Un informe del *Guardian Weekly*, después de afirmar que algunos especialistas en guerrilla urbana de las Fuerzas de Defensa Israelíes habían estado entrenando a fuerzas norteamericanas en Fort Bragg, Carolina del Norte, decía que "equipos de las fuerzas especiales norteamericanas están detrás de las líneas dentro de Siria tratando de matar jihadistas extranjeros antes de que crucen la frontera, y se está estableciendo un grupo especializado en la 'neutralización' de dirigentes de guerrillas" (Borger 1). Pero incluso si la misión obvia (aunque clandestina) de esas fuerzas fuera buscar y destruir actores potencialmente insurgentes de sectores militantes iraquíes o islámicos, no está tan claro que podamos sentirnos satisfechos llamando a esas misiones "misiones asesinas." "Cuando las Fuerzas Especiales atacan a los [insurgentes] . . . no es técnicamente

---

[16] Ver en "National Security" 8-11 la formulación oficial de Administración Bush de la doctrina de ataque preventivo.

asesinato—son operaciones normales de combate" (citado por Hersh de un ex-agente de inteligencia, "Moving" 55). Quizá el asesinato preventivo no sea en absoluto asesinato, puesto que todo depende de la valencia política que haya adquirido el término "preventivo." Entramos con ello en el territorio imaginario favorito del escritor de ciencia-ficción Philip K. Dick, de cuya obra hablaremos más adelante.

    Carl Schmitt, en su *Teoría del partisano*, después de afirmar que la teoría del partisano es "la clave para entender la realidad política" (*Theory* 65) (Schmitt escribía en 1962), le dedica unas cuantas páginas al general francés Raoul Salan, jefe de la OAS (*Organization armée secrete*) durante la rebelión argelina contra la dominación colonial francesa. En Salan, dice Schmitt, "se expone un problema político que es decisivo para el problema de los partisanos, el que aparece cuando un soldado de combate convencional debe soportar una guerra no solo ocasional sino constante con un enemigo irregular y fundamentalmente revolucionario" (66). La OAS bajo Salan "llevó a cabo acciones terroristas premeditadas contra el enemigo argelino, contra la población civil de Argel y contra la misma población francesa. Lo premeditado incluía métodos de la llamada guerra psicológica de terror de masas" (67). Salan abandonó su carácter de soldado convencional para implicarse en actividades extra-legales que, en su opinión, apoyaban la causa del estado francés. La paradoja de que un poder colonial fuerte resultara impotente para contener la insurgencia argelina lo precipitó, nos dice Schmitt, a la plena participación en una *Irrsinnlogik* o lógica de la sinrazón "que amargó a un hombre valeroso e inteligente y lo llevó a buscar contramedidas" (*Theory* 70). Las contramedidas que usó Salan no son todavía parte de la política norteamericana, pero el recuento de Hersh, así como otros informes, parecen indicar que una sección del gobierno norteamericano se mueve en la dirección de una incorporación directa de tácticas de guerrilla a actividades regulares de combate—esta vez, sin embargo, nadie las considera parte de una lógica de la sinrazón, sino que más bien quedan racionalizadas como prácticas de guerra en cuanto guerra de enemistad absoluta. Mi interés es explorar la noción de enemistad absoluta a favor de una revisión del concepto de lo político, que para mí ya no debe quedar circunscrito a la división schmittiana amigo/enemigo.[17] No es

---

[17] Tal como fue expuesta en el ensayo de 1932, *El concepto de lo político*. La

mi intención pasar juicio ni moral ni político sobre la lógica militar del ejército norteamericano. Esa lógica quedará más bien en lo que sigue comprendida como un síntoma entre otros de la configuración política de nuestro tiempo.

En su clásico *La filosofía política de Hobbes* nota Leo Strauss que "las dos novedades fundamentales que deben ser atribuidas a Hobbes, la subordinación de la ley al derecho, y el reconocimiento de la significación plena de la idea de soberanía, están íntimamente conectadas" (158). El poder soberano, en la modernidad, debe concebirse no como razón, sino como voluntad, puesto que la reivindicación de derecho soberano tiene precedencia sobre su legitimidad. De ahí que en la política moderna haya una primacía de la "política exterior," en la medida en que el legislador "desarrolla su legislación . . . mirando a la guerra, es decir, a la afirmación del estado contra condiciones externas" (162). La lucha contra condiciones externas puede justificarse como miedo a la muerte violenta: el estado teme su muerte a manos de sus enemigos. O puede justificarse como lucha por el poder, que una metafísica monista tendría todavía que considerar de naturaleza preventiva (si el miedo a la muerte es el único principio de configuración política, todo lo demás debe poder vincularse a ese principio). La lucha por el poder mediante la expansión del estado y de sus reivindicaciones de derecho soberano sería no más que una intensificación apotropaica de los medios para evitar la muerte violenta del estado que lucha, haciéndola menos plausible, o infinitamente diferida. Esta es en suma la razón ofrecida por la Administración Bush para justificar su política militar, incluyendo la práctica de unilateralismo preventivo, tras el 11 de septiembre de 2001.

Pero la contribución de Strauss fue señalar la ambigüedad del monismo hobbesiano. Para Strauss, "la idea de civilización presupone que el hombre, en virtud de su inteligencia, puede colocarse fuera de la naturaleza, puede rebelarse contra la naturaleza" (168). Hay pues un

---

división amigo/enemigo es presentada por Schmitt como la división específicamente política: "la naturaleza inherentemente objetiva y la autonomía de lo político se hacen evidentes en virtud de su capacidad de tratar, distinguir y comprender la antítesis amigo/enemigo independientemente de todas las otras antítesis" (27). Las conferencias de 1962 sobre teoría del partisano se subtitulan "Intervenciones sobre el concepto de lo político," y así deben ser leídas como suplemento al ensayo de 1932.

dualismo implícito, hombre/naturaleza, prolongable en la antítesis de *status naturalis/status civilis*, que estaría para Strauss "oculto por la metafísica materialista-determinista de carácter monista que Hobbes enseña" (168). La lucha por el poder, en la medida en que incorpora un retorno subrepticio al "reino de la oscuridad," no puede constituir ya una base ética de lo político. En otras palabras, el miedo a la muerte, que es parte de la hipótesis monista, no la regula totalmente, sino que ha aparecido un exceso con respecto al miedo a la muerte, y así una alternativa ya no monista, y este exceso amenaza, no sólo el contenimiento moral de la voluntad de poder (es decir, toda concepción moral de la voluntad de poder), sino también la determinación de lo político como abarcado por la división amigo/enemigo. En la medida en que te defiendes contra un enemigo que amenaza destruirte, estás conjurando la muerte violenta. Pero luchar por el poder está en exceso de la determinación de lo político sobre la base del temor de la muerte, y así también en exceso de la división amigo/enemigo, puesto que el enemigo es aquél que amenaza darte muerte, y no quien representa un límite práctico a tu acumulación de poder.

Y ahora todo se complica. Si Hobbes establece el horizonte de lo político en la negación del estado de naturaleza y la elaboración de una filosofía de la cultura, o del *status civilis*, no podría haber entonces trascendencia del horizonte liberal sin una deconstrucción de lo cultural. La descripción o determinación schmittiana de lo político como el campo de la división entre amigo y enemigo no toca la reinscripción necesaria de lo político en lo cultural como la esfera propiamente soberana en el horizonte liberal, que es por supuesto el horizonte dominante de la modernidad. Schmitt dice que la división amigo/enemigo es relacional y siempre reactiva ante una negación existencial cuya verdad es la guerra. Pero pensar la guerra como razón última de lo político borra la pregunta acerca de la razón suficiente para la guerra misma. ¿Bajo qué condiciones ocurre la guerra? Si la guerra hobbesiana de todos contra todos marca el estado de naturaleza, entonces, necesariamente y por definición, la guerra entre amigos y enemigos es ya un conflicto estructuralmente mediado por lo cultural. Si lo cultural media lo político, entonces, a pesar de Schmitt, lo político no es la instancia última de constitución de soberanía: la política no es el campo de la decisión, si la decisión debe apelar, en cada caso, y para poder producirse como decisión, a la dimensión transpolítica de lo cultural. Schmitt se equivocaba, entonces, al postular la distinción amigo/enemigo "independientemente de todas las otras antítesis" (Concept 27), pues, en términos de Hobbes, la distinción amigo/enemigo sólo es posible sobre la base de una supeditación del estado de naturaleza al estado de cultura.

En política la soberanía existe en la forma relacional de soberanía sin soberanía, esto es, de una soberanía que está absolutamente limitada por la posibilidad de muerte violenta.[18] La muerte es sin duda la limitación por excelencia del poder soberano. Para Schmitt, como ya ha sido citado, "en la orientación hacia el posible caso extremo de una batalla real contra un enemigo real, la entidad política es esencial, y es la entidad decisiva para la polaridad amigo/enemigo; y en esto (y no en ningún sentido absolutista) es soberana. De otra manera la entidad política es inexistente" (Concept 39). La soberanía relacional ha sido la base del sistema interestatal de regulación mundial a través de la modernidad (central y explícitamente desde la Paz de Westphalia en 1648, y todavía más desde el fin de la Guerra de Sucesión Española en 1713). Pero la soberanía sin soberanía encuentra su absolutización en la postulación de la humanidad como único posible sujeto político, que es para Schmitt la meta tendencial del liberalismo: "la humanidad según la ley natural y las doctrinas liberales-individualistas es un universal, es decir, es un ideal social omniabarcador, un sistema de relaciones entre individuos. Se materializa sólo cuando la posibilidad de guerra queda impedida, y cuando toda división amigo/enemigo se hace imposible. En esta sociedad universal no habría ya naciones bajo la forma de entidades políticas, no habría lucha de clases, ni agrupamientos enemigos" (Concept 55). Sólo existiría la humanidad, concebida como una. Este sujeto único de la humanidad—este sujeto humano único, la apoteosis de la visión del mundo liberal—forma la razón suficiente de la

---

[18] También en Schmitt la muerte limita la soberanía, de ahí que sea el concepto fundamental, en última instancia, para toda posible constitución de lo político: "Los conceptos de amigo y enemigo, y de combate, reciben su significado real de la posibilidad real de la muerte física. La guerra sigue de la enemistad. La guerra es la negación existencial del enemigo. Es la consecuencia más extrema de la enemistad. No tiene que ser común, normal, ideal, o deseable. Pero tiene sin embargo que permanecer como posibilidad real mientras el concepto del enemigo continue siendo válido" (Schmitt, Concept 33).

soberanía absoluta para la modernidad. En la humanidad como sujeto o en el sujeto de la humanidad la soberanía moderna entra en plenitud de soberanía. La soberanía entra en soberanía cuando el estado civil o estado de cultura ha invadido absolutamente el estado de naturaleza— cuando la guerra de todos contra todos queda subsumida en la guerra neutral de una humanidad encarnada en sujeto pleno, sin enemigos ni amigos, que viene a ser metonímicamente simbolizada en nuestro mundo por el triunfo del capitalismo liberal y la caída del bloque soviético en 1989. La política se hace entonces relación sin relación, una condición a la que algunos llaman "el fin de la historia."[19] Bajo esta condición, pensar lo político como relación sin relación es, por un lado, pensar un "más allá del sujeto" como condición de posibilidad de la relación abismal del sujeto consigo mismo, ahora absolutizado bajo la forma de totalidad vacía. Pero es también, y simultáneamente, pensar un "más allá de lo cultural," puesto que la cultura es el reino liminal de la soberanía relacional cuyo fin político es el fin de lo político como campo de división entre amigo y enemigo. Pensar más allá de la soberanía absoluta como verdad de la historia en la globalización consumada y pensar más allá de la soberanía relacional como la verdad (cultural) de lo político hoy es pensar el resto enigmático, por ejemplo, en la nueva forma de ser partisano, dentro de ella, pero también más allá de ella, en lo que el partisano guarda fuera de su partisanía.[20]

Este resto enigmático, la sobra oscura en la constitución del sujeto pleno de la humanidad liberal, en el contexto de la división del campo político entre amigos y enemigos, ocupa el no lugar del no amigo—ese espacio o ámbito que no entra en la relación soberana pero sólo en relación al cual cualquier relación soberana se hace posible. En el contexto de la división entre soberanía absoluta y relacional (y esta división es la relación fundante del principio de hegemonía en la modernidad), el resto enigmático ocupa el no lugar de la subalternidad—es decir, aquello que sólo puede experimentar la articulación hegemónica como dominación, y que está por lo tanto más allá de la hegemonía. Pensar la guerra neutra y oscura del sujeto pleno

---

[19] Me refiero entre otros al libro de Francis Fukuyama, *The End of History and the Last Man*, que ha tenido muchos discípulos, confesos o inconfesos.
[20] Ver capítulo cuatro para una continuación directa de estas cuestiones en relación con la cuestión hegemonía/subalternidad.

de la articulación liberal del mundo, más allá de la guerra entendida bajo viejas circunscripciones de amistad y enemistad, podría quizá restaurar lo político contra lo político entendido como la dispensación contemporánea del principio de soberanía.

La *Teoría del partisano* se subtitula "Intervención en el concepto de lo político." El subtítulo remite al ensayo de 1932 *El concepto de lo político*, y debe por lo tanto ser entendido en la intención de Schmitt como un suplemento a él. En 1932 Schmitt había previsto la posibilidad de que el logro de un cierre liberal del mundo podría acarrear una nueva dispensa de lo político en términos que resulta difícil no asociar a la situación contemporánea:

> Se condena la guerra pero permanecen las ejecuciones, las sanciones, las expediciones de castigo, las pacificaciones, la protección de los tratados, la policía internacional, y otras medidas para asegurar la paz. El adversario ya no merece el nombre de enemigo sino el de quien molesta la paz y queda así designado como un criminal contra la humanidad. Una guerra peleada para proteger o expandir el poder económico debe convertirse, con ayuda de propaganda, en una cruzada y en la última guerra de la humanidad. Esto está implícito en la polaridad de ética y economía, que es una polaridad asombrosamente sistemática y consistente. Pero tal sistema supuestamente no político y aparentemente incluso antipolítico sirve a agrupamientos de amigo/enemigo ya existentes o nuevamente emergentes y no puede escapar a la lógica de lo político. (*Concept* 79)

La investigación schmittiana del partisano debe situarse en este contexto: el partisano es la incorporación del enemigo absoluto dentro del orden moderno de lo político, por tanto ya el síntoma de la descomposición de tal orden desde el siglo diecinueve: el combatiente de la última guerra del orden moderno. ¿Es el partisano un enemigo justo o injusto? ¿Cómo hay que lidiar con el partisano, y quién debe hacerlo? ¿Es el contrapartisano un defensor del orden político o acaba convirtiéndose, en su lucha por el poder, en un enemigo absoluto del orden político?

En la guerra dada por las fuerzas especiales de la coalición prooccidental contra la insurgencia iraquí la teoría del partisano se hace crucial. Como dice Schmitt, "en el círculo diabólico del terror y del contraterror el ataque a los partisanos es a menudo una imagen especular de la batalla partisana misma. El viejo dicho atribuido a una orden del general napoleónico Lefevre del 12 de septiembre de 1813 permanece válido: es necesario pelear como un partisano dondequiera que haya partisanos" (*Theory* 19-20). Y las consecuencias son incalculables, puesto que el partisano, y así el contrapartisano, ya otra figura del partisano, se hacen los verdaderos héroes de la guerra, de toda guerra. En la partisanía generalizada, ya no hay reglas, excepto las reglas de la fuerza. Esto queda formalizado por primera vez en la historia, cuenta Schmitt, en el edicto prusiano sobre Reservas Territoriales de abril de 1813, basado en el *Reglamento de partidas y cuadrillas* publicado por la Junta Central española en 1808, a pocos meses del comienzo de la guerra contra Napoleón. Dice el edicto prusiano, en palabras sin duda sobrecogedoras entonces y ahora: "Todo prusiano queda encomendado a no obedecer ninguna orden del enemigo, y a dañarlo con todos los medios a la mano. Incluso si el enemigo trata de establecer orden público, nadie debe obedecer, puesto que la obediencia facilita sus operaciones militares. Queda explícitamente afirmado que 'los excesos de la multitud enardecida' son menos onerosos que el estado de cosas en el cual el enemigo pueda disponer libremente de sus tropas . . . La guerra queda justificada como una necesidad defensiva que 'santifica todos los medios,' incluyendo el desencadenamiento del desorden civil total" (47-48). En la resistencia total del partisano, y los partisanos son ahora todos los ciudadanos sometidos a ocupación militar, pero entonces, por implicación, también en la resistencia total al partisano, llevada a cabo por combatientes que deben ser ya entendidos como contrapartisanos, ocurre, dice Schmitt, "una transformación decisiva . . . en el concepto de lo político," y el partisano se convierte en "una figura del espíritu-mundo" (53; 51). No es casual que el partisano tome la forma de una figura hegeliana de la historia mundial precisamente en la resistencia contra los ejércitos napoleónicos post-revolucionarios. El partisano moderno (y no hay ningún partisano no moderno, dice Schmitt) es, siempre en alguna medida, la incorporación de lo que Jacques Rancière llama la parte de la no-parte, esto es, es el encarnamiento (un encarnamiento parcial, y en muchos casos abyecto) del resto enigmático del sujeto pleno de la humanidad liberal.[21]

Pero la transformación decisiva que mienta Schmitt afecta a la constitución de la enemistad como enemistad absoluta, y todavía no al vencimiento del concepto de lo político en cuanto agotado en y por la división amigo/enemigo: "En comparación con una guerra de enemistad absoluta, la guerra limitada del derecho internacional europeo clásico, que procede mediante reglas reconocidas, es poco más que un duelo entre caballeros . . . La guerra de enemistad absoluta no conoce límites" puesto que pone "en cuestión todo el edificio del orden político y social" (56; 57). La enemistad absoluta es una negación absoluta de comunidad, y promueve "una nueva modalidad de guerra cuyo sentido y propósito es la destrucción del orden social existente" (75). Contra el compromiso partisano con la destrucción total, el compromiso contrapartisano sólo puede ser destruir al destructor. La diferencia entre el partisano y el contrapartisano es ahora precaria: el contrapartisano quiere la preservación de un orden, aunque el orden a preservar se haya conseguido al precio de una destrucción previa, incluso si esa destrucción es meramente del orden de una ocupación. El partisano busca la destrucción de un orden, en el anhelo urgente de la reconstrucción de un orden alternativo.

---

[21] Para Ranciére, "de la misma forma en que el pueblo no es realmente el pueblo, sino más bien los pobres, los pobres no son realmente los pobres. Son más bien el lugar de una falta de posición, la efectividad de una disyunción inicial que lleva el nombre vacío de libertad, la propiedad impropia, la capacidad de disputar. Son de antemano la conjunción torcida de lo que les es propio que no les es realmente propio y de lo común que no es realmente común. Son simplemente el entuerto constitutivo o la torsión de la política en cuanto tal. El partido de los pobres no incorpora sino la política misma como el establecimiento de la parte de aquellos que no tienen parte. Simétricamente, el partido de los ricos no incorpora otra cosa que la antipolítica. Desde Atenas en el siglo V antes de Cristo hasta nuestros propios gobiernos, el partido de los ricos no ha dicho nunca sino una cosa, que es muy precisamente la negación de la política: no hay parte de los que no tienen parte" (*Disagreements* 13-14). Para Ranciére, por lo tanto, la teoría del partisano es también la clave de toda política. La parte de los que no tienen parte, la parte que no es, es siempre el resto enigmático, el afuera radical de todo posible sujeto de la humanidad o para la humanidad, y por lo tanto la posibilidad misma de una política más allá del sujeto—una política del no sujeto que es, quizás incluso para Ranciére, aunque no explícitamente, la única posible formulación propia de la política.

Supongamos que la ocupación es preventiva, y que guarda contra la posibilidad de muerte violenta al poder ocupante y al orden social que defiende. Un corolario hobbesiano sería que tal ocupación es moral en la medida en que no lleve consigo y no esté codeterminada por una lucha por el poder que exceda las condiciones de prevención mismas. Si es así, la ocupación es estrictamente defensiva, e incluso telúrica, puesto que su dimensión fundamental es la salvaguarda del territorio propio contra el enemigo. Pero la meta de defensa telúrica de la patria incluso en toda su radicalidad no puede por definición trascender la dimensión de enemistad limitada. Hay por lo tanto una dimensión excesiva o salvaje en la prevención, una entrada en el reino de la oscuridad, cuando la prevención busca destruir los fundamentos del orden enemigo en su territorio mismo. El exceso preventivo es la conversión de enemistad limitada en enemistad absoluta, y a ello responde el partisano, sólo para evocar la acción contrapartisana en el intercambio recíproco de lo que Schmitt llama "el absolutismo de una rectitud abstracta" (26), ya no telúrica, sino en pleno exceso con respecto de lo telúrico.[22] La rectitud abstracta ha siempre de antemano dejado atrás la noción existencial de lo político sostenida por la división amigo/enemigo como última antítesis y corazón de lo político. La rectitud abstracta siempre incorpora necesariamente un anhelo excesivo que pide la constitución o la destrucción de un orden nuevo de lo político—un procedimiento antipolítico, pues, al servicio del orden mismo, ya constituido, ya constituyente.

Schmitt desarrolla su teoría del partisano en el horizonte de la

---

[22] Claro que la frase misma "absolutismo de una rectitud abstracta" introduce el problema inmenso de la relación apropiada entre moralidad y política. Para Schmitt, por una parte, la división amigo/enemigo es independiente de la relación entre lo bueno y lo malo tanto en el sentido estético como en el ético. Ver Cabezas: para el concepto de lo político en Schmitt "nada es más ajeno que la posibilidad de moralidad" ("On Schmitt" 6). Sin embargo, en la medida en que toda polaridad amigo/enemigo proyecta al menos una "rectitud abstracta," si no proyecta dos o más, la división política misma remite a asuntos morales. Incluso si el amigo queda definido como el que debe estar conmigo ante el temor común a una muerte violenta a manos de otro, parecería que las acciones resultantes de ese miedo común serían a la vez políticas y morales, en doble registro (morales incluso en el sentido de que pueden exceder lo moral, transgredir las reglas o las fronteras de la moralidad). Esta nota sólo pretende abrir el problema, no resolverlo.

guerra fría. Los comunistas, después de Lenin, son partisanos porque han identificado al enemigo de clase como enemigo absoluto. "Lo irregular de la lucha de clases pone en cuestión no sólo la línea militar sino todo el edificio del orden político y social. En el revolucionario profesional ruso, Lenin, esta nueva realidad quedó alzada a conciencia filosófica. La asociación de la filosofía con el partisano . . . desencadenó nuevas fuerzas explosivas. Produjo nada menos que la demolición total del mundo eurocéntrico" (57). Y Stalin y Mao Tsé-tung radicalizaron la partisanía comunista al vincular el elemento telúrico de autodefensa patriótica a ultranza con la rectitud abstracta de la revolución comunista internacional. En particular, la lucha de Mao fue capaz de unir varias formas de enemistad (racial, civil, colonial, de clase) en una conciencia teórica radical de enemistad absoluta que sin embargo no pudo conjurar una contradicción interna: la confusión de "un enemigo mundial absoluto, global-universal, y sin espacio, el enemigo de clase para el marxismo, con el enemigo concreto y territorialmente específico de la defensa sino-asiática contra el colonialismo capitalista" (62). Es esa contradicción o confusión, que es el mismo tiempo constitutiva de, y detectada en cuanto tal por, la teoría del partisano, la que hace de la teoría del partisano "la clave para reconocer la realidad política" en 1962, y a través de la guerra fría. Pero ya no estamos en la guerra fría. La contradicción necesita ser redescrita hoy, al precio de una nueva transformación en el concepto de lo político. La transformación previa es el paso del concepto de enemistad limitada, propio del orden eurocéntrico de la modernidad, al concepto de enemistad absoluta, desarrollado a partir del exceso con respecto de la autodefensa telúrica en las guerras napoleónicas y su desencadenamiento de la dinámica partisano-contrapartisano. Tanto bajo la figura de enemistad limitada como bajo la figura de enemistad absoluta lo político puede todavía concebirse como exhaustivamente delimitado por la división entre amigo y enemigo.

 Schmitt no podía adelantar acontecimientos más allá de su propio tiempo político. Sin embargo, aventura una pregunta en 1962 que parece prefigurar la comparecencia de la banda del 11 de septiembre: "¿Y si el tipo humano que formó al partisano se adaptara a su nuevo ambiente tecno-industrial, aprendiera a hacer uso de nuevos medios, y desarrollara una nueva y adaptada figura del partisano—el partisano industrial?" (81). Esta pregunta se formula ya más allá de las determinaciones de lo político en la guerra fría, puesto que presume la resolución de la contradicción entre la partisanía residualmente telúrica del luchador comunista anticolonial y su compromiso abstracto. Ahora, dentro de la constelación que la pregunta de Schmitt abre a la vista, y en sus términos, la rectitud abstracta, en cuanto incorporación incorpórea de la victoria radical de la cultura sobre la naturaleza, ha ganado, promovida por el comunismo, pero no en su favor. La contradicción o confusión interna de la partisanía comunista y anticolonial se despliega en el vaciamiento de su elemento telúrico incluso en la misma medida en la que anuncia tiempos necesariamente postcomunistas:

> Los defensores autóctonos de la casa y la tierra, los que murieron *pro aris et focis,* los héroes nacionales y patrióticos que se fueron al monte, todas las fuerzas elementales y telúricas en reacción a la invasión extranjera: todo ha venido a caer bajo un control central internacional y transnacional que provee ayuda y apoyo pero sólo en el interés de sus propósitos internacionales de agresión distintivos. Ese control central protege o abandona, según le vaya. Y en ese momento el partisano deja de ser esencialmente defensivo. Se convierte en una pieza manipulada en la máquina de la agresión revolucionaria. Se le excita, y se le roba todo aquello por lo que luchaba, todo aquello en lo que se enraizaba su carácter telúrico, la fuente de su legitimidad como partisano irregular. (77)

Schmitt tiene por supuesto en la cabeza el control remoto del Comité Central del Partido Comunista Soviético, pero los tiempos han cambiado. Hoy la idea de control central, en lo referente a la insurgencia partisana, queda desplazada por ejemplo al orden fantasmático-mesiánico del califato islámico, rizomático más que arborescente, una red o *network* más que un poder articulado jerárquicamente, un jihadismo exaltado que pide, en Europa y por doquier, la destrucción del orden neoliberal presente y la consumación del orden del Profeta.[23] Sin legitimidad política reconocible por el

---

[23] Ver por ejemplo Tyler y Van Natta, "Militants in Europe." En 1988 Hisham Sharabi propuso el término "neopatriarquía" para referirse a cierto tipo de

orden que ataca, post-comunista y post-anticolonial, la nueva rectitud abstracta, auto-legitimada en opiniones de carácter religioso-mesiánico, depende precariamente de una legalidad que todavía no existe. Y sin embargo, "establecer un enemigo significa asumir la responsabilidad de una nueva legalidad, si uno no desea seguir las determinaciones del régimen legal existente" (*Theory* 87). La nueva legalidad es pues un postulable "tercer partido" que pudo ser representado por el gobierno soviético durante la guerra fría o podría ser constituido en el presente por un orden de regularidad todavía fantasma (a menos que la *sharia* y el wahabismo lo hayan delimitado ya). Pero el orden de regularidad es en todo caso esencial al partisano para no hundirse en la criminalidad abismal: "El tercer partido interesado [juega] una función esencial al conectar al partisano a un orden de regularidad de forma que pueda permanecer dentro del ámbito de lo político. La base de lo político no es la enemistad *per se*, sino la distinción de amigo y enemigo, presupone al amigo y al enemigo" (*Theory* 93). No puede haber política, para Schmitt, a menos que el nuevo partisano esté sostenido en su lucha por una legalidad, presente o potencial, que sería entonces constitutiva de la amistad. La

---

postmodernidad islámica. Para Sharabi la neopatriarquía es "una formación social entrópica caracterizada por su naturaleza transitoria y por formas específicas de subdesarrollo y de no-modernidad—visible en su economía y en su estructura de clases así como en su organización política, social y cultural" (*Neopatriarchy* 4); "el aspecto más avanzado y functional del estado neopatriarcal . . . es su aparato de seguridad interior, el *mukhabarat*. Un sistema dual de estado prevalece en todos los regímenes neopatriarcales, una estructura military-burocrática junto una estructura de policía secreta" (7). La limitación de la tesis de Sharabi es su concreción al estado islámico: hace falta expandir el concepto para dar cuenta de las estructuras islámicas diaspóricas tales como las implicadas en el artículo de Tyler y Van Natta. Pero su fuerza crucial es notar que los horrores de la neopatriarquía no son en absoluto sistémicos a las sociedades islámicas, sino más bien producidos históricamente como reacción a la modernidad capitalista: "la modernización en este contexto es en su mayor parte solo un mecanismo que promueve el subdesarrollo y la entropía social, que a su vez producen y reproducen las estructuras y la conciencia híbridas, tradicionales, semirracionales típicas de la sociedad patriarcal" (7). Es necesario seguir insistiendo en que la consideración del jihadismo como enemigo absoluto no tiene razón alguna al extenderse al conjunto del islamismo, menos aún a las sociedades donde la religion musulmana es dominante.

noción de amistad queda así vinculada por Schmitt a la legalidad, dado que la legitimidad ya no es posible en el concierto global ("la amarga alternativa entre legalidad y legitimidad es una consecuencia directa de la revolución francesa" [89]).

En la medida en que las fuerzas especiales de la coalición disfrutaron en la Segunda Guerra de Irak de un régimen de amistad y legalidad, aunque sea una legalidad soberana sin fundamento en las Convenciones de Ginebra de 1949, las fuerzas especiales de la coalición deben ser definidas como contrapartisanas. En cuanto contrapartisanas, son partisanas, y no menormente en su definición de las fuerzas insurgentes como enemigo absoluto. Los partisanos insurgentes, el enemigo, son enemigo absoluto, y así su orden de regularidad presente o potencial debe ser destruido en su totalidad. La frase "caza preventiva del hombre" se levanta ya desde una posición ideológica que no le reconoce al enemigo orden válido alguno de amistad: lo animaliza, y lo condena con toda certeza a un imposible estado de naturaleza del que no va a emerger a un *status civilis* u orden cultural de ninguna clase. ¿Cómo lidiar con gente así (in)definida? ¿Según el asesor citado por Hersh? ("la única manera en la que podemos ganar es por medios no convencionales. Vamos a tener que jugar a su juego. Guerrilla contra guerrilla. Terrorismo contra terrorismo. Tenemos que aterrorizarlos hasta la sumisión").

Schmitt concluye su *Teoría del partisano* con la siguiente reflexión:

> El peligro último consiste no tanto en la presencia viva de instrumentos de aniquilación y maldad humanas. *Consiste en la inevitabilidad de un impulso moral* [el subrayado es mío]. Los hombres que usan esos medios contra otros se ven obligados a aniquilar a sus víctimas y a sus objetos, incluso moralmente obligados. Tienen que considerar al otro lado como enteramente criminales e inhumanos, como totalmente indignos. De otra forma, ellos mismos se hacen criminales e inhumanos. La lógica del valor y su envés, la falta total de dignidad, despliega sus consecuencias aniquiladoras, forzando a discriminaciones cada vez más profundas, a criminalizaciones, a devaluaciones, hasta el aniquilamiento de la vida sin valor. (95)

El peligro de una política hobbesiana del poder no equilibrado por la condición del miedo, esto es, de lo que he llamado la política de la dimensión excesiva de la prevención, es el de una lucha sin mesura por el poder, por el poder absoluto contra un enemigo absoluto. Eso destruye el juego político como juego dentro del estado de cultura, dentro de las fronteras de la división amigo/enemigo. Incluso Schmitt, que permanece hasta el final de sus días comprometido con una definición de lo político en términos de amistad y enemistad, debe admitir, en este punto, que "la enemistad [podría hacerse] tan aterradora que quizás deje de ser posible hablar del enemigo o de la enemistad, y ambas palabras tengan que ser evaluadas y condenadas antes de que el trabajo de aniquilación pueda comenzar" (*Theory* 95). Emerge la figura de una nueva partisanía, la partisanía de la contrapartisanía absoluta. Pero incluso ella debe liberar una nueva posibilidad de lo político.[24]

2. El contrapartisano

En su novela *Cosmópolis* Don De Lillo alegoriza lo que podríamos llamar la civilización realmente existente. El protagonista, Eric Packer,

---

[24] Schmitt ya había previsto en el ensayo de 1932 la posibilidad de que la consumación de un cierre liberal del mundo acarreara una nueva dispensación de lo político, en términos que uno no puede dejar de asociar a la situación presente: "la guerra se condena, pero se siguen precisando ejecuciones, sanciones, expediciones punitivas, la protección de tratados, una policía internacional, y otras medidas para salvaguardar la paz. Al adversario, así, ya no se le llama enemigo sino un perturbador de la paz, y se designa como un proscrito de la humanidad. La guerra desencadenada para proteger o expandir el poder económico debe convertirse, con ayuda de propaganda, en una cruzada, en la última guerra de la humanidad. Esto está implícito en la polaridad de ética y economía, una polaridad asombrosamente sistemática y consistente. Pero este sistema supuestamente no-político o incluso aparentemente antipolítico sirve a divisiones existentes o nuevamente emergentes de amigos y enemigos y no puede así escapar a la lógica de lo político" (*Concept* 79). Mi meta no es negar la importancia de la determinación de lo político sobre la base de la división amigo/enemigo, sino mostrar que puede haber un más allá de la división no en sentido antipolítico o pospolítico, sino en un sentido político alternativo.

presencia una acción anarquista anti-globalización y piensa que esos actores vienen de dentro, salen de la civilización misma y resumen su condición misma de existencia. La guerra, incluso la guerra oscura y neutra más allá de la guerra, es una fantasía inherente al proceso civilizatorio, un melodrama auto-civilizante. En toda guerra hay un afuera que ha sido previamente sometido a captura. La guerra es sólo posible cuando la exterioridad del enemigo se ha desvanecido en cuanto tal. Como consecuencia, toda guerra es guerra civil. Existen las civilizaciones, y por ejemplo Samuel Huntington tiene razón en eso, pero tal afirmación revela ya que las civilizaciones no son lo que solían ser.[25] Pues lo cierto es que las civilizaciones existen en la estricta medida en que dejan de serlo: sólo pueden ser reconocidas en su pérdida. La modernidad no es sino el proceso de la reducción absoluta de las civilizaciones, no a una civilización, sino más bien a lo que cabe llamar la traza civilizatoria, en todo caso *las* trazas. Si se pensó en ciertos momentos de la historia de la modernidad que tan vasto proceso de sujeción y captura del mundo podría encarnar en un universal concreto—la *monarchia universalis* de Carlos V, la unión católica, el comunismo o la *Pax Americana*—, la postmodernidad es el abandono de tales nociones a favor del pensamiento de la traza civilizatoria, en el reconocimiento de que puede haber sólo distancia con respecto de cualquier proceso civilizatorio, y que todo proceso civilizatorio, por ejemplo, la guerra, una guerra dada, es sólo distancia con respecto del proyecto civilizatorio mismo. Así se deriva de la intuición nietzscheana de que, si abandonamos la noción de un afuera, acabamos perdiendo la noción de interioridad. Lo que resta es un espacio neutro e indiferente, un espacio sin lugar, una claustrofobia imposible que es el sitio de la

---

[25] Me refiero a la noción de Huntington de "conflicto de civilizaciones," que no sólo presupone las civilizaciones sino que las proyecta como el lugar auténtico de lo político hoy: "Los países más importantes del mundo vienen abrumadoramente de civilizaciones diferentes. Los conflictos locales que tienen más probabilidad de escalar a confrontaciones más amplias son conflictos entre grupos y estados de diferentes civilizaciones. El patrón predominante de desarrollo político y económico difiere de civilización a civilización. Los asuntos claves en el panorama internacional implican diferencias civilizacionales. El poder está desplazándose desde el viejo predominio de Occidente hacia civilizaciones no occidentales. La política global se ha hecho multipolar y multicivilizacional" (*The Clash of Civilizations* 29).

traza y el sitio de una infinita circulación de la traza. En la novela de De Lillo dos hombres entran en un café con unas ratas agarradas por el rabo: "Entonces los hombres empezaron a hacer girar las ratas por encima de sus cabezas, acallando el ruido de la sala . . . Los animales rotaron por el aire, golpeándose y rebotando contra varias superficies y limpiando las mesas con sus espaldas, y de ahí su ímpetu, dos bolas de piel lúridas, trepando paredes, emitiendo chillidos y pitidos, y los hombres corrían también, llevándose su grito a la calle consigo, su slogan, o aviso, o hechizo encantatorio" (75). Los vectores de las ratas—su desplazamiento pánico por el ámbito del café—alegorizan los movimientos de la traza en nuestro mundo.[26]

Lo que Huntington entiende por "conflicto de civilizaciones" es un desplazamiento ideológico condicionado por la crisis de soberanía del estado-nación. Huntington busca una reterritorialización del sujeto nacional como sujeto civilizacional para convertir al segundo en el héroe de la historia del futuro. Pero si hay una crisis de soberanía del sujeto nacional-popular es porque el sujeto nacional-popular nunca fue más que una configuración ideológica del poder. Si el sujeto nacional-popular fue lo que Louis Althusser pudo llamar un ejemplo de conciencia melodramática ("conciencia falsa de una situación real"), el sujeto civilizacional es *a fortiori* conciencia melodramática y encubrimiento de situaciones reales.[27] Uno puede hablar del deseo de formación de sujetos civilizacionales o continentales y estar a favor de pan-europeísmos, pan-latinoamericanismos o pan-asianismos con el propósito de limitar el poder del hegemón norteamericano, incurriendo

---

[26] La importancia del episodio de la rata en esta novela que anuncia que "un espectro hechiza nuestro mundo—el espectro del capitalismo" (96) está enfatizada por su epígrafe, que es cita de Zbigniew Herbert: "una rata se hizo la unidad de cambio monetario."

[27] Sobre la conciencia melodramática dice Althusser en referencia a los personajes de cierta obra de teatro: "estos desgraciados viven su miseria dentro de los argumentos de una conciencia moral y religiosa; en atuendos prestados. En ellos disfrazan sus problemas e incluso su condición. En este sentido, el melodrama es conciencia extraña envetada en condición real. La dialéctica de la conciencia melodramática es sólo posible a este precio: tal conciencia debe ser tomada prestada del afuera (del mundo de las coartadas, la sublimación y las mentiras de la conciencia burguesa), y debe sin embargo ser vivida como conciencia de una condición (la de los pobres) aunque tal condición sea radicalmente ajena a la conciencia" ("'Piccolo'" 139-40).

en algo así como un leninismo hungtintoniano, como lo nombra John Beverley.[28] Pero si esta idea es propuesta como táctica puramente política, esto es, como prescripción para una nueva manipulación biopolítica de lo político, o para una auto-ingeniería del sujeto, el voluntarismo mismo de la propuesta destruye su viabilidad: los sujetos no se autoforman libremente, como ya enseñaba Althusser.[29] Y si la idea leninista-hungtintoniana se ofrece como la anticipación conceptual de un desarrollo espontáneo, y si se afirma por lo tanto que el mundo se mueve por su propio peso hacia la formación de sujetos firmemente reterritorializados bajo modelos civilizacionales o continentales (esta es por cierto la posición de Huntington, aunque su interés sea preservar más que contener el poder del hegemón), entonces hay que sospechar que lo que se profetiza como liberador es pura fuerza reaccionaria y una potencial nueva noche del mundo. Que todos debamos someternos espontáneamente a lo que somos y deberíamos ser, que debamos hacer de la militancia civilizacional o continental nuestro asunto, que debamos configurar nuestra identidad política sobre la base de determinaciones histórico-culturales, cuando no religiosas o raciales—todo eso es el nombre mismo de la opresión, primero auto-opresión, y luego la de otros. Deberíamos resistir tal pesadilla antes que recomendarla como remedio o defensa contra antagonismos realmente existentes. Cabe notar que esa pesadilla es el sueño mismo de la teoría de la descolonización infinita.

Los antagonismos determinantes son todavía antagonismos de clase entre ricos y pobres. No son antagonismos civilizacionales,

---

[28] Beverley empleó esa fórmula en el curso de una intervención suya en un panel que fue parte de la reunión de la Latin American Studies Association en Dallas, Texas, en abril de 2003.

[29] Ante tantos intentos de hacer del "sujeto" la posibilidad misma de resistencia política, una verdadera plaga del pensamiento contemporáneo, se pueden hacer cosas peores que volver al viejo ensayo de Althusser sobre la ideología, donde aprendemos—y nadie, que yo sepa, ha refutado esto, aunque muchos lo ignoran—que "la categoría del sujeto . . . es la categoría constitutiva de toda ideología" y que "la categoría del sujeto es sólo constitutiva de tal ideología en la medida en que toda ideología tiene la función (que la define) de 'constituir' individuos concretos en sujetos" ("Ideology" 171). Un discurso que "trata de romper con la ideología" (173) es necesariamente un discurso que abandona "el sujeto" como lugar de emancipación, y lo denuncia como noción ideológica cuya función es, precisamente, la sujeción.

aunque la traza civilizacional traduzca en cada caso la violencia de la economía política. Hace años ya que Hisham Sharabi propuso el término "neopatriarquía" para referirse a la posmodernidad islámica.[30] La neopatriarquía, así como el neofundamentalismo islámico, son en sí mismos reacción y distancia. No son los signos de una civilización otra o alternativa, sino la traza de la reducción moderna de civilizaciones, el resultado político y geopolítico de una pérdida de lugar en el espacio que Felipe Martínez Marzoa llama el "continuo ilimitado" de la modernidad (Martínez Marzoa, *Heidegger y su tiempo* 12).[31] Dado que el continuo es ilimitado, no tiene afuera, y por lo tanto tampoco tiene adentro. Sólo hay una exacerbación claustrofóbica en lo abierto, con respecto de la cual la violencia terrorista del 11 de septiembre, y otros ejemplos de ella, son torsiones sintomáticas. Al-Qaeda, el Talibán, el régimen de Saddam necesitan ser destruidos bélica más que políticamente no porque estaban allá, más allá de las fronteras de la civilización occidental o de la civilización en general, y ni siquiera porque amenazaran destruirla o desestabilizarla, sino más bien porque ya no hay un allá, más allá, lo que hace al pánico claustrofóbico—las ratas que surcan el aire del café—intolerable. Ese pánico es universal. La guerra se hace indistinguible de la capacidad de desatarla, puesto que es neutra y total, la *potentia* se ha hecho *actus*, la *dynamis* se ha hecho *energeia*, y vivimos en la entelequia consumada.

Para Schmitt la necesidad de protegerse del enemigo es total y no requiere justificación alguna, puesto que el enemigo es aquel que amenaza tu existencia. La necesidad de auto-defensa es absoluta y estructura lo político incluso cuando lo político se manifiesta primariamente como el campo de mediaciones relacionales o de negociaciones pacíficas entre enemigos. Ahora bien, cuando el enemigo despliega su fuerza de destrucción, y no hay duda de que el 11 de septiembre de Nueva York y Washington o el 11 de marzo de Madrid trazan una confirmación de enemistad irreversible, la guerra se hace explícita. Antes de ello, la guerra es implícita, potencial, puesto que

---

[30] Ver nota 23 arriba.
[31] La totalidad del libro de Martínez Marzoa investiga cuidadosamente las implicaciones de la idea que para su autor define la ontología en la modernidad. En primera definición, la totalidad de las cosas ordinarias y normativas en sentido prefilosófico debe definirse desde un postulado de compatibilidad con un continuo ilimitado y sin fisuras (Ver *Heidegger* 12 y siguientes).

estamos siempre bajo la amenaza existencial del enemigo, de un enemigo. ¿Es posible contemplar la posibilidad de una humanidad sin enemigos? Sólo si pudiéramos simultáneamente considerar la posibilidad de una total ausencia de amistad, puesto que sólo hay amigos en la medida en que hay, o que pueda haber, enemigos. La promesa del liberalismo es la promesa de la constitución antipolítica de un sujeto pleno de la humanidad, sin enemigos. Tal es también la promesa del comunismo, en cuanto extensión histórica del liberalismo. El continuo ilimitado de la temporalidad moderna se cierra sobre sí en la constitución sin fisuras de un sujeto único—el sujeto. La humanidad entra en su tiempo final, el término inimaginable de toda política de la amistad, que es también el tiempo del fin de la política.

¿Es el fin de la política la redención final de la humanidad en la paz perpetua? Vivimos en tiempos de tránsito. La guerra es hoy difusa en cuanto guerra neutra, puesto que el enemigo, ahora meramente residual, sólo abyecto, sólo inhumano, ya no enemigo de mis amigos, sino enemigo de la humanidad en su totalidad, debe ser destruido absolutamente. Los antagonismos políticos ya no son reconocibles como antagonismos entre amigos y enemigos, sino entre el sujeto sin amigos de la humanidad y las fuerzas obscenas y abyectas que rechazan su incorporación. Vivimos en el crepúsculo o en el alba de la paz perpetua, indecidiblemente: en el momento de máxima intensificación del odio al enemigo, que es por definición la negación de su carácter de humano, su conversión en *vida desnuda*, para usar la expresión de Walter Benjamin que Giorgio Agamben apropia, o en *vida sin valor*, en la formulación schmittiana.[32] Y esa es la "inevitabilidad de nuestro impulso moral." Positivizado, hecho explícito, nuestro impulso moral tiene que materializarse en la llamada prevención—acción más que reacción. No se trata ya de defenderse ante el ataque del enemigo, sino de destruir al enemigo antes de que se declare como tal.

El cuento "Informe minoritario" de Philip K. Dick puede servir para hacernos reflexionar sobre las paradojas de la prevención: "la afirmación de que este hombre [o este estado] cometerá un crimen es

---

[32] Ver *Homo Sacer*, de Agamben, y su definición y clarificación extensa de la vida desnuda como la vida que puede ser matada sin asesinato ni sacrificio. Para Agamben la vida desnuda es constitutiva de la biopolítica contemporánea, y así de la política hoy.

paradójica. El acto mismo de poseer tal dato lo hace espúreo" (99), dice la narración en algo así como su resumen metacrítico. En el cuento John Allison Anderton, el fundador y director de la Unidad de Precrimen, tiene que lidiar con Ed Witwer, un ayudante que le viene impuesto por el Senado, y que muy probablemente acabe siendo su sucesor en el cargo. En la historia, la estrategia de Precrimen ha "atrevida y exitosamente abolido el sistema punitivo de postcrimen basado en cárceles y multas," que "nunca fue gran cosa como disuasorio" (72). Los mutantes precognitivos pueden leer el futuro y ver en él quién necesita ser preso antes de su (inevitable) acción criminal. La metodología del Precrimen, entiende Anderton, incorpora un "inconveniente legal básico:" los individuos arrestados "no han roto ninguna ley" (72) (pero seguro que la iban a romper; por otra parte, no lo han hecho ya). Este inconveniente legal es entendible sin duda como el resultado de una historia antigua, no adaptada en cuanto historia a las necesidades del presente: historia abolible. El resultado de tal abolición utópica de la historia es una sociedad sin "crímenes importantes" pero, lamentablemente, con "un campo de detención lleno de criminales potenciales" (72). En el cuento de Dick este trasfondo siempre ahí del campo de concentración para criminales putativos es la fuente misma del compromiso político de su escritura, su inconsciente político. El cuento se escribe de hecho desde la perspectiva implícita de uno de los habitantes del campo—que es lo que Anderton será hacia el fin del cuento.

    Pero en su principio, mientras Anderton le muestra a Witwer el funcionamiento de la maquinaria analítica del sistema, el ordenador produce una tarjeta y Anderton registra su contenido: "John A. Anderton va a matar a un hombre—dentro de la próxima semana" (75). ¿Qué hacer? ¿Es falsa esa tarjeta? ¿Resultado de una conspiración? ¿Es una trampa tendida contra Anderton como consecuencia de algún oscuro diseño dictatorial bajo desarrollo en el Senado, en el Ejército, en la Policía? Anderton sabe que tiene no más de veinticuatro horas para averiguarlo todo antes de ser arrestado. Cuando se prepara para escapar es secuestrado por agentes al servicio del hombre al que se supone que Anderton iba a matar, el General Kaplan, que desea saber por qué Anderton quiere matarlo antes, dice, de entregárselo a Witwer, la nueva autoridad. La radio anuncia orden de busca y captura contra Anderton. Los conspiradores no han perdido ni un minuto de tiempo.

Mientras Anderton lucha por su libertad, tiene también que encarar el pensamiento de que la posibilidad misma de una conspiración exitosa contra él, o en la que él sea en todo caso una víctima más, destruye la legitimidad del sistema de Precrimen, puesto que si una persona puede ser entrampada de tal forma, todas pueden serlo.

Aparecen ahora nuevos agentes, aparentemente relacionados con la resistencia contra el régimen, que secuestran a Anderton de los secuestradores previos, confirman que hay de hecho una conspiración en curso, y le dan papeles falsos y dinero para que pueda esconderse "hasta que demuestres tu inocencia" (83)—basta, obviamente, que Anderton no mate al General Kaplan en el curso de una semana. Le dan también un mensaje enigmático: "la existencia de una mayoría implica lógicamente la existencia de una minoría correspondiente" (84). Anderton debe refinar su entendimiento de la maquinaria analítica del sistema que él mismo tanto contribuyó a crear. El mensaje de la Resistencia no es ostensiblemente una referencia a la división schmittiana amigo/enemigo, sino más bien a la teoría de múltiples futuros, según la cual "si sólo existiera un único sendero temporal, la información precognitiva no tendría ninguna importancia, puesto que tal información no otorgaría posibilidad alguna de alterar el futuro" (85). El sistema de Precrimen funciona según una lógica estadística: dos de los tres mutantes precognitivos deben estar de acuerdo, lo cual implica necesariamente la posibilidad de desacuerdo para el tercero. Es imperativo, pues, que Anderton consiga encontrar acceso al "informe minoritario" (85).

Con ayuda de un antiguo asociado, Anderton visita a Jerry, el mutante precognitivo idiota que produjo el informe minoritario, y extrae los datos relevantes. Según el informe minoritario, para Anderton "saber del asesinato habría cancelado el asesinato. La profilaxis habría ocurrido al ser simplemente informado. En ese momento, un nuevo sendero temporal había sido creado. Pero Jerry habría perdido el voto" (88). Anderton tiene ahora la prueba de que el informe mayoritario había quedado desbordado por el hecho de que el informe minoritario lo había incluido en sí. Pero—¿no sabe eso Witwer? ¿No es evidente para todos?

Quizás el General Kaplan, dado que su vida no está ya amenazada, ayudará a Anderton, una vez que se entienda que, si el informe minoritario no es falso, tampoco lo son los informes presentados por los dos miembros de la mayoría. En otras palabras, no ha habido conspiración, y en todo caso Witwer siguió algo así como la inevitabilidad de su impulso moral: "El cree en Precrimen. Quiere que el sistema continúe" (90). Se presenta sin embargo otro dilema lógico: si Witwer es realmente inocente, si no ha habido mala fe, si todo en el caso de Anderton es efectivamente único dado que es dependiente de su propio acceso privilegiado a la maquinaria analítica, entonces cabe suponer que no va a haber conflictos posteriores, y que el sistema merece ser preservado. Pero la mujer de Anderton señala que ir a Kaplan va a destruir el sistema, puesto que Kaplan hará la información pública y las repercusiones harán el sistema políticamente insostenible. Así que Anderton debe elegir entre ir a Kaplan para salvarse a sí mismo o ir a Witwer y preservar el sistema. Elige salvarse, pero la Resistencia le informa de que Witwer y Kaplan trabajan juntos. Su mujer, sin embargo, está en desacuerdo, lo cual lleva a la Resistencia a decir que debe ser eliminada, puesto que sin duda trabaja para los conspiradores. Anderton la salva, y descubre que Fleming, el partisano de la Resistencia, está en realidad trabajando para Inteligencia Militar, con Kaplan, contra Witwer, un contra-partisano que todavía no ha llegado a enterarse de cómo están las cosas. Anderton sabe ahora que Kaplan quiere destruir el sistema a favor del Ejército y contra la Policía y el orden político establecido. Y ahora, una vez establecido que Anderton no lo va a matar, Kaplan puede mostrar que el sistema no funciona en cualquier caso. "Cara o cruz—[Kaplan] gana" (94).

¿Hay alguna forma de evitar el triunfo de Kaplan y la destrucción del sistema? Para descubrirla, Anderton estudia los dos informes mayoritarios, y la encuentra: "Voy a tener que cumplir lo dicho por los informes mayoritarios. Voy a tener que matar a Kaplan. Esa es la única manera en la que podemos prevenir nuestro descrédito" (96). Pero, Witwer dice, eso es imposible, puesto que "¡el informe mayoritario quedó vencido! ¿O es el informe minoritario incorrecto?" (96). "No," dice Anderton, "es absolutamente correcto. Pero voy a asesinar a Kaplan de todos modos" (96). Y lo hace, justo cuando Kaplan acaba de darse cuenta de su destino. La verdad es que había no uno sino tres informes minoritarios, aunque el primero y el último coincidieran en su profecía final de que Anderton asesinaría a Kaplan, y así constituyeran la mayoría. *Si el segundo informe inició un sendero temporal diferente sobre la base del conocimiento que Anderton tendría de la acción profetizada, el tercer informe inauguró un tercer sendero temporal, basado en el conocimiento de ese conocimiento.* La verdad, por lo tanto, se produjo aporéticamente, bajo una acumulación de errores que podría haber continuado indefinidamente, a través de nuevos informes, y que habrían cambiado la naturaleza misma de la verdad. ¿Puede tal cosa volver a suceder? Si asumimos que el conocimiento de un crimen futuro lo cambia o elimina, ¿estamos encarcelando a individuos potencialmente inocentes, o que lo serían si tuvieran acceso a la profecía sobre su crimen? ¿Tenemos que alterar radicalmente el sistema? Anderton dice que lo que ha pasado podría siempre pasar, pero sólo para la persona en posición de saber del conocimiento, y del conocimiento del conocimiento, esto es, podría siempre pasar, pero, en el sistema actual, sólo podría pasarle al próximo Comisario de Policía. "'Más te vale tener los ojos abiertos,' informó [Anderton] al joven Witwer. 'Te podría pasar en cualquier momento'" (102).

Kaplan llegó a entender en el último instante antes de su muerte lo que le iba a ocurrir porque hizo la inferencia lógica: "no puede haber conocimiento válido del futuro. En cuanto se obtiene la información precognitiva, se cancela a sí misma" (99). La prevención del crimen es por lo tanto aporética y absurda. Al mismo tiempo, sin embargo, todo sistema preventivo, al erradicar mediante su propio silencio senderos temporales alternativos, se sustenta a sí mismo y asegura su propia reproducción, puesto que se limita por definición a erradicar los senderos temporales que prevendrían la prevención misma. Todo es cuestión de administración de conocimiento, de una inteligencia imposible cuya única condición, cuya condición suficiente y por lo tanto necesaria, es siempre de antemano la postulación de enemistad absoluta.

El nuevo partisano, por los dos lados, en cuanto partisano y en cuanto contrapartisano, traza así el horror de la militancia. El militante, desde el poder hegemónico o contra él, en la aspiración vacía (pero soberana) hacia una nueva legalidad sin legitimidad, o desde una legitimidad (mesiánica) sin legalidad, ha abandonado ya la división amigo/enemigo a favor de una relación sin relación. El unilateralismo prevalece en la hipóstasis total de la subjetividad política, sea bajo la figura dominante del sujeto liberal consumado, o bajo la figura subalterna del sujeto minoritario de equivalencia, que es más de lo mismo.³³ Buscan prevención, en el entendimiento de que la prevención no tiene que justificarse más que autorreferencialmente: prevengamos incluso la posibilidad de que aquello contra lo que nos prevenimos deje de ser amenazante. Vivamos así en la militancia absoluta. Contra ello, una concepción de la práctica política más allá de la subjetividad no es sólo posible, sino necesaria. Después de todo, el no amigo, el no enemigo, el no sujeto, en la plena anonimidad del miedo a la muerte, no es meramente el afuera de todo sistema político preventivo, esto es, de todo sistema político que se articule sobre la base del deseo de destrucción del enemigo. Es también, prioritariamente, la condición incondicionada de todo sistema, y así el suelo efectivo de toda política.

La soberanía absoluta ocurre en la producción infinita de nuevos enemigos, de nuevos proscritos, de nuevos agrupamientos, incluso cuando o precisamente porque el nuevo enemigo ha entrado en el reino de lo posthumano o inhumano, y porque por lo tanto ya no hay amigos. O bien: hay amigos y enemigos, pero, bajo la dispensación de soberanía absoluta en la globalización realmente existente, la división amigo/enemigo es insuficiente para capturar la especificidad contemporánea de lo político. Así, una política del no sujeto, del resto enigmático, comprometida con la redención de la parte de los que no tienen parte, ya no es política de la amistad, que es sólo otro nombre de una política de hegemonía. ¿Cómo se puede imaginar un acto político cuya determinación primaria sea moverse más allá del filocentrismo, más allá de la comunidad, más allá de la traducción, y no contra un enemigo, sino hacia la región no militante de la que surge toda militancia y toda modalidad partisana? No hacia la neutralidad, no hacia el pacifismo, sino contra toda partisanía de la enemistad, que es también la imposible partisanía preventiva a favor del amigo, o del que pasa por serlo (pues no hay amigos).³⁴

---

33 Sigo en este punto el análisis lúcido de Alain Badiou, *Saint Paul*, en su primer capítulo.
34 Ver Derrida, *Politics*, capítulo primero y siguientes, para una interpretación sostenida de la tradición aristotélica del "amigos, ¡no hay amigos!" Este libro debe mucho a ese texto derrideano, aunque no lo tematice directamente.

Capítulo tercero
Hijos de la luz. Neopaulinismo y catexis de la diferencia

> Me buscaréis y no me encontraréis; y adonde yo iré vosotros no podéis seguirme.
> (Juan 7:36)

> Siempre lo real permanece una categoría del sujeto.
> (Badiou, *L'Être* 11)

1. La gracia y lo político

Voy a yuxtaponer dos imágenes—no imágenes cualquiera. La primera viene de *Dispatches*, la memoria de Michael Herr sobre su experiencia como corresponsal de guerra en Vietnam. Herr dice sobre un lugar concreto de las montañas vietnamitas: "Estabas allí en un sitio al que no pertenecías, donde podían verse cosas por las que tendrías que pagar y donde podían no verse cosas por las que también tendrías que pagar, un sitio donde no jugaban con el misterio sino en el que te mataban ya por colarte" (630). La segunda imagen la extraigo de una conversación entre Jacques Derrida y Daniel Bensaid. Dice Derrida:

> Creo que es cuestión del vínculo y de la distinción entre política y estética. Y cuestión de lo que al mismo tiempo transgrede la nación-estado singular y permanece bajo la autoridad de la figura del Estado. Se trata quizás de pensar el acontecimiento, eso que llega, lo acaeciente, en su singularidad. Quienquiera o lo que quiera que viene no es necesariamente, en tanto que llega y pide hospitalidad, un ciudadano o un sujeto político. Es por lo tanto en el límite de lo cosmopolítico que se hace la pregunta por el acontecimiento. Creo que es posible leer en Marx . . . un pensamiento de los límites de lo político (de lo político-estático) desde la

> irrupción de aquello que llega absolutamente. Lo mesiánico no está necesariamente limitado a lo mesiánico en su figura judaica o cristiana. Está abierto a lo que quiera que llegue allí donde no es esperado o esperada, puesto que puede venir o no venir: un visitante más que un invitado. (Derrida, "Marxisme" 122)

La yuxtaposición presenta la impresión de una figura difícil de precisar: una figura que permanece no interpelada, de hecho más allá de la interpelación, no porque la interpelación no la alcance, sino porque marca el límite mismo de la interpelación. En la primera imagen, es la figura que debe vivir, dentro de ese sitio, en temor y temblor—temor y temblor de interpelación, puesto que sabe que la interpelación expresa su muerte: el instante en el que la interpelación suceda es el instante en que deja de existir. En la segunda imagen, es la figura que llega absolutamente, más allá de las expectativas o al margen de ellas, un visitante y no un invitado, un acontecimiento que puede o no producir temor y temblor, que puede o no producir interpelación, pero cuya condición de posibilidad, cuya inmanencia, es precisamente un desplazamiento de la interpelación, un exceso con respecto de la interpelación.

Estas dos imágenes son los dos lados, o más bien dos de los lados, de una figura que es muchas figuras, una figura que, precisamente, no se dejará contar como una: la figura a la que llamo el no sujeto de lo político, todavía no el extraño, ni enemigo ni amigo, más bien un no amigo absoluto, una forma infamiliar e inquietante de presencia política en la medida en que permanece, en su llegada y durante su llegada, como recuerdo obstinado y recordatorio duro de lo que siempre ha estado ahí de antemano, más allá de la sujeción, más allá de la conceptualización, más allá de la captura, ni siquiera obsceno, ni siquiera abyecto, más bien simplemente ahí, como facticidad tenue más allá de lo fáctico, un *punctum* invisible de materialidad intratable e ineluctable, siempre del otro lado de la pertenencia, de cualquier pertenencia.

Esta figura o más bien esta des-figura del no sujeto de lo político importa para analizar los usos a los que Alain Badiou y Slavoj Žižek someten la escritura de San Pablo, para operar esencialmente una revisión de la noción moderna del sujeto de lo político.[35] Pero la revisión no llega suficientemente lejos—y no llega suficientemente lejos porque no toma en cuenta y ni siquiera pretende tomar en cuenta al no sujeto de lo político. Como consecuencia la revisión permanece presa en el idealismo que dice querer desmontar—o que desmonta, pero de forma no suficientemente radical. Las posiciones neopaulinistas de Badiou y Žižek se ofrecen como formas de pensamiento posthegemónico, intentos de trascender el marco de hegemonía/contrahegemonía como horizonte último de lo político. Si la globalización es el nombre que se le da al desvanecimiento de todo antagonismo estructural contra la realidad de lo social tal como está constituida en el presente (esto es, en una constitución que está tendencialmente orientada a la constitución plena de un sujeto de lo social sin resto, o más bien sin un resto que no sea inmediatamente abyecto en cuanto tal, y que en cuanto resto abyecto sea, no un enemigo dentro del campo de lo político, sino más bien el enemigo de lo humano, y por lo tanto esté más allá de lo político), la revisión neopaulinista marca una voluntad de reinvención de lo político a través de una nueva catexis de lo social: un cambio en las coordenadas mismas de lo real. Se pretende que este cambio en lo real no sea ya un cambio hegemónico, esto es, una rearticulación hegemónica de lo social, sino más bien su radicalización a cambio revolucionario. San Pablo se hace ejemplar de una práctica teórica del afuera de la hegemonía, la encarnación de un procedimiento de verdad revolucionario, el testigo fiel de un acontecimiento cuya repetición podría ocasionar una nueva catexis o captura radical de la totalidad social. Pero de San Pablo se dice que operacionaliza su procedimiento de verdad mediante una intervención *en* el sujeto de lo político: San Pablo cambia al sujeto. ¿Puede sin embargo un cambio en el sujeto de lo político efectuar otra cosa que un cambio hegemónico? ¿Es la política siempre necesariamente y en cada caso una política del sujeto?

Cualquier intento de adjudicar en la controversia entre Badiou

---

[35] Un ajuste de cuentas apropiado con el neopaulinismo contemporáneo tendría que tomar en cuenta, entre otros autores, al Giorgio Agamben de *Il tempo che resta. Un commento alla Lettera ai Romani*. Pero la reflexión de Agamben sobre la mesianicidad nihilista es heterogénea al proyecto de Žižek y al de Badiou, que concierne a la constitución de un (nuevo) sujeto de lo político.

y Žižek al respecto de una conceptualización propiamente materialista del sujeto de lo político en nuestros tiempos debe enfrentar la complejidad diacrónica del pensamiento respectivo de Badiou y de Žižek, puesto que tal complejidad diacrónica, en la densidad de sus alusiones genealógicas a Kant, Hegel, Marx, Heidegger, Lacan y Althusser, entre otros, sobredetermina sus puntos de desacuerdo.[36] Estos últimos también incluyen referencias a sus posiciones divergentes respecto de los acontecimientos del Mayo de 1968 y la Revolución Cultural china, en lo que podríamos llamar tonalidades biográficas, así como perspectivas diferentes sobre la herencia simbólica del judaísmo, el cristianismo, la ciencia occidental, el capitalismo y los ya inexistentes regímenes marxistas concretos de lo social. En cualquier caso, mientras estos desacuerdos y posibles malentendidos se dilucidan, si es que llegan a ello, quizás sea permitido el gesto de referir la disputa al cuento "Los teólogos," de Jorge Luis Borges—un gesto, por otra parte, que tanto Badiou como Žižek han hecho todo lo posible por reclamar, en la medida en que uno de los momentos esenciales de su polémica es cabalmente la interpretación teórica de las contribuciones de San Pablo al pensamiento emancipatorio de la humanidad.

"Los teólogos" cuenta la historia de la relación entre Aureliano y Juan de Panonia: "Militaban los dos en el mismo ejército, anhelaban el mismo galardón, guerreaban contra el mismo Enemigo" (33). Ambos son prelados de la Iglesia resueltos a combatir las desviaciones herejes de la ortodoxia doctrinal. Sin embargo entre ellos se desarrolla una "batalla secreta" (33). Juan le quita la precedencia a Aureliano en la denuncia de la abominación de los Monótonos o Anulares, partidarios del Eterno Retorno. Más tarde, Aureliano refuta con éxito el horror de los Histriones, que sostienen que "el tiempo no tolera repeticiones"

---

[36] Žižek se ha ocupado de la obra de Badiou en al menos tres ensayos: "Psychoanalysis," *Ticklish Subject* y "Is There a Politics of Subtraction?" Sobre la controversia Žižek/Badiou ver el ensayo largo de Bruno Bosteels, "Alain Badiou's Theory of the Subject," en dos partes. Bosteels critica la lectura y la cuasi-apropiación que Žižek hace de la teoría de Badiou en I.220-227 y II.202. Y ver la crítica de la posición de Žižek en relación con Badiou en el libro de Peter Hallward, *Badiou. A Subject to Truth*. Sobre el materialismo paulino comenta Hallward: "Es ciertamente porque la perspectiva de Žižek es tan cercana a la de Badiou que las diferencias entre ambos emergen con claridad tan notable y sugerente" (150).

(35). La refutación menciona a Juan por haber recaído "con más ligereza que culpa" (36) en una confusión similar de la fe al condenar a los Anulares. Como resultado Juan debe arder en la hoguera. Muchos obsesivos años después Aureliano perece por el fuego tras una vislumbre fugaz del Retorno. Al llegar al cielo una divinidad distraída lo confunde con Juan.

Este capítulo se sitúa provisionalmente en algún lugar del argumento borgiano. Se trata de cuestionar un aspecto particular de la "teología política" tanto de Badiou como de Žižek siguiendo un cierto alineamiento con la posición del narrador en el cuento. Es el privilegio del cuentista reclamar exterioridad respecto de los personajes de su narración—pero sabemos que tal exterioridad es en sí una ficción teórica. El narrador está siempre más bien en una posición para la que conviene el concepto lacaniano de "extimidad." No hay intimidad entre el narrador y el personaje, puesto que hay distancia. Pero no hay exterioridad, puesto que hay narración. Esa extimidad, o brecha constitutiva y distancia necesaria en toda formulación discursiva, me permite también formular la siguiente pregunta: ¿es el no sujeto de lo político no político? ¿No es político el no sujeto de lo político? ¿Dónde está el no sujeto de lo político en la dilucidación del sujeto de lo político?

Esta pregunta es mimética respecto de la cuestión sobre los límites de la teología. Cualquier cuestión de teología, puesto que su objeto es único y únicamente elusivo, y también en la teología negativa, puede entenderse como versión del lema freudiano que Jacques Lacan coloca en el fundamento de una posible ética psicoanalítica: "*Wo es war, soll ich werden*" [Donde estaba, debo yo llegar a estar].[37] La dificultad es decidir si la pregunta sobre los límites de la teología es en sí una pregunta teológica. U ontoteológica. Imaginemos que la pregunta por los límites de la teología encuentra una pista, no en San Pablo, sino en el Evangelista al que Badiou considera más lejano al pensamiento de San Pablo, es decir, San Juan, que dice: "Me buscaréis y no me

---

[37] "*Wo Es War, Soll Ich Werden*. Este *Es*, tómenlo por la letra S. Está allí, siempre está allí. Es el sujeto. Se conoce o no se conoce a sí mismo. Eso no es siquiera lo más importante—habla o no habla. Al fin del análisis, es él el que debe ser llamado a hablar, y a entrar en relación con los Otros reales. Donde estaba la *S*, allí debe estar el *Ich*" (Lacan, *Ego in Freud's Theory* 246).

encontraréis; y adonde yo iré vosotros no podéis seguirme" (Juan 7:36). Imaginemos que Dios, el sujeto del enunciado, puede ser traspuesto como sujeto de lo político: "donde yo estoy, allí no llegaréis." Donde está el sujeto de lo político, allí no puede aparecer el no sujeto: el sujeto bloquea al no sujeto. Si toda política que postula como su referente primario la búsqueda o formación de un sujeto fuera política teológica, ¿qué le haría esa formulación a la política teológica? Tomo como presuposición en lo que sigue que ese es efectivamente el caso: que el deseo de sujeto es constitutivo de teología política tanto como de política teológica.

La noción de teología política que desarrolla Schmitt es famosa por haber postulado que "la excepción en jurisprudencia es análoga al milagro en teología" dado que "todos los conceptos de la teoría moderna del estado son conceptos teológicos secularizados" (*Political Theology* 36). A Schmitt le ocupa una noción de soberanía que él quiere extraer del racionalismo de la Ilustración, que "rechazó la excepción en todas sus formas" al postular una identificación entre la legalidad de la naturaleza y la legalidad normativa de las ciencias naturales (37). La democracia liberal, en el camino de la secularización, se convierte en "la expresión de un relativismo político y de una orientación científica liberadas de milagros y dogmas y basadas en el entendimiento humano y en la duda crítica" (42). Cuando "la voluntad general de Rousseau [se hace] idéntica a la voluntad del soberano," el concepto de voluntad general desarrolla "una determinación cuantitativa." Como consecuencia, "el elemento decisionista y personalista en el concepto de soberanía" se pierde (48). Y con ello el siglo diecinueve elabora una inmanentización crecientemente radical de la legitimidad política, a la que viene a hacer coincidir con la noción democrática de poder constituyente y con la identidad entre gobernante y gobernado. El punto crucial de Schmitt no es que en el siglo diecinueve el proceso de secularización haya terminado con la adscripción teológica de la autoridad política. Al contrario, para Schmitt "el corazón metafísico de toda política" todavía alienta, aunque ahora reprimido, en la teoría democrática del estado (51). Sólo los pensadores contrarrevolucionarios (Bonald, De Maistre, Donoso Cortés, Stahl), o pensadores revolucionarios como Marx y Engels, Proudhon y Bakunin, fueron capaces de entender como pretensión, o más bien como "extraña confusión panteísta" (61-62), la pretensión liberal de que la decisión en política pudiera ser suspendida simplemente "negando que hubiera algo susceptible de ser objeto de decisión," puesto que en el sistema demócrata-liberal todo posible objeto de decisión estaba ya fundamentalmente pre-decidido por el sistema de normas. Contra la extraña confusión panteísta de los liberales tenemos que colocar al monoteísmo del poder, que Schmitt asume libremente para su propia posición como pensador católico pero de la que piensa que ni los pensadores revolucionarios ni los contrarrevolucionarios pueden librarse. A nosotros nos importa saber si el pensamiento político neopaulinista sustituye contraintencional pero subrepticiamente el extraño panteísmo de la democracia radical por una reteologización monoteísta de lo político.[38]

El sujeto decide. El sujeto de la soberanía política es el sujeto de la decisión, que dentro de un régimen democrático es en principio la decisión hegemónica de los ciudadanos. Pero el corazón metafísico de la política, revelado históricamente, determina que el sujeto de la decisión política no puede abandonar su determinación teológica. Si "el soberano es el que decide sobre la excepción" (Schmitt, *Political* 5), entonces el sujeto de lo político es soberano y sólo la soberanía es subjetividad política.[39] Y la soberanía, pensada desde la capacidad de

---

[38] Jan-Werner Müller resume el libro de Reinhardt Koselleck *Crítica y crisis* con palabras que podrían aplicarse al giro radicalmente ilustrado que toma la noción de sujeto de lo político en Žižek y Badiou. Koselleck, en la interpretación de Müller, está desarrollando una intuición schmittiana: "Algunos de los *philosophes* se engañaron a sí mismos sobre la demanda de poder que habían montado por razones aparentemente apolíticas. Actuaban indirectamente desde dentro del espacio moral que el estado hobbesiano había dejado al individuo y buscaban ahora abolir completamente el estado. Este encubrimiento del encubrimiento radicalizó infinitamente la política de la Ilustración y llevó directamente a la crisis que se desarrolló entonces como sangrienta guerra civil. El dualismo estricto entre política y moralidad, que era el arma más afilada de la Ilustración, no era de hecho un dualismo, sino una dialéctica: la moralidad acabó siendo la demanda política más potente" (Müeller, *Dangerous Mind* 107). La moralidad dirige la razón para pensar el acto ético en Žižek y la fidelidad al acontecimiento de verdad en Badiou, pero es una moralidad denegada en cuanto tal, y presentada como algo otro, en ambos casos.

[39] Quiero indicar aquí un camino totalmente diferente para pensar el sujeto—un camino muy precisamente abierto al no sujeto, aunque éste último nunca aparece en el texto—, que es el de Jacques Derrida. En particular cito de la segunda edición en inglés de "Fuerza de ley," donde se inserta un párrafo no

presente en la primera edición: "En cierta manera, y a riesgo de sorprender, se podría decir que un sujeto no puede nunca decidir nada: un sujeto, incluso, es aquello a lo cual una decisión no le puede sobrevenir o suceder excepto como accidente marginal que no afecta a la identidad esencial y la autopresencia substancial que hacen al sujeto lo que es—si la opción de la palabra *sujeto* no es arbitraria, al menos, y si uno confía en lo que siempre se requiere, en nuestra cultura, por lo menos, de un sujeto" ("Force"253). Derrida orienta sus observaciones contra el entendimiento teológico-político del sujeto de la decisión. En otro ensayo Derrida hace de esta heterogeneidad entre sujeto y decisión una condición de la democracia en cuanto tal: "[La] autorización para decir todo (que va con la democracia, como aparente hiperresponsabilidad de un sujeto) reconoce el derecho a la absoluta no-respuesta, justo cuando puede no haber manera de responder, de ser capaz de o tener que responder. Esta no-respuesta es más original y más secreta que las modalidades del poder y de la obligación porque es fundamentalmente heterogénea respecto de ellos. Encontramos ahí una condición hiperbólica de la democracia que parece contradecir cierto concepto limitado e históricamente determinado de democracia, un concepto que la vincula al concepto de un sujeto calculable, responsable, imputable, que debe rendir cuentas, un sujeto que tiene-que-responder, tiene-que-decir la verdad, tiene que testificar según la palabra jurada . . . ante la ley, tiene que revelar el secreto, con la excepción de ciertas situaciones que son determinables y reguladas por la ley (confesión, los secretos profesionales de los médicos . . . , secretos de defensa nacional o secretos de estado en general . . .). Esta contradicción también indica la tarea (tarea de pensamiento, también tarea teórico-práctica) de cualquier democracia por venir" ("Passions" 29). Algo resta más allá del sujeto, un resto que no responderá. No es parte del sujeto, ni siquiera una parte pasiva. Derrida la llama pasión, y menciona "la absoluta soledad de una pasión sin martirio" ("Passions" 31), un exceso del sujeto que no es exceso *del* sujeto, sino con respecto del sujeto. "No lo excede en la dirección de alguna comunidad ideal, sino más bien hacia una soledad inconmensurable en todo con la del sujeto aislado, un solipsismo del ego cuya esfera de pertenencia podría dar lugar a una apresentación analógica del alter ego y a alguna génesis constitutiva de la intersubjetividad (Husserl), o con la de una *Jemeinigkeit* de un *Dasein* cuya soledad, nos dice Heidegger, es todavía una modalidad del *Mitsein*. La soledad, el otro nombre del secreto . . . no lo es ni de la conciencia, ni del sujeto, ni del *Dasein*, ni siquiera del *Dasein* en su auténtico ser-capaz . . . Los hace posible, pero lo que hace posible no le pone fin al secreto. El secreto nunca se permite a sí mismo ser capturado o encubierto por la relación al otro, por estar-con ni por forma alguna de 'lazo social." Incluso si los hace posible, no responde a ellos, es lo que no responde. No responsabilidad. ¿Le llamaremos muerte? ¿la muerte que toca? ¿la muerte que da? No veo razón para no llamarlo vida, existencia, traza. Y no es lo contrario" ("Passions" 30-31).

decisión sobre la excepción, es necesariamente trascendente o milagrosa: "La decisión sobre la excepción es una decisión en el verdadero sentido de la palabra. Dado que una norma general . . . no puede nunca dar cuenta de una excepción total, la decisión de que existe una excepción real no puede por lo tanto ser derivada enteramente de esa norma" (6). Si la decisión no deriva de la norma, sólo son posibles dos conclusiones: o bien la excepción constituye absolutamente la decisión, lo que significa que no hay decisión, solo excepción, o la excepción hace explícita una subjetividad siempre de antemano trascendente, esto es, una subjetividad enraizada en el poder divino, que, en la medida en que es dado a lo humano, es *charisma* o gracia. ¿Constituye la gracia al sujeto de la decisión? Badiou lo afirma explícitamente, y es probablemente justo decir que Žižek lo afirma implícitamente.

A su manera posthumanista y postalthusseriana, la búsqueda de Badiou y de Žižek de un sujeto de lo político radicaliza la noción gramsciana de hegemonía y la lleva contra su límite. Lo que más les importa no es producir un sujeto de hegemonía, aunque pueda a veces parecerlo, sino más bien al contrario, producir un sujeto posthegemónico: un sujeto contra la hegemonía, o un sujeto puro de lo político. En términos schmittianos, "la conexión entre el poder real [y todo poder es el poder de decisión sobre la excepción, no hay otro] y el poder legalmente más alto es el problema fundamental del concepto de soberanía" (*Political* 18). Hay problema porque la relación entre poder real y poder legal está constituida, al menos en la modernidad, como fisura. En democracia, el poder hegemónico encarna esa fisura en la soberanía en el sentido de que la hegemonía no resuelve, sino sólo suspende la diferencia entre el poder real y el poder legal. Si la hegemonía es lo que podríamos llamar el corazón democrático de la dominación, la búsqueda política de Badiou y de Žižek, en el supuesto de que apunte hacia el cierre de la fisura de la soberanía, remite al difícil problema del posible fin de la subalternidad en un régimen radicalizadamente democrático o postdemocrático-liberal. El fin de la subalternidad presupondría la posibilidad de un régimen político de gobierno en el que la fisura de la soberanía haya quedado fundamentalmente cerrada; en otras palabras, un régimen en el que la diferencia entre deliberación (pensar) y acción (ser) haya sido absolutamente reducida mediante la liquidación absoluta de la diferencia entre los que gobiernan y los gobernados y en el que se da una identificación entre pensar y ser para todo sujeto político concreto dentro del régimen. Esto por supuesto se acerca a la pretensión teórica del concepto de multitud como nuevo sujeto de lo político en Antonio Negri y Michael Hardt.[40]

Desde la perspectiva de la teoría de la hegemonía, y aquí hay que mencionar el trabajo de Ernesto Laclau, el fin de la subalternidad es una noción aporética o indecidible, aunque permanezca como idea regulativa o momento utópico del proyecto.[41] Contra la indecidibilidad del fin de la subalternidad en la teoría de la hegemonía, tanto Žižek como Badiou investigan la emergencia revolucionaria del sujeto subalterno en cuanto tal: esto es, de las condiciones bajo las cuales el abandono de la subalternidad pueda producir la emergencia revolucionaria de un sujeto puro de lo político. Su coincidencia teológica, la que podría haber llevado al dios borgiano a rehusarles una mínima diferencia relacional, es lo que habría que llamar la catexis de la diferencia: la sobredeterminación por universalidad del sujeto de hegemonía. Si la hegemonía es siempre particular, es decir, si la universalidad misma de cualquier proyecto hegemónico es siempre una proyección de particularidad, la clave para entender la posición anti- o posthegemónica de Žižek y Badiou es su concepción del sujeto como

---

[40] La multitud se entiende explícitamente como "autoproducción del sujeto" en *Empire* (63). Este acto de auto-posición inmanente (pero ¿desde dónde?) establece "una nueva posición de ser"—una "teleología materialista" (66) que es también una supuestamente nueva ontoteología. La multitud cierra la fisura de la soberanía en la misma medida en que es negada por el concepto moderno de soberanía, en la opinión de Negri y Hardt (soberanía es simple resistencia a multitud). Ver 79, 82, 87, 97.

[41] Creo que el trabajo de Ernesto Laclau (*Emancipation(s)* y *Reflections*) y el trabajo de Laclau con Chantal Mouffe (*Hegemony*) son el replanteamiento más poderoso de la teoría de la hegemonía en nuestro tiempo. Sin embargo, no creo que el trabajo de Laclau lidie adecuadamente con la cuestión del fin de la subalternidad. ¿Sería la subalternidad la condición misma de producción de la subjetivación hegemónica? ¿Puede la subalternidad ser evacuada o eliminada de lo social sin resto? La teoría de la hegemonía debe responder que no hay forma de encontrar respuesta lógica a esas preguntas, y que esas cuestiones están sujetas suplementariamente a una prohibición política: cualquier respuesta posible, si la hubiera, debe ser silenciada, para no terminar con la política. ¿Por qué? Ver el capítulo cuarto de este libro.

interrupción radical de particularidad. El sujeto de lo político es, precisamente, nunca particular, sino más bien siempre de antemano universal. Para Žižek, como dice en *The Ticklish Subject*,
> El "sujeto" no abre un agujero en el orden pleno del Ser: "sujeto" es el gesto contingente-excesivo que constituye el orden universal del Ser mismo. La oposición entre el sujeto en tanto fundación ontológica del orden del Ser y el sujeto en tanto emergencia particular es por lo tanto falsa: el sujeto es el acto/emergencia contingente que sostiene al orden universal mismo del Ser. El sujeto no es simplemente la *hubris* excesiva a través de la que un elemento particular molesta al orden global del Ser al postularse—elemento particular—en su centro; el sujeto es, más bien, la paradoja de un elemento particular que sostiene la estructura universal. (160)

Y para Badiou, el sujeto no es sino fidelidad al acontecimiento de verdad, esto es, precisamente fidelidad a la disolución de todo orden particular del ser, a la disolución de la ley, o del estado de una situación, mediante una apelación procedimental a la universalidad misma. El sujeto es la configuración local de lo universal. En la explicación de Bruno Bosteels:
> En circunstancias normales, el impasse estructural que es intrínseco al estado de la situación permanece invisible, de modo que el vacío que es su fundación aparece cerrado. Este cierre es la operación misma que permite el funcionamiento liso del orden establecido de las cosas—cuando todo el mundo hace lo que es natural porque el estado de la situación se ha hecho en efecto segunda naturaleza. Excepcionalmente, sin embargo, un acontecimiento puede atraer el exceso hacia lo abierto, puede exponer el vacío como la fundación de todo ser, y marcar el posible comienzo de un procedimiento genérico de verdad. Como observa Badiou, "lo que hace que un acontecimiento genuino pueda estar en el origen de una verdad, que es lo único que es eterno y para todos, es precisamente el hecho de que se relaciona con la particularidad de una situación

desde el punto de su vacío." Un acontecimiento es siempre una anomalía para el discurso de la ontología pura, en la medida en que su irrupción da testimonio de una ruptura en la cuenta de la cuenta y así elicita lo real en la ciencia del Ser. (Bosteels, "Badiou" II. 195)

El sujeto decide, pero lo que decide es fidelidad al acontecimiento. El sujeto es fidelidad al acontecimiento. De ahí la noción de que el sujeto es raro, de la misma forma en que lo político es raro también. De hecho, tanto para Žižek como para Badiou, el sujeto es coextensivo con lo político, y el sujeto y lo político son definidos como intervenciones acontecimentales en el orden mismo de lo real. Y el corolario es: no hay tal cosa como un sujeto no político, lo que significa que no hay tal cosa como una política no subjetiva. Cualquier concepción de una política hegemónica (es decir, tendiente a lograr una articulación hegemónica) en Žižek o Badiou tendría que afirmar su carácter no sólo subjetivo, sino también su carácter limitado o circunscrito a la horizontalidad de un estado dado de la situación, puesto que sólo puede haber articulación hegemónica dentro de una situación dada. Para ambos, la política de hegemonía es posible pero derivativa, esto es, tendría que ser en cada caso determinación regional, dentro de una concepción de la política que privilegia su momento trascendente o transhegemónico: el logro del acto auténtico en Žižek o el establecimiento y sostenimiento de un procedimiento de verdad en Badiou. Esta es la razón por la que Žižek puede decir que fue Martin Heidegger el que, en la segunda mitad de *Ser y tiempo*, ofreció "la descripción definitiva de un acto político auténtico" (*Ticklish* 143) para nuestro tiempo, una afirmación consistente con el acercamiento de Badiou a la determinación de la política como universalismo en *Saint Paul*. La política es historicidad, en el sentido heideggeriano, esto es, es siempre ya el establecimiento de un horizonte epocal, dentro del cual puede haber hegemonía, pero que en sí no está condicionado por ninguna presión hegemónica. La verdad de lo político en cada época es su enmarcamiento particular de toda posibilidad de articulación hegemónica, y así es una verdad en cada caso transhegemónica.

2. Bio-Žižek

La noción misma de una catexis transformadora de lo social, que Negri y Hardt modelan explícitamente en la toma del Imperio Romano por el cristianismo, tiene fuerte relación con la teoría de Louis Althusser sobre causalidad estructural y su concepto paralelo de acontecimiento histórico.[42] Como explica Bosteels, usando el futuro anterior en su construcción gramatical, "la teoría de causalidad estructural . . . ya es un intento de pensar el problema de cómo la estructura de una situación dada, en el proceso efectivo de hacerse histórica, se habrá transformado como resultado de un acontecimiento imprevisto e imprevisible" ("Badiou" I.213). Bosteels cita a Badiou, "la sobredeterminación es el lugar de lo político" (I.212), para insistir en que es la noción de sobredeterminación la que nos permite entender "cómo una estructura captura el momento actual, cómo unos cuantos hechos aislados se juntan literalmente para formar una coyuntura específica, y, así, cómo la necesidad, lejos de realizarse o expresarse a sí misma en la historia, emerge en acto desde la contingencia" (I.212). Tal contingencia requiere absolutamente la presencia del sujeto de lo político, pues no es otra cosa que "el sitio de una apuesta subjetiva, irreducible a la forma en la que los individuos funcionan ideológicamente en el estado normal de la situación" (I.212). Bosteels dice en términos de Badiou (pero son términos que podrían ser compartidos por Lenin, Althusser, Žižek, o el mismo San Pablo) que la contingencia sobredeterminada *se habrá convertido* (pues sólo puede reconocerse retrospectivamente) en "el punto en el que la estructura de

---

[42] "Permítasenos . . . una . . . analogía que refiere al nacimiento de la cristiandad en Europa y a su expansión durante la decadencia del Imperio Romano. En este proceso se construyó y consolidó un enorme potencial de subjetividad en términos de la profecía de un mundo por venir, un proyecto quiliástico. La nueva subjetividad ofreció una alternativa absoluta al espíritu del derecho imperial—una nueva base ontológica. Desde esta perspectiva, el Imperio fue aceptado como 'la madurez de los tiempos' y la unidad de la civilización conocida, pero quedó cuestionado en su totalidad por un eje ético y ontológico completamente diferente. De la misma forma hoy, dado que los límites y los problemas irresolubles del nuevo derecho imperial están fijados, la teoría y la práctica pueden avanzar más allá de ellos, encontrando una vez más una base ontológica de antagonismo—dentro del Imperio, pero también contra y más allá del Imperio, al mismo nivel de totalidad" (*Empire* 21).

una situación se hace indiscernible, o discernible sólo mediante una intervención fiel al acontecimiento . . . que habrá cambiado los parámetros mismos de lo que cuenta o no cuenta como discernible en el lenguaje de la situación" (I.212). El acontecimiento, según una temporalidad de futuro anterior, se hace indistinguible de la intervención subjetiva que lo determina y que es a su vez determinado por ella. Es un acontecimiento sin hegemonía en el sentido preciso de que no puede ser previsto por ninguna articulación hegemónica concreta, y su efecto es cambiar las condiciones hegemónicas—por oposición a cambiar las condiciones *dentro* de la hegemonía.

Para que una coyuntura histórica se transforme en el lugar de lo político tiene que incorporar, o más bien esencialmente *ser*, un intervalo o vacío de ser, un conjunto vacío que el sujeto captura o catecta tanto como habrá sido catectizado por ella. Como intervalo del ser, es también una crisis de ser, una fisura o brecha estructural que organiza las condiciones de cualquier posible sutura (igual que las desorganiza, para la estructura previa). En los *Grundrisse* Karl Marx habla de la totalidad del campo que el modo burgués de producción constituye como totalidad orgánica que sin embargo está fisurada internamente. Gracias a esa fisura interna puede producir una crisis, en su sentido fuerte, precisamente en el momento más alto o culminante de su desarrollo, en el momento de su máxima tensión constitutiva, que es el momento de su articulación final y conversión en obra—en obra histórica. Marx no menciona la palabra "globalización." Para él el término crucial es "mercado mundial." La constitución del mercado mundial es el momento en el que "la producción queda puesta como totalidad en todos sus momentos, pero a la vez el momento en el que todas las contradicciones entran en juego" (Marx, *Grundrisse* 227). Como resultado de esta tensión máxima en la estructura de contradicciones aparece la crisis. "Las crisis," dice Marx, "son . . . la intimación general que apunta más allá de las presuposiciones, y el impulso que lleva a la adopción de una nueva forma histórica" (228). La crisis interpela, y constituye el acontecimiento que convoca a un nuevo sujeto histórico a su existencia. Este nuevo sujeto, el sujeto del modo de producción futuro y comunal, es consecuencia de la liberación de la "subjetividad en penuria" del trabajador (455), una penuria que es de hecho "la única posesión de la capacidad de mano de obra viva" (461). La crisis elimina la brida o muro de contención que mantiene a la penuria subjetiva en su sitio, que es la brida que comparte con la producción capitalista, pues esa brida que el capitalismo, por uno de sus lados, le impone a la producción es también responsable de mantener la subjetividad del trabajador en un estado de penuria y privación. Cuanto más avanza el capital, más entra en penuria la subjetividad del trabajador. En un pasaje crucial dice Marx:

> la plusvalía del capital es al mismo tiempo la posibilidad real de nueva plusvalía en el trabajo y de nueva plusvalía de capital . . . Se hace evidente que el trabajo mismo se extiende progresivamente y da una existencia cada vez más amplia y plena al mundo objetivo de la riqueza como poder ajeno al trabajo. De esa forma, en relación a los valores creados o en relación a las condiciones reales de creación de valor, la subjetividad en penuria de la mano de obra viva forma un contraste cada vez más vívido. Cuanto más se objetifica el trabajo, más grande se hace el mundo de valores objetivo, que es su opuesto, en cuanto ajeno—en cuanto propiedad ajena. (455)

Este "contraste cada vez más vívido" determina que, en el momento de máxima tensión, esto es, en el estado de globalización en cuanto tal, la penuria del sujeto se muestra en su mayor extremo. Pero este es entonces, dialécticamente, también el momento en el que se intima una inversión: la liberación de la subjetividad de la mano de obra viva a favor del "intelecto general" del modo comunal de producción sólo puede suceder como consecuencia de la transformación del modo de producción en cuanto tal. En otro pasaje crucial sobre el fenómeno primario que determina tanto la subjetividad en penuria de la mano de obra viva cuanto su transformación tendencial en un nuevo sujeto de lo político dice Marx:

> Hay un límite, que no es un límite inherente a la producción en general, sino a la producción fundada en el capital. Este límite es doble, o más bien es el mismo límite susceptible de ser mirado desde dos direcciones. Basta aquí demostrar que el capital contiene una restricción *particular* de la producción—que contradice su tendencia general a ir más allá de toda barrera a la producción—para haber mostrado el

fundamento de la *sobreproducción*, que es la contradicción fundamental del capital desarrollado; para haber mostrado, más generalmente, el hecho de que el capital no es, como piensan los economistas, la forma *absoluta* para el desarrollo de las fuerzas de producción—ni la forma absoluta para eso, ni la forma de riqueza que coincide absolutamente con el desarrollo de las fuerzas de producción. Los estadios de producción que preceden al capital aparecen, desde este punto de vista, como cadenas sobre las fuerzas productivas. Pero el capital mismo, correctamente entendido, aparece como la condición de desarrollo de las fuerzas de producción en la medida en que requieren una espuela externa, que al mismo tiempo es su brida. Es una disciplina sobre ellas, pero una disciplina que se hace superflua y pesada a cierto nivel de su desarrollo. (Marx 415)

La espuela externa para el desarrollo de las fuerzas de producción, esto es, el capital mismo, bajo la forma concreta de capital de plusvalía, es también una brida, un obstáculo, un límite inherente a la producción fundada sobre el capital. Pero este límite, dice Marx, puede ser eliminado—será eliminado.

Es precisamente aquí donde se inserta la crítica que Žižek hace de Marx. Para Žižek postular el comunismo como nueva forma comunal de producción que será consecuencia de la eliminación del límite inherente a la producción, que es también la barrera que mantiene a la subjetividad del trabajador en penuria, es un acto de fantasía: es de hecho la fantasía del capitalismo mismo, puesto que el capitalismo debe soñar con la eliminación del límite para llevar adelante su proyecto de acumulación. Dice Žižek: "El comunismo marxiano, esta noción de una sociedad de pura productividad desencadenada fuera del marco del capital, era una fantasía inherente al capitalismo mismo, la transgresión inherente al capitalismo en su forma más pura, una fantasía estrictamente ideológica de mantener el impulso hacia la productividad generado por el capitalismo y al mismo tiempo librarse de los obstáculos y antagonismos que eran . . . el único marco posible para la existencia material real de una sociedad en permanente estado de productividad autocreciente" (Žižek, *Fragile* 18).[43]

Así que, de manera quizás paradójica para un ferviente partidario de Lenin, la versión del comunismo que nos da Žižek no es muy leninista o no lo suficientemente leninista: el comunismo real es para Žižek necesariamente soviets *sin* electrificación. Esta crítica žižekiana prepara el terreno para la inversión de Žižek en el neopaulinismo. Ocurre sutilmente, de forma casi secreta dentro de *The Fragile Absolute*. Sólo muchas páginas más tarde se nos da el argumento a favor de San Pablo que constituirá el opuesto simétrico al argumento contra Marx. El argumento a favor de San Pablo nos permite ver, retrospectivamente, cómo Marx estaba todavía cazado en lo que Žižek considera una fórmula de experiencia masculina y cuasi-judaica. Pero para San Pablo por supuesto no hay ni hombres ni mujeres ni judíos ni griegos. El cristianismo paulino "lucha por romper el círculo vicioso de la prohibición que genera el deseo de transgredirla, que es el ciclo descrito en... *Romanos* 7.7" (Žižek, *Fragile* 135).[44]

Para Žižek el comunismo marxiano estaba todavía atrapado en el círculo vicioso de la ley que es el espectro del judaísmo—el capitalismo, el límite inherente a la producción que el capitalismo incorpora (y, desde cierta perspectiva, el capitalismo no es sino ese límite), genera la fantasía inherente de eliminar el límite en cuanto posibilidad constitutiva, de la misma forma que, para San Pablo, la condición de la ley es la posibilidad de su transgresión. El capitalismo

---

[43] Ver también: "El error fundamental de Marx fue concluir... que es posible un nuevo y más alto orden social (el comunismo), un orden que no sólo mantendría sino que levantaría a un grado más alto, y liberaría efectivamente el potencial de la espiral auto-incrementante de productividad que, en el capitalismo, en razón de su obstáculo o contradicción inherente, queda impedido una y otra vez por crisis económicas socialmente destructivas. En suma, lo que Marx no pudo ver es que... si abolimos el obstáculo, la contradicción inherente del capitalismo, no obtenemos el ímpetu plenamente desencadenado hacia la productividad finalmente liberada de su impedimento, sino que perdemos precisamente esta productividad que parecía ser generada y simultáneamente entorpecida por el capitalismo" (*Fragile* 17-18).

[44] El materialismo paulino de Žižek, al que estoy llamando neopaulinismo, se desarrolla primero en *The Fragile Absolute—or, Why is the Christian Legacy Worth Fighting For?* y luego se continua en *The Puppet and the Dwarf. The Perverse Core of Christianity*. Este capítulo analiza sólo el primero de los dos libros, donde se establecen las líneas fundamentales de ese proyecto Žižekiano.

genera la fantasía de incurrir en una ontología ilimitada de la producción: ontología de la ilimitación, producción sin carencia. Contra ello, la lección de San Pablo: "la dialéctica viciosa de la ley y su transgresión elaborada por San Pablo es el tercer término invisible . . . entre la religión judía y el cristianismo—su espectro los hechiza a ambos, aunque ninguna de las dos posiciones religiosas ocupa ese lugar: por un lado, los judíos no están todavía allí, esto es, tratan la ley como el Real escrito que no los compromete en el círculo vicioso de la culpa; por otro lado, como San Pablo aclara, el punto básico del cristianismo auténtico es precisamente romper el ciclo superegoico vicioso de la ley y su transgresión" (Žižek, *Fragile* 145). Contra Marx, entonces, "para liberarse eficazmente del guante de la realidad social existente, lo primero es renunciar al suplemento fantasmático transgresivo que nos liga a ella" (149). Este acto de renuncia, que Žižek va a describir como el acto auténtico psicoanalítico y el acto auténtico ético, es un acto anti- o posthegemónico: el acto acontecimental del sujeto de lo político que "cambia las coordenadas de la situación en la que el sujeto se encuentra: al cortar amarras con respecto del objeto precioso a través de cuya posesión el enemigo lo mantenía cautivo, el sujeto gana el espacio de la acción libre" (150), y así abandona la penuria de la subjetividad. Se podría decir que, para Žižek, no es que el marxismo sea una forma de cristianismo, sino que el cristianismo es una forma más propiamente revolucionaria de marxismo—que es lo que el neopaulinismo generalmente aduce.

De forma consistente con su crítica de Marx y abrazo de San Pablo, Žižek entiende el sujeto de lo político como esencialmente femenino. El sujeto femenino ha abandonado siempre de antemano el círculo superegoico vicioso de la ley y su transgresión y se ha movido hacia una dimensión diferente de la existencia. De la misma manera, "el pasaje de judaísmo a cristianismo en última instancia sigue la matriz del pasaje de la fórmula de sexuación masculina a la femenina" (143); "la extensa discusión lacaniana del amor en *Encore* debe así ser leída en sentido paulino, contra la dialéctica de la ley y su transgresión: esta segunda dialéctica es claramente fálica/masculina; implica la tensión entre el Todo (ley universal) y su excepción constitutiva; en tanto que el amor es femenino, e implica las paradojas del no-Todo" (147). Tal lógica del no-Todo, o del síntoma universalizado o *sinthome*, gobierna absolutamente la posibilidad de formación del sujeto revolucionario en

Žižek. Es tal lógica la que lleva al descubrimiento de que no hay Gran Otro, ni capitalista ni comunista—que el Gran Otro es siempre una formación ideológica. Si no hay Gran Otro, entonces ni su destrucción ni su construcción pueden ser actos revolucionarios. Lo que queda es una identificación paradójica con el síntoma en deconstitución subjetiva. Esta renuncia a la disolución del síntoma es el amor propiamente hablando, y es a través del amor que se anuncia la posibilidad de un acto propiamente político:

> En el acto tradicional (premoderno), el sujeto lo sacrifica todo (todas las cosas "patológicas") a la Cosa-Causa que le importa más que la vida misma: Antígona, condenada a muerte, enumera todas las cosas que ya no será capaz de disfrutar dada su muerte prematura... . Esta es la "mala infinitud" que uno sacrifica mediante la Excepción (la Cosa por la que uno actúa, y que, precisamente, no es sacrificada) ... Así que Antígona es sublime en su triste enumeración de lo que está sacrificando—esta lista, en su enormidad, indica los contornos trascendentes de la Cosa a la que le entrega su fidelidad incondicional. ¿Es necesario añadir que esta Antígona es la fantasía masculina por excelencia? ... En la moderna constelación ética, por el contrario, se suspende esta excepción de la Cosa: uno da testimonio de su fidelidad a la Cosa al sacrificar (también) la Cosa misma ... Sin esta suspensión no hay acto ético propiamente hablando ... [el acto ético] toma lugar en la *intersección* de ética y política, en el dominio siniestro en el que lo ético se "politiza" en su naturaleza más esencial—cuestión de decisiones radicalmente contingentes, gesto que ya no puede ser interpretado en términos de fidelidad a Causa preexistente alguna, puesto que redefine los términos mismos de esta Causa. (154-55)

El modelo para esto es la Crucifixión entendida como acontecimiento feliz, sacrificio que vence la estructura misma del sacrificio y que, al hacerlo así, ya no puede ser entendido como acto que sostenga el estado de la situación, ni siquiera de forma invertida. Es un acto radicalmente positivo mediante el que se abre "Otro Espacio," dice

Žižek, "que ya no puede ser desechado como suplemento fantasmático a la realidad social" (158). La posibilidad de una comunidad alternativa, que será una comunidad revolucionaria puesto que se establece radicalmente contra y más allá de la hegemonía, esto es, más allá de la hegemonía presente, queda abierta: "El desenchufe cristiano no es una instancia de contemplación interior, sino el trabajo activo del amor, que lleva necesariamente a la creación de una comunidad alternativa" (138).

Robert Miklitsch se ha referido a "la negatividad radical en el corazón del proyecto de Žižek" sobre la base del apoyo de Žižek al concepto lacaniano de lo real como puro antagonismo (Miklitsch, "Going Through the Fantasy" 486). La teorización žižekiana del acto revolucionario como renuncia a la disolución del síntoma no es una teorización de abstinencia o separación de lo real. Por el contrario, Žižek piensa un proceso de intensa violencia psíquica que debe ser entendido como contraviolencia a la violencia de la fantasía. Así, el reconocimiento de la ausencia final del Gran Otro, que apareja la necesidad consiguiente de identificación con el síntoma universal, atraviesa un momento de locura radical a la que Žižek a veces se refiere con el término hegeliano de "noche del mundo," pero para el que también ha usado una analogía teórica más provocativa: la noción heideggeriana de verdad. La analogía misma establece una equivalencia entre el acto revolucionario y la descripción heideggeriana de un "pasar hacia el desvelamiento esencial de la verdad" en cuanto *aletheia*. Sugiere que la identificación con el *sinthome* va más allá de la fantasía, aunque a través de la fantasía, y que alcanza un horizonte donde "la transformación del ser del hombre en el sentido de un *desarreglo trastornante* de su posición entre los entes" (Heidegger, citado por Žižek, *Fragile* 82) ocurre más allá del fundamento mismo de la subjetividad hacia una forma de acuerdo o sintonía con el ser de los entes que ya no está determinada por la agencia subjetiva. Así el acontecimiento ético en Žižek se conecta a la conceptualización heideggeriana de *Ereignis* como "acontecimiento de des/apropiación." Pero si, como dice Žižek en referencia a la interpretación heideggeriana de William Richardson, el *lethe* heideggeriano es el real lacaniano (81), y si "en la oposición entre fantasía y realidad, lo Real está del lado de la fantasía" (67), entonces pasar hacia el desvelamiento esencial de la verdad no es simplemente abrazar la fantasía; no es solamente atravesar "el *fenómeno* mismo en su más desnuda radicalidad, esto es, el esquema que determina cómo nos aparecen las cosas" (85). "Identificarse con el síntoma," "pasar hacia el desvelamiento esencial" son nombres aproximativos de lo que el Heidegger tardío llamará el intervalo del ser, entendiéndolo no ya como una crisis, sino más bien como el paso del último dios, esto es, la ruptura profunda del subjetivizar del hombre hacia una apropiación al ser: la época de la historia del ser marcada por la agencia humanista—la época de la producción, la época de la tecnología, la época biopolítica—habría llegado a su fin. Y con ella la época del sujeto de lo político.[45]

Por supuesto Žižek no dice tanto ni va tan lejos. Prefiere retener, a mi juicio insuficientemente, su determinación del acto ético-político al nivel de la constitución/deconstitución subjetiva. La renuncia a la disolución del síntoma adquiere así una doble característica: como *renuncia* a la disolución del síntoma el sujeto se da un golpe a sí mismo, ejerciendo la violencia psíquica de un sacrificio que, como vimos en el ejemplo de la Crucifixión, vence al sacrificio mismo y se abre al adviento de una comunidad alternativa. Según esta

---

[45] Hay otra referencia a Heidegger en una de las primeras notas en *The Puppet and the Dwarf*: "Quizás el vínculo entre cristianismo y ateísmo se hace algo más claro si tomamos en cuenta el hecho sorprendente de que el giro en *Ser y tiempo* de Heidegger—ese intento radical de hacer temática la finitud insuperable de la condición humana—desde el acercamiento ontológico 'reificado' a la realidad (un 'sujeto' que percibe 'objetos') hacia el compromiso activo del ser-en-el-mundo está basado en la lectura que hizo Heidegger de San Pablo en los tempranos años veinte. Se puede discernir aquí un vínculo adicional inesperado entre Heidegger y Badiou: ambos se refieren a San Pablo de la misma ambigua forma. Para Heidegger, el giro paulino de la contemplación filosófica abstracta a la existencia comprometida de un creyente indica cuidado y ser-en-el-mundo, aunque sólo como modelo óptico de lo que *Ser y tiempo* despliega como estructura ontológico-trascendental; de la misma manera, Badiou lee a Pablo como el primero en mostrar la estructura formal del Acontecimiento y del procedimiento de verdad, aunque, para él, la religión no es un dominio propio de verdad. En ambos casos, la experiencia paulina tiene el mismo papel de ex-timación: es la mejor ejemplificación ('indicación formal') de la estructura ontológica del acontecimiento—aunque, en términos de su contenido positivo, sea un 'falso' ejemplo, ajeno a ella" (173-74). Pero creo que es apropiado señalar que Žižek no sólo reproduce sino que se apropia de la ambigüedad misma de las referencias paulinas de Badiou y Heidegger—añadiendo o continuando con una apropiación igualmente ambigua de Heidegger (apropiación a distancia, asentimiento denegado).

característica, el acto revolucionario no sutura un nuevo sujeto—más bien deconstituye el antiguo. Pero, como renuncia a la *disolución* del síntoma, el acto es constitutivo y suturante. Žižek mienta la película *Speed*, dirigida por Jan de Bont (1994), en la que el héroe dispara "no al chantajista, sino a su propio compañero en la pierna" (149), como ejemplo de la primera característica. *Twister*, del mismo director y filmada en 1996, podría ser ejemplo de la segunda: los protagonistas encuentran la viabilidad final de su amor en el ojo del tornado mismo, esto es, en una identificación profunda con la cosa traumática que los había venido eludiendo desde el comienzo del film pero que los acoge al final como recompensa a sus denodados esfuerzos. *Twister* escenifica no el acto de renuncia sino más bien sus efectos, esto es, su sutura en futuro anterior. Alegoriza, no la posibilidad de una comunidad utópica post-traumática, como hace *Speed*, sino más bien el logro de la comunidad en la doma postraumática (y más bien heroica) del trauma mismo (y conviene recordar que el pasaje de los héroes hacia su plena subjetividad es también en la película el sometimiento de la naturaleza a la ciencia, aunque sea ciencia postmoderna y fractal).[46]

[46] La pregunta fundamental en *Speed* es cómo no morir cuando uno está en un autobús que esconde una bomba que explotará en el momento en el que la velocidad de marcha del autobús descienda por debajo de cierto punto no especificado. En *Twister* la pregunta es cómo no morir cuando uno está ya muerto, muerto simbólicamente, en la confrontación traumática con un real desencadenado bajo el disfraz de un fenómeno atmosférico absolutamente salvaje e indomable. Lo que está en juego en ambas películas es la redención del sujeto, e incluso la construcción de un sujeto al que podamos llamar vivo—un sujeto vivo, o un sujeto viviente. Pero esta noción del sujeto vivo no puede darse por resuelta en el presente. Fredric Jameson, en "The Ends of Temporality," presenta *Speed* como la encarnación de la tendencia alegórica (pero una tendencia es siempre alegórica, pues no puede revelarse directamente a menos que se mueva de tendencia a realidad) de la lógica cultural del postmodernismo a efectuar reflexivamente un cierre absoluto de la temporalidad. El cierre absoluto de la temporalidad en *Speed* ocurre mediante la reducción libidinal del tiempo a la explosión multitudinaria del presente. Para Jameson la explosión del presente es la alegoría ideológica de la desaparición de la historicidad, y así de la temporalidad del sujeto. No hay sujeto en *Speed*, dice Jameson, y no hay tampoco plenitud fenomenológica del presente—el sujeto es, como el presente, una totalidad vacía. Así, tanto la ideología compulsiva de la agencia subjetiva como la reducción de lo temporal a un instante incesante de tensión exacerbada sirven en la película para revelar, en giro dialéctico, la penuria radical de la

La noción žižekiana del nuevo sujeto de lo político lo sitúa al mismo tiempo más allá del sujeto capitalista y de su suplemento "obsceno" comunista, siguiendo el modelo de San Pablo. La máquina crítica de Žižek busca destruir el residuo idealista en el pensamiento marxiano, que para él se hace material en el suelo presupuesto de la biopolítica. La coincidencia final de productividad desencadenada y sujeto comunal de la humanidad, entendido como horizonte utópico de la política comunista, establece la prioridad del significante. La política marxiana, desde esta perspectiva, a través de la noción de una intervención subjetivo/objetiva que atiende a eliminar el límite para llegar a lograr "el movimiento absoluto del devenir" está siempre de antemano preordenada, es programática, y busca el desarrollo de un orden simbólico muy esencialmente previsto desde antes. En palabras de Žižek, "¿qué viene antes, el significante o algún atasco en lo Real? . . . Es aquí . . . que corre la línea que separa al idealismo del materialismo: la primacía del Orden simbólico es claramente idealista; es en última instancia una nueva versión de la intervención divina en el orden natural; mientras que la segunda versión—la emergencia del orden simbólico como respuesta a algún exceso monstruoso en lo Real—es la única solución propiamente materialista" (*Fragile* 92).

Pero es necesario formular la pregunta de si la crítica materialista žižekiana de la biopolítica marxiana no será también excesivamente biopolítica. Badiou dice: "lo real permanece una categoría del sujeto" (*L'Être* 11). La sutura subjetiva, esto es, la emergencia de ese nuevo orden simbólico, ya siga el modelo marxiano, el paulino o una combinación de ambos, es una respuesta afirmativa a algunas de las preguntas formuladas al inicio de este capítulo. Sí, para

---

agencia y de la temporalidad en la realidad social contemporánea. *Speed*, una película postmoderna, se hace "históricamente verdadera"al darnos una visión radicalizada aunque alegórica del "contraste . . . vívido" entre la penuria subjetiva que es, según Marx, "la única posesión de la mano de obra viva" y la riqueza abstracta de Los Angeles en la modernidad tardía, que el autobús maldito cruza como uno cruzaría los paisajes desiertos y desterritorializados del capitalismo financiero. En términos de Marx, como dijimos, "cuanto más se objetifica el trabajo, más grande se hace el mundo de valores objetivo, que es su opuesto, en cuanto ajeno—en cuanto propiedad ajena." El presente de la globalización es por lo tanto el momento de mayor penuria subjetiva, la amenaza absoluta del fin del sujeto. Ver continuación de esta nota en Coda.

Marx el acontecimiento revolucionario, el acontecimiento que introduce un cambio en el modo de producción, captura efectivamente lo social de tal manera que se da una nueva dispensación de experiencia mediante una sutura en y del nuevo sujeto de lo político. Y, para Marx, esa nueva dispensación de experiencia—"el absoluto desarrollo de las potencialidades creativas"—produce una reducción tendencialmente absoluta del no sujeto de lo político. La inversión materialista de Žižek termina ofreciendo una respuesta diferente pero igualmente afirmativa. Para Žižek la nueva dispensación de experiencia no es ya el resultado del desarrollo de una ontología presupuesta, y meramente reprimida, sino que es más bien el resultado de una nueva alianza con lo real que determina la posibilidad de un cambio en la ontología. Pero lo real permanece una categoría del sujeto. La identificación del horizonte político con la constitución subjetiva es el nombre propio de la biopolítica, y no puede responder de aquello que la biopolítica siempre de antemano excluye, a saber, más allá de lo real, la presión del no sujeto de lo político, de lo que quiera que permanece en lo humano más allá de toda interpelación, no como el apoyo o suelo de la interpelación, sino más bien como el testigo mudo y ciego de la materialidad dura de lo que siempre ha estado allí, más allá del sometimiento, más allá de la sujeción, más allá de la conceptualización, más allá de la captura, ni siquiera obsceno, ni siquiera abyecto, más bien simplemente ahí, como facticidad tenue más allá de lo fáctico, un *punctum* invisible de materialidad intratable e ineluctable, siempre del otro lado de la pertenencia, de cualquier pertenencia: es decir, la subalternidad.

3. Badiou y Rumsfeld

Si lo político es el objeto de una catexis universal sobre la base de una diferencia con respecto de la hegemonía (por lo tanto, también de toda elaboración contrahegemónica), una catexis que por definición cambia las coordenadas de lo posible e inagura una nueva relación con lo real, la cuestión de la subalternidad reemerge tercamente. ¿Cómo se relaciona un acontecimiento de verdad con lo que deja atrás? Si lo político está basado en el acontecimiento, ¿qué le pasa a lo que no tiene acontecimiento, a lo neutral, al no sujeto? Si la subjetividad del sujeto es función de las virtudes paulinas de fe, amor, y esperanza, si sólo esas virtudes pueden sostener la decisión política, como dice Badiou y acuerda Žižek, entonces la subalternidad emerge a contrapelo de los pensamientos de Žižek y de Badiou como la posición ocupada por los sin fe, los sin amor, los sin esperanza. ¿Son pura y simplemente el enemigo? ¿Siguen sin más el camino de la muerte? ¿Son esos de los que dice San Juan: "Vosotros tenéis por padre al diablo; por eso os esmeráis en ejecutar los deseos de vuestro padre. El fue homicida desde el principio, y no se mantuvo en la verdad; pues en él no hay verdad. Cuando habla mentira, habla como quien es, mentiroso y fautor de engaño" (Juan 8:44)?

El numero del *New Yorker* del 17 de mayo de 2004 informó sobre un curioso asunto acaecido en Hermann, Missouri. Según el periódico local, el *Hermann Advertiser-Courier*, "la policía está segura de que hay techadores en el área que pretenden ser estafadores" (*New Yorker* 101). El renovado interés en la propiedad inmobiliaria derivado de la última crisis económica ha aumentado la demanda de techadores, pues alguien tiene que hacer el trabajo necesario para que los nuevos propietarios no tengan que mudarse a mansiones con tejados en estado flagrante de decrepitud. Así que es tanto más extraordinario, si hemos de creer al *Advertiser-Courier*, que la gente se presente a la puerta con la pretensión de ser estafadores cuando todo lo que quieren en realidad es arreglarle a uno el tejado. Es posible que condiciones locales insospechadas hayan forzado a los techadores a actuar con gran sigilo, pero todo habrá de terminar bien si consiguen hacer su trabajo. Nos tienta aplicarle la misma lógica al argumento de Badiou sobre santos y sacerdotes. Para Badiou, en suma, "santo" está bien y "sacerdote" está mal. La sabiduría convencional dicta que uno puede esperar que se presenten curas pretendiendo ser santos. Pero ¿qué hemos de hacer si se nos presenta alguien con aspecto de santo diciendo que quiere hacer cosas sacerdotales? Si fuéramos tan sagaces como la fuerza de policía de Hermann, Missouri, sospecharíamos inmediatamente que su meta real es incurrir en actividades de santo (que sea en el tejado o en algún otro lugar carece de importancia). Esas actividades de santo, ¿serían reales o falsas? Sólo los santos de verdad pueden manifestar santidad verdadera, pero todo el mundo puede fingir santidad, particularmente los curas. De repente, tendríamos que determinar si la convicción, la certeza, y el amor que manifiesta ese pálido visitante son verdaderas virtudes. Si decidimos que sí, todavía debemos decidir si le damos acceso a nuestra casa al visitante o se lo negamos. Badiou tendría que decir que tal decisión habría sido nuestro acto político más importante, pues es sólo la aceptación de un procedimiento verdadero, y por lo tanto universal, la que puede poner algo de espíritu (político) en nuestros demasiado domésticos "vasos de arcilla" (Badiou, *Saint Paul* 53). Al aceptar la buena nueva del cura santo, o del santo cura, nosotros mismos nos movemos hacia la santidad, o hacia el sujeto, al haber cumplido las condiciones formales de la subjetivación militante: con ellas, por ellas, ya no somos más así llamadas almas sin fe, sin esperanza, sin caridad. Habremos cumplido los requisitos de la universalidad concreta, y nos habremos creado acceso a la ley de leyes, al amor, como entrada en la infinitud de la resurrección. ¡Y eso que todo lo que pensamos cuando oímos el timbre fue lo difícil que resulta leer el periódico sin que lo interrumpan a uno!

Badiou prefiere a los santos, pero no es claro que los santos puedan evitar convertirse en curas. Su discusión de este tema, basada en el análisis de un guión de Pier Paolo Passolini para una película sobre San Pablo que nunca se llegó a rodar, concluye en el sombrío pensamiento de una "traición interior" "casi necesaria" del santo por el sacerdote:

> Para Pasolini, que está reflexionando sobre el comunismo a través de Pablo, el partido es lo que, poco a poco, invierte la santidad en sacerdocio a través de las demandas estrictas del militantismo. ¿Cómo puede la santidad genuina (que Pasolini reconoce sin dudarlo en Pablo) soportar la ordalía de una historia que es a la vez fugaz y monumental, una historia en la que ella misma constituye una excepción antes que una operación? Sólo lo puede hacer endureciéndose, haciéndose autoritaria y organizada. Pero esa dureza, que se supone deba preservarla de toda corrupción a manos de la historia, revela ser una corrupción esencial, la del santo por el sacerdote. Es el movimiento cuasinecesario de una traición interior. (Badiou, *Saint Paul* 38)

Para Badiou "la santidad inmersa en . . . la realidad" sólo puede protegerse "creando, con toda la severidad requerida, una Iglesia" (39). Y sin embargo, a pesar de ello, o quizás incluso por ello, la santidad "emerge extrañamente victoriosa" (39). Pero ¿es así? Quizás Badiou se equivoca y el problema no es tanto el de una traición interior, condicionada por la ordalía de la historia real. Quizás el problema es que la santidad es siempre de antemano sacerdocio, que no hay santidad sin sacerdocio, que un santo militante nunca es otra cosa que un cura, que el sacerdocio es el nombre verdadero del militantismo, y que las condiciones formales de un sujeto militante de lo político son siempre simultáneamente las condiciones formales de la política sacerdotal. No hay traición interna de la santidad por el sacerdocio, porque cada santo concreto, cada vaso de arcilla de santidad, ha hecho siempre de antemano un pacto con el sacerdotismo onto-histórico.

El *San Pablo* de Badiou encuentra su límite en su propia traición de lo político.[47] Al final del libro surgen preguntas sobre la programatización "cuasinecesaria" de lo político mediante la universalización de la verdad que no pueden resolverse dentro de los parámetros del libro. Prepararé el camino para mostrarlo con una pequeña fábula, siguiendo la definición de "fábula" que nos da Badiou: "una 'fábula' es la parte de una narrativa que, en la medida en que nos concierne, no llega a tocar Real alguno, a menos que sea en virtud de ese residuo invisible y sólo indirectamente accesible que se pega a todo imaginario obvio" (4). El elemento fabuloso en la obra de San Pablo es la frase "Jesús ha resucitado" (4). Pero Badiou dice que podemos o debemos reducir el "fabuloso forzamiento de lo real" en San Pablo para "restaurar lo universal a su pura secularidad aquí y ahora" (5). Las investigaciones paulinas de Badiou intentan determinar "qué ley es capaz de estructurar un sujeto vacío de toda identidad y suspendido en un evento cuya única 'prueba' consiste precisamente en haber sido

---

[47] Me doy cuenta de que esto puede no constituir una crítica en los términos de Badiou o de Žižek. Aunque la importancia política de sus diferentes proyectos teóricos es innegable—Žižek la resume como respuesta a la pregunta "¿de qué sirve estudiar los grandes textos filosóficos y socio-teóricos en la lucha contemporánea contra el modelo neoliberal de globalización?" (*Revolution* 4)— se puede argüir que, en ambos casos, considerarían el acto político como interrupción de la política: su militancia política quiere interrumpir la dominación de lo político para abrirse a una verdad alternativa, a una dispensación histórica alternativa que, en el momento de su apertura, es cualquier cosa menos política.

declarado por un sujeto" (5). Piensa que "la conexión paradójica entre un sujeto sin identidad y una ley sin apoyo provee el fundamento de posibilidad de una enseñanza universal dentro de la historia misma" (5). La posibilidad de esta enseñanza histórico-universal depende de sólo una cuestión:

> Pablo es el que, al asignar a lo universal una conexión específica de ley y sujeto, se pregunta con el más extremo rigor cuál es el precio que hay que pagar por esta asignación, por parte de la ley tanto como por parte del sujeto. Esta interrogación es precisamente la nuestra. Suponiendo que fuéramos capaces de refundar la conexión entre la verdad y el sujeto, ¿entonces qué consecuencias deberíamos tener la fuerza de aguantar, por el lado de la verdad (acontecimental y azarosa), así como por el lado del sujeto (raro y heroico)? (7)

Badiou no hace su respuesta explícita, pero podemos hacerlo por él: el forzamiento fabuloso de lo real, en el supuesto de que uno quiera aguantar tal cosa. Tu elemento fabuloso, seas cristiano, comunista o liberal-demócrata, es el precio que pagas por suturar el sujeto a la verdad. Pero ¿qué ocurre si uno se niega a pagar ese precio, o si uno simplemente no tiene más remedio que aguantarse en un escepticismo radical en todo lo que concierna a cuestiones de convicción política o espiritual, a cuestiones de certeza, a cuestiones de amor? ¿Queda uno en esos casos fuera de lo político? ¿O queda uno mecánicamente situado en una posición política (o espiritual) abyecta, particularista y/o reaccionaria? La respuesta que le da Badiou a esas preguntas es que sí, de forma no tan paradójica.

De ahí mi fábula. Parecería a primera vista que el libro de Robert Kagan *Del paraíso y el poder. América y Europa en el Nuevo Orden Mundial* se sitúa en un universo post-ideológico, donde no tomaría lugar ningún forzamiento de lo real. Al hablar del abrumador poder militar de Estados Unidos dice Kagan: "Si tienes un martillo, todos los problemas empiezan a parecerse a clavos." Para los europeos, sin embargo, resulta lo opuesto: "Cuando no tienes un martillo, no quieres que ningún problema se parezca a un clavo" (27-28). Para Kagan la fisura ideológica entre Europa y Estados Unidos, el hecho de que, desde la concentración militar para la ocupación de Iraq en 2003, ambas regiones geopolíticas compartan cada vez menos una "'cultura estratégica' común" (4), es una consecuencia directa de la diferencia entre lo que llama "estrategias de la debilidad" y estrategias de la fuerza (10-11). Europa no tendría más opción que la de atenerse a estrategias de debilidad, en tanto que Estados Unidos se comporta "como lo hacen las naciones poderosas" (11). Estados Unidos es un sujeto de decisión política, dotado desde el acontecimiento de la Revolución norteamericana de convicción (fe), certeza (esperanza) y una especie de amor a la democracia universal. Europa, sin embargo, permanece como oscuro sujeto, si esos son sujetos, de lo que James Joyce habría llamado el paradigma griegojudío, nunca un acontecimiento de verdad, un procedimiento de verdad, sino más bien el mero precipitado de una situación histórica.[48]

En el análisis de Kagan, Europa ocupa a la vez una posición reaccionaria *y* una posición subalterna. En contraste, Estados Unidos ocupa de derecho una posición hegemónica y una posición de progresismo activo. Es quizás medida de los cambios en nuestra coyuntura desde la caída del bloque soviético que, desde un punto de vista geopolítico, lo reaccionario y lo subalterno parezcan caminar de la mano hoy, lo cual parecería indicar que la posición progresista la ocupan los amos del mundo. El libro de Kagan nos da una vislumbre del que quizás sea el estado de opinión dominante entre la elite política norteamericana contemporánea, desde luego en el lado republicano, pero no sólo en el lado republicano. Samuel Huntington nos da algunas cifras estadísticas para probar que los americanos "son la gente más patriótica del mundo" (Menand 92), lo cual es consistente con su

---

[48] "*Woman's reason. Jewgreek is greekjew. Extremes meet. Death is the highest form of life. Ba!*" (*Ulysses* 15.2097-2098). Sucede que Leopold Bloom es la encarnación misma del encuentro de lo judío y lo griego como ejemplo del hombre contemporáneo. Badiou, sin embargo, le dedica un capítulo entero a establecer una distinción fundamental entre el discurso de San Pablo, y los discursos griegos y judíos: "En realidad, 'judío' y 'griego' son disposiciones subjetivas. Más precisamente, remiten a lo que Pablo considera que son las dos figuras intelectuales coherentes del mundo que él habita . . . Pablo instituye el discurso 'cristiano' sólo al distinguir sus operaciones de las operaciones del discurso judío y del discurso griego" (*Saint Paul* 41). El discurso de San Pablo y quizás incluso el discurso de Badiou excluyen a Leopold Bloom del imaginario político. Pero Bloom podría entenderse como una de las mejores trazas del no sujeto de lo político en la literatura del siglo veinte.

posición de sujeto.⁴⁹

Hay en todo ello una notable inversión histórica. Europa, poder subalterno o impoder reaccionario, se ve condenada a seguir en su práctica política y estratégica los dictados ilustrados recomendados, por ejemplo, por Immanuel Kant en *Hacia la paz perpetua*, en tanto que Estados Unidos vive, con placer, en un mundo hobbesiano de guerra total contra enemigos absolutos. El progresismo liberal ilustrado se ha convertido en praxis subalterno-reaccionaria, y la demanda de lo que el pensador español Juan Donoso Cortés solía llamar "la dictadura de los sables" se presenta como práctica hegemónica (Donoso, "Dictadura" 261). Esta es una consecuencia directa de la división del mundo entre naciones fuertes y naciones débiles. Europa vive en el resentimiento nietzscheano porque no tiene opción, precisamente, y Estados Unidos vive en la activa afirmación de sí mismo, hasta la tortura de sus enemigos reales o supuestos si hace falta y el abandono de las Convenciones de Ginebra de 1949, simplemente porque puede hacerlo. O porque piensa que puede, en cuanto sujeto de verdad política infinita. Por supuesto que la política de poder norteamericana contemporánea no es lo que tiene Badiou en la cabeza cuando teoriza el proceso de subjetivación política como afirmación de un acontecimiento de verdad. Pero, en el caso americano, la santidad se ha hecho sacerdocio (al mismo tiempo que el sacerdotismo europeo amenaza con tornarse santidad), y es dudoso que, bajo las circunstancias presentes, la santidad americana pueda todavía emerger extrañamente victoriosa. Si las condiciones de emergencia del sujeto de lo político son también las condiciones de posibilidad de su hacerse despótico, ¿por qué privilegiar

---

⁴⁹ Huntington informa que "en sondeos llevados a cabo en los últimos quince años, entre el noventa y seis y el noventa y ocho por ciento de todos los norteamericanos dijeron que estaban 'muy' orgullosos o 'bastante' orgullosos de su país. Cuando se les preguntó a los norteamericanos jóvenes si querrían hacer algo por su país, el ochenta y uno por ciento dijeron que sí. El noventa y dos por ciento de los norteamericanos informaron de que creían en Dios. El ochenta y siete por ciento dijeron que estaban 'muy' orgullosos del trabajo que hacen, y aunque los norteamericanos trabajan más horas anualmente que otras personas de países industrializados, el noventa por ciento dijeron que trabajarían aún más si fuera necesario para el éxito de su organización. En todas estas categorías, pocas otras naciones de tamaño y desarrollo económico comparable llegaron ni a acercarse" (Ver Menand, "Patriot Games" 92).

entonces el momento constituyente de militancia? Todo forzamiento fabuloso de lo real lleva dentro de sí la semilla de su auto-envenenamiento.

Pero Kagan no tiene pelos en la lengua. Olvidémonos de la retórica democrática norteamericana, dice. Como cuestión de hecho histórico, una práctica política democrática hoy podría ser mero reaccionarismo resentido: "Los europeos tienen un interés profundo en devaluar y eventualmente en erradicar las leyes brutales de un mundo hobbesiano anárquico en el que el poder es determinante último de seguridad nacional y de éxito. Esto no es un reproche. Es lo que los poderes débiles han querido desde tiempo inmemorial" (37). De ahí que el énfasis europeo en el multilateralismo, esto es, en atenerse a procesos de decisión colectiva para lo que podríamos llamar acción geopolítica, sea no más que un "sustituto del poder del que carecen" (40). Prediciblemente, esto mete a Kagan en camisa de once varas, y quiere sustraerse de ella, para que Estados Unidos no quede representado como un mero matón geopolítico. Pero la sustracción no resulta muy convincente.

Dice que, aunque es verdad que Estados Unidos busca intensificar su poder mediante el unilateralismo, los europeos cometen un error al tratar de contenerlo. ¿Por qué? Porque, para Kagan, "Estados Unidos es una sociedad liberal y progresista hasta el fondo, y en la medida en que los americanos creen en el poder, creen que debe ser un medio de promover los principios de una civilización liberal y de un orden mundial liberal" (41). Pero con esto el militantismo norteamericano llega a la aporía, y es aquí que afecta a la teorización de Badiou sobre lo político. ¿Cómo lidia Badiou con el amor despótico? Según Kagan, los americanos practican la *Machtpolitik*, política de fuerza bruta, sin creer en ella, lo cual los hace por supuesto desconcertantemente simpáticos (debe de ser ese el secreto detrás de la de otra manera enigmática sonrisa del Cabo de Primera Clase Lynndie England en las famosas fotografías de Abu Ghraib). Los norteamericanos, en la fábula de Kagan, creen en la fuerza bruta, pero sólo como cuestión de poder, esto es, como práctica excepcional, como cuestión de excepción (el poder no es sino la capacidad de decidir sobre la excepción). Y en cambio los europeos, quienes creen absolutamente en la *Machtpolitik* (ellos la inventaron), renuncian a ella para asegurar su propio estatuto de poder, aunque sea subalterno (pero eso es mejor que nada). Hay que notar el retruécano: en función de sus posiciones respectivas en el nomos contemporáneo de la tierra, los norteamericanos practican la *Machtpolitik* pero no creen en ella, sino que creen en el progresismo liberal. Los europeos creen en la *Machtpolitik*, pero deben abstenerse en aras de la *Machtpolitik* misma, que dicta que los débiles deben, por supuesto, disimular. La meta europea ostensible es ofrecerle al mundo "no el poder sino la trascendencia del poder" (60), esto es, el imperio de la ley, para así asegurar su cuota de poder, mientras que la meta norteamericana real es precisamente trascender el poder, puesto que ya lo ocupan absolutamente. Y así el imperio de la ley viene a ser el arma de la subalternidad reaccionaria, en tanto que el progresismo hegemónico se compromete en una política de la fuerza bruta pero sólo como cuestión de hecho, y sólo para lograr la ley más allá de la ley, la ley de leyes. Estados Unidos aparece, en la teorización de Kagan, como la encarnación misma de la Ilustración hoy, precisamente en virtud de su rechazo de la política ilustrada. La tortura en las prisiones iraquíes o en otros reductos extraterritorializados nunca fue, por lo tanto, lo que parecía, sino algo completamente otro: basta que uno asuma la correcta perspectiva histórica.

Lo que parece extraordinario es que la absoluta ocupación del poder por parte de Estados Unidos sea presentada como la condición de posibilidad para una política del no-poder, para una renuncia al poder. Sin duda en esto Estados Unidos podría invocar como precedente la posición de la Iglesia Católica durante los siglos de su dominación. Estados Unidos, precisamente en su abandono del cosmopolitismo kantiano, habría estado durante unos años más cerca que nadie, más cerca, incluso, de lo que la Iglesia nunca estuvo, de lograr el fundamento adecuado para una política cosmopolita del no poder, de respeto absoluto de la ley, siempre que la ley se entienda como la ley más allá de la ley, la ley de leyes, que Badiou define como la ley del amor paulino.[50] Merece la pena citar a Kagan con alguna extensión:

[50] Para Badiou la ley es "lo que constituye al sujeto como impotencia de pensamiento" (*Saint Paul* 83). Pero "el pensamiento puede ser des-separado del hacer y del poder. Hay salvación cuando la figura dividida del sujeto mantiene al pensamiento en el poder del hacer" (84). "¿Dice esto que el sujeto que se vincula al discurso cristiano es un sujeto absolutamente *sin ley*?" (86). No. Badiou procede a determinar "la pregunta extraordinariamente difícil que

De hecho Estados Unidos resolvió la paradoja kantiana para los europeos. Kant había mantenido que la única solución a los horrores inmorales del mundo hobbesiano era la creación de un gobierno mundial. Pero también temió que el "estado de paz universal" hecho posible por el gobierno mundial fuese una amenaza todavía más grande para la libertad humana que el orden internacional hobbesiano, en la medida en que tal gobierno, con su monopolio del poder, se podría convertir en "el más horrible despotismo." El problema que Kant no pudo resolver fue cómo podrían las naciones conseguir paz perpetua sin destruir la libertad humana. Pero para Europa ese problema quedó resuelto por Estados Unidos. Al proveer seguridad desde fuera, Estados Unidos hizo innecesario que el gobierno supranacional europeo la proveyera. Los europeos no necesitaron el poder para lograr la paz y no necesitan el poder para preservarla. (57-58)

Como consecuencia, para Kagan, "el nuevo orden kantiano europeo podía florecer sólo bajo el paraguas del poder norteamericano ejercitado según las reglas del viejo orden hobbesiano" (73). Lo cual significa que la ideología europea, en la medida en que es democrática, multilateral y cosmopolita, depende radicalmente de la voluntad norteamericana de confrontar y vencer mediante la fuerza bruta a los que todavía creen en la vieja *Machtpolitik*. En otras palabras, Estados Unidos paga la buena conciencia europea. El alma bella europea es un lujo que Estados Unidos está encantado de proporcionar. Por otro lado, el coste de la subjetividad reaccionaria europea es su no-subjetividad, la heteronomía radical entre las pretensiones europeas y las realidades fácticas. Europa vive en falsa conciencia, en la denegada dependencia de prácticas que son ajenas a su declarada creencia ideológica.

---

concierne a la existencia de una ley transliteral, la ley del espíritu" (87). Esta es la ley del amor—la ley sin ley que es también la ley de las leyes: "Bajo la condición de la fe, de una convicción declarada, el amor nombra una ley transliteral, una ley que le da al sujeto fiel su consistencia, y efectua la verdad postacontecimental en el mundo" (87). El problema aparece cuando la ley del amor cae en manos de los curas, por supuesto: ¿pero no ocurre siempre?

Kagan pone a Europa en una posición radicalmente abyecta, o quizás revela la posición abyecta europea. Dejando a un lado la falsa piedad, y hablando como si dijéramos entre adultos maduros, cuando todos entienden quién paga qué, y ya no hay razón para mantener la fachada, Kagan pregunta: "¿cómo se protege Europa sin descartar las ideas y principios que subyacen a su pacífico sistema?" (74). Kagan todavía cree que está bien que haya almas bellas. Lo único importante es que no se pongan latosas. Su solución es: "no es necesario que haya 'choque de civilizaciones' dentro de lo que se solía llamar 'el Oeste.' La tarea, tanto para europeos como para norteamericanos, es reajustarse a la nueva realidad de la hegemonía norteamericana" (97).

Kagan pone a Europa en la posición de la amante atractiva pero algo tonta y ciertamente pretenciosa que piensa que puede criticar las rudas maneras de su benefactor sin darse cuenta de que, sin el tipo de apoyo que provee el tosco pero amante protector—de hecho, amante más allá de la ley, por amor del amor—, la dama caería en el rango más bajo de la prostitución callejera. Kagan hace decir a Estados Unidos, "mira, guapa, quiero que continúes igual de bonita, elegante y distinguida, pero para eso más vale que me confieses que no eres más que mi mantenida. ¿Aceptas eso? ¿Quieres seguir tu vida regalada o estás dispuesta a renunciar a ella?" Un problema para Europa: si la dama acepta que es una mantenida, entonces la dama ya no puede sentirse dama, todas sus ilusiones se desvanecen. Como el santo que se vuelve cura, habrá renunciado a su vida, su tesoro, mediante la acción que trataba de preservarlo. Y además, si acepto, entonces tú, poderoso benefactor, también tendrás que renunciar a la pretensión de tener una amante distinguida. Cuando todo el mundo se entere de que tienes concubinas y de que las chantajeas y las reduces a ser tus esclavas, entonces, ¿no tendrás tú también que renunciar a tu papel de proveedor de la paz perpetua, tu papel de ser el único capaz, mediante tu fe, tu esperanza y tu caridad, sobre todo tu santa caridad, de crear un orden mundial verdaderamente liberal y progresista? Tu procedimiento de verdad, algo anquilosado como estaba, habrá llegado a un fin patético en su deconstrucción.

4. Circulus vitiosus deus

El entendimiento de lo político en Žižek y Badiou, paulino quizá en ambos casos, aunque divergente y problemático en ambos, reintroduce lo que Badiou llama la "cesura teórica" de San Pablo mediante la noción compartida de la catexis universal de lo real—"el proceso subjetivo de una verdad es una y la misma cosa que el amor de esa verdad. Y lo real militante de esa verdad es el alcance universal de lo que la constituye. La materialidad del universalismo es la dimensión militante de toda verdad" (Badiou, *Saint Paul* 92). Dentro del pensamiento de la cesura, o del partimiento nietzscheano de la historia en dos, habrá los que se convierten en hijos de la luz, de quienes el Evangelio según San Juan dice: "Mientras tenéis la luz creed en la luz, de suerte que seáis hijos de la luz" (Juan 12:36) (los norteamericanos de la fábula). Y luego están los que no tienen suficiente fe, suficiente amor o suficiente esperanza: los que viven en la oscuridad (los europeos, y no sólo los europeos). No basta decir que los últimos permanecen fuera de lo político, o que están en lo político sólo en la medida en que constituyen el polo no subjetivo del antagonismo. Si esta posición fuera adoptada, entonces la catexis de los hijos de la luz se habría convertido en una nueva forma de oscurantismo (como en la fábula). Pero ¿no lo es, al menos en ese sentido, todo leninismo, todo maoísmo, todo americanismo?

"El pensamiento puede salir de su impotencia sólo a través de algo que excede el orden del pensamiento. La 'gracia' nombra el acontecimiento como condición de un pensamiento activo. La condición misma excede inevitablemente aquello que condiciona" (Badiou, *Saint Paul* 84-85). La noción de catexis diferencial está vinculada a esa formulación. El sujeto en Badiou está siempre de antemano tomado por la gracia. La convicción, la certeza y el amor, como condiciones necesarias de constitución subjetiva, son nada más que las modalidades de su determinación. Y su fundamento es la diferencia. "En relación con lo que nos ha sucedido, con lo que subjetivamos mediante una declaración pública (fe), con lo que universalizamos mediante una fidelidad (amor), y con aquello con lo que identificamos nuestra consistencia subjetiva (esperanza), las diferencias son indiferentes, y la universalidad de lo verdadero las destruye. En relación con el mundo en el que la verdad procede adelante, la universalidad debe exponerse a todas las diferencias y mostrar . . . que éstas pueden darle la bienvenida a la verdad que las atraviesa . . . las diferencias portan lo universal que llega a ellas como gracia" (106). La gracia es el nombre paulino de la catexis de la subjetividad que funda el sujeto como sujeto de lo universal. Esto es lo que Badiou llama la cesura teórica en San Pablo. "Teórica" significa aquí muy precisamente "formal," en el sentido que le da San Pablo a "las condiciones formales, y a las consecuencias inevitables, de una conciencia-de-verdad enraizada en un acontecimiento puro, desvinculada de cualquier asignación subjetivista a las leyes particulares de un mundo o de una sociedad" (107). La cesura de San Pablo es la siguiente: "no hay fidelidad [al] acontecimiento sino en el abandono de los particularismos comunitarios y en la determinación de un sujeto-de-verdad que indistingue el Uno y el Para-Todos" (108). La fundación del universalismo en San Pablo está aquí. La cesura teórica de San Pablo es la fundación del universalismo.

Lo fundamental es la reducción absoluta de las excepciones desde el punto de vista de los posicionamientos subjetivos. No hay excepciones dado que precisamente todo es excepcional. San Pablo, al fundar el universalismo, funda el sujeto absoluto de la humanidad. Esta es por supuesto su teología política, incluso en el sentido schmittiano: el universalismo es también una reinvindicación de soberanía, y la soberanía en cuestión no puede desenredarse de una ontología del Uno, esto es, de una mono-onto-teología cuya manifestación contemporánea más tangible es el régimen norteamericano del presente: "Pablo confronta . . . la cuestión formidable del Uno. Su convicción genuinamente revolucionaria es que el signo del Uno es el 'para todos' o el 'sin excepción' . . . El Uno es en la medida en que es para todos: ésa es la máxima de la universalidad cuando tiene su raíz en el acontecimiento. El monoteísmo puede entenderse sólo al tomar en consideración a la totalidad de la humanidad" (76).

En la exégesis de Badiou, el momento en el que el monoteísmo trasciende lo particular de una comunidad, el momento en el que el monoteísmo carga en catexis todas las diferencias en la afirmación incondicional del para-todos, ese es el momento en el que el monoteísmo se hace plenamente redentor: nadie permanece fuera de su promesa de salvación (lo quieran o no). La subalternidad ha quedado aparentemente trascendida, o depuesta, en la inmanentización plenamente recíproca del acontecimiento y el sujeto de la humanidad.

La fisura de la soberanía ha quedado cerrada. Esta es la razón por la que, para Badiou, San Pablo entiende la muerte de Cristo como "inmanentización del espíritu" (69). La muerte de Cristo todavía no es el acontecimiento, sólo el lugar del acontecimiento, un lugar de "reconciliación" (*katallage*) entre lo humano y lo divino, o entre la particularidad y la universalidad, o entre la finitud y la infinitud, donde se prepara la cesura propiamente revolucionaria del acontecimiento como resurrección (70).

Pero ¿qué es la resurrección? El vencimiento de la muerte: la catexis final de la vida. La resurrección es la promesa de inmortalidad para todos aquellos que se habrán hecho fieles al acontecimiento. Como Cristo, los fieles habrán sido arrancados "de entre los muertos" (*ek necron*): "la resurrección es la sustracción afirmativa del camino de la muerte" (73). Pero el camino de la muerte es también el camino de la impotencia y la separación. En el camino de la muerte "el sujeto de la vida está en el sitio de la muerte y viceversa" (83). Se sigue que, en este camino, "el conocimiento y la voluntad, por un lado, agencia y acción, por el otro, quedan enteramente desconectados. Esta es . . . la esencia de la existencia según la ley . . . Se puede establecer [un] paralelo entre este descentramiento y la interpretación lacaniana del cogito (allí donde pienso, no soy, y allí donde soy, no pienso)" (83). El hombre de la ley, que también es el hombre del camino de la muerte, es aquel para quien rige una separación radical entre pensar y actuar, pensar y ser. Si la ley "constituye al sujeto como impotencia del pensamiento" (83), entonces la resurrección no es sino la coimplicación radical de ser y pensar, sin separación. "Hay salvación cuando la figura dividida del sujeto mantiene al pensamiento en el poder del hacer. Esto es lo que . . . yo llamo un procedimiento de verdad" (84). Y un procedimiento de verdad es para Badiou "el correlato de un nuevo tipo de sujeto, ni trascendental ni sustancial, enteramente definido como militante de la verdad en cuestión" (109). No hay sujeto sino sujeto en militancia. En la militancia pensar y ser se hacen uno.

La unidad de pensar y ser, de deliberación y acción, es el fin de la (oscura) subjetividad subalterna—la promesa de cualquier acontecimiento de verdad, como San Pablo puede haber sido el primero en determinar, y como nos recordaba Donald Rumsfeld con insistente frecuencia. También es, incidentalmente, el sueño necesario de toda ontoteología. Pero esta unidad presupone la sustracción de la muerte, la relegación o deposición de la muerte a la vida sin acontecimiento, a la vida consignada al estado de la situación o al estado bajo la ley: vida dominada, vida no soberana, vida sin vida. ¿Y qué pasa con esta vida sin vida? Suponiendo que todavía pueda escoger la salvación, puesto que la salvación está ahora abierta universalmente, es decir, ha sido hecha accesible a todos, ¿qué pasa si esta vida escoge no escoger? En ese caso, ¿permanece fuera de lo político? ¿O pasa a formar parte del polo indiferenciado del antagonismo contra el que el acontecimiento de verdad proclama la captura de lo real? La pregunta se hace aún más complicada cuando nos percatamos de que la salvación o la resurrección no constituyen primariamente una división de la humanidad entre su sujeto y aquellos que quedan fuera de la subjetividad propiamente dicha: la subjetividad es sólo el esfuerzo constante de mantenerse en fidelidad al acontecimiento, lo cual implica la presencia permanente del no sujeto dentro del sujeto (el no sujeto: todo aquello que pugna en la fidelidad contra la fidelidad; todo aquello que resiste el convencimiento, la certeza, el amor). El no sujeto es lo que el sujeto debe constantemente substraer, en una especie de auto-fundación continuada en la virtud (una virtud que no por casualidad el catecismo nombra o nombraba "teologal:" la fe, la caridad, la esperanza son las condiciones necesarias y suficientes del sujeto absoluto de la vida política, que es también el sujeto absoluto de la vida espiritual). Esto es lo que Badiou nombra la estructura *non-mais*: "El acontecimiento es al mismo tiempo la suspensión del camino de la carne mediante un problemático 'no,' y la afirmación del camino del espíritu mediante un 'pero' que marca la excepción . . . es precisamente esta forma la que porta lo universal" (63-64). Y es precisamente esta forma la que disuelve la distancia lacaniano-žižekiana entre sujeto y subjetivación: "En esta ausencia de fisura, que constantemente activa al sujeto al servicio de la verdad, prohibiéndole descanso, la Verdad-una procede en la dirección del todo" (81). El sujeto está por lo tanto siempre de antemano dividido fácticamente: "en el sujeto dividido, la parte del ser-para-la-muerte es la que todavía dice 'no,' la que no quiere dejarse llevar por el excepcional 'pero' de la gracia, del acontecimiento, de la vida" (73).

¿Qué hacemos entonces con esa parte de nosotros, incluso del nosotros resurrecto y salvado, que es y permanece para siempre sin fe, sin amor, sin esperanza? ¿Debe ser atado y reducido? ¿Depuesto o sustraído? ¿Es acaso el enemigo, como lo es, por cierto, en San Pablo y en los evangelistas? ¿Podemos amar sólo nuestra inmortalidad? ¿Puede la soberanía ejercerse en renuncia a esas tres virtudes teologales, o es, si ese es el caso, ya no soberanía, cualquier cosa menos soberanía? La pregunta se hace más urgente políticamente cuando ya no es cuestión del no sujeto dentro del sujeto, de la parte dividida del sujeto interna al sujeto, sino que refiere al no sujeto como al otro: ¿Qué hacemos con los que permanecen infieles, desesperados, desamorados y despechados? ¿Los que, tras la victoria y catexis del acontecimiento de verdad, insisten en ser renegados, o rehúsan enterarse, conformando así la nueva clase subalterna, digna sólo de dominación, los que son expulsados del dominio porque viven y escogen vivir en la muerte y el pecado, los que permanecen en el lado equivocado de una biopolítica ahora universalizada? Me parece que sólo un cierto tipo de respuesta a estas preguntas puede disolver la noción schmittiana de que "todos los conceptos significativos de la moderna teoría del estado [que es también la moderna teoría de lo político] son conceptos teológicos secularizados." En otras palabras, lo que está en juego aquí es la posibilidad radical de una teoría des-teologizada de lo político.

Žižek ha hecho referencia a la "política de la sustracción" en Badiou, consistente con el momento extrahegemónico o emergente del lugar acontecimental del procedimiento de verdad. La política de la sustracción constituye para Badiou una modalidad particular de la "pasión de lo real" contemporánea: "La pasión de lo Real en el siglo veinte tiene dos lados: el de la purificación y el de la sustracción. En contraste con la purificación, que trabaja para aislar el corazón de lo Real mediante la violencia de un librarse de todo lo que lo rodea, la sustracción comienza por el Vacío, por la reducción . . . de todo contenido determinado, y entonces trata de establecer una diferencia mínima entre este Vacío y un elemento que funciona como su sustituto" (Žižek, "Politics" 3). Badiou recibe el apoyo de Žižek: la política de la sustracción es buena política lacaniana, y Žižek ya había llegado muy cerca de teorizarla explícitamente en cuanto tal en *The Fragile Absolute*, también en relación con el pensamiento paulino, como hemos visto. Si la purificación es el nombre de una política hegemónica de poder, por ejemplo, el norteamericanismo contemporáneo, la sustracción es el nombre de una política de la subalternidad, en la medida en que cifra la política insurreccional de la "parte de los que no tienen parte," del otro lado, o de la exclusión constitutiva de cualquier articulación hegemónica dada o de cualquier estado de la situación:

> La política propiamente dicha . . . siempre implica una especie de cortocircuito entre lo Universal y lo Particular: la paradoja de un *singulier universel*, de un singular que aparece como el sustituto del universal, desestabilizando el orden funcional 'natural' de la relación en el cuerpo social . . . la 'diferencia mínima' es la que hay entre el conjunto y este elemento de plusvalía que pertenece al conjunto pero que carece de toda propiedad diferencial que especificaría su lugar en el edificio: es precisamente la carencia de una diferencia específica (funcional) la que lo hace encarnación de la pura diferencia entre el sitio y sus elementos . . . lo no-social dentro del campo de lo social. (4)

Pero si una política de la sustracción es siempre necesariamente una política de la parte de la no parte, si puede desarrollarse como la insurrección subjetiva del no sujeto de lo político, en la medida en que hay historia, y en que el poder y la subjetivación política no permanecen siempre bajo el poder de un grupo, vendrá necesariamente un tiempo en el que cualquier política de sustracción dada habrá llegado a su fin, que es también su meta: el logro del poder, la recreación de la totalidad social. ¿Se convertirá entonces en una política de la purificación? "El problema es entonces: ¿cómo continuar la política de sustracción una vez que uno está en el poder? ¿Cómo evitar la posición del alma bella, metida en el papel eterno de la 'resistencia,' oponiéndose al poder sin querer efectivamente subvertirlo?" (Žižek, "Politics" 5). La política de la verdad en Badiou parecería estar en posición de responder decisivamente a esta pregunta, en tanto que la verdad es para él "el trabajo . . . de ejecutar una ley nueva en la situación," "una transformación forzosa de lo real" (6). Žižek cita la formulación que le da Bosteels a la posición de Badiou: "una intervención subjetiva . . . conecta fielmente todos los elementos posibles de la situación a este nombre que es la única traza del acontecimiento ya desvanecido, y subsiguientemente fuerza la situación extendida desde la nueva verdad, como si ésta fuera ciertamente ya generalmente aplicable" (Bosteels citado por Žižek, "Politics" 7). Esta es sin embargo la crítica de Žižek: "¿Se puede imaginar una aplicación más directa de la distinción kantiana entre principios constitutivos (categorías apriorísticas que constituyen directamente la realidad) e ideas regulativas, que sólo pueden aplicarse a la realidad bajo el modo del 'como si'? ... Cuando Badiou afirma lo 'innombrable' como el punto de resistencia de lo Real, el 'resto indivisible' que impide que la 'transformación forzosa' concluya su trabajo, esta aserción es estrictamente correlativa al modo del 'como si' del trabajo postacontecimental de forzar lo real: pero gracias a ese resto el trabajo de la verdad no puede nunca abandonar su modo condicional" (Žižek, "Politics" 7-8). Bajo el modo del 'como si' una política de la sustracción no tiene medios para evitar indistinguirse de procedimientos de purificación violenta. Y este es un problema que ni Badiou ni Žižek han encontrado forma de resolver.

La idea regulativa presupone la separación radical entre pensar y actuar, en la que la decisión viene una vez más a derivarse de la norma (y no es por tanto decisión sino programa). Con ello volvemos a la "extraña confusión panteísta" decimonónica en la identificación postdecisional de verdad y legalidad/legitimidad. Así se reinstala notoriamente el corazón metafísico o teológico de la política, y se reabre el pasaje al despotismo. Según Žižek, quien da en ello una posible orientación para su propia solución al problema, esto ocurre porque

> en el recuento de Badiou no hay lugar para el discurso del analista—su lugar queda ocupado por el discurso místico fijado en el acontecimiento innombrable, que resiste su elaboración discursiva como inauténtica ... Lo que Badiou impide es la posibilidad de tramar un discurso que tenga como principio estructurante al resto indivisible que eluda la captura discursiva, es decir, para Badiou, cuando nos enfrentamos a tal resto, deberíamos nombrarlo, transponerlo al discurso del amo, o mirarlo con reverencia mistificante ... Badiou es incapaz de expandir el encuentro con lo Real en discurso. (10)

Para Žižek el discurso del analista permanece enganchado en una confrontación con lo real. Porque toca lo real, y porque afirma la imposibilidad radical de no tocar lo real, no lo rinde en nueva consistencia, que sería ilusoria. De hecho, para el analista, la consistencia de toda nueva verdad, que es siempre últimamente ilusoria, es no más que una dimensión de lo real, lo cual significa: una dimensión con la que el sujeto de la decisión debe lidiar desde una perspectiva de antagonismo. Sin una reducción absoluta de lo simbólico no puede haber decisión y la coimplicación del pensar y el ser permanece suspendida en su separación mutua. Una política de la sustracción debe ser para Žižek precisamente una sustracción del corazón simbólico o teológico de lo político.

¿Se queda ahí Žižek? ¿Es su política de la diferencia mínima, que empezamos a entender como política de la diferencia mínima con Badiou, siempre suficientemente materialista y subalternista? ¿Se mueve Žižek hacia una desteologización radical? ¿Está ya ahí? ¿O descubrirá, "en el paraíso" que "para la insondable divinidad, él y Juan de Panonia (el ortodoxo y el hereje, el aborrecedor y el aborrecido, el acusador y la víctima) formaban una sola persona" (Borges 37)? Lo veremos en el capítulo siguiente.

Capítulo cuarto
Una relación de pensamiento. El fin de la subalternidad

> La filosofía tiene horror a las discusiones. Siempre tiene otra cosa que hacer. El debate le resulta insoportable, pero no porque esté demasiado segura de sí misma. Por el contrario, son sus incertidumbres las que la llevan por otros caminos más solitarios.
> (Deleuze y Guattari, *What is Philosophy?* 29)

> "No somos sino uno." Todo el mundo sabe, por supuesto, que dos nunca se han transformado en uno, pero sin embargo "no somos sino uno." La idea del amor empieza con eso. Es verdaderamente la manera más cruda de darle a la relación sexual, ese término que manifiestamente se nos escapa, su significado.
> (Lacan, *Feminine Sexuality* 47)

1. La relación hegemonía/subalternidad

En el año 2000 la editorial inglesa Verso publicaba un curioso libro, resultado de una larga conversación entre Judith Butler, Ernesto Laclau y Slavoj Žižek: en traducción, *Hegemonía, contingencia y universalidad. Diálogos contemporáneos en/sobre la izquierda*. El libro intenta establecer una relación de pensamiento entre sus interlocutores, o más bien, desarrolla una interlocución en la que lo que está por ver es precisamente si es posible establecer una relación de pensamiento. ¿Hay una relación de pensamiento? ¿Reflexionan todos en la estela o en la retirada de una común afirmación silenciosa que los elude tanto como los llama y los atrapa? ¿O estamos ante una serie de tres, una serialización del pensar que alternativamente encuentra y pierde intersecciones cuyo carácter aleatorio revela y desmiente al encuentro como lo que (no) es? La pregunta se hace obsesiva: cuanto menos se formula, más cautiva la lectura de *Hegemonía*. Pero hacerla no nos da resolución, dado que pregunta por un secreto, y el secreto es estructural, y nadie sabe cuál es. "Estructura de antemano *el terreno mismo* en el que la multitud de contenidos particulares lucha por la hegemonía"—lo estructura del mismo modo en que un vórtice estructura el movimiento del agua. "La pregunta es, también y sobre todo, qué secretos privilegios y exclusiones/inclusiones tuvieron que ocurrir para que este lugar vacío emerja como tal en primer lugar" (Žižek 320).[51] En realidad, no sólo para que emerja, sino también para que desaparezca en sí mismo. La pregunta—¿hay una relación de pensamiento?—desaparece por todo el libro hacia el lugar vacío que la hace posible.

El interés de *Hegemonía* no deriva exclusivamente de que en él cada uno de sus autores, tres pensadores de fuerte relevancia en el panorama de la filosofía política contemporánea, expongan recíprocamente su pensamiento a la crítica de los otros. Se trata sobre todo de que en esa confrontación mutua se clarifican las condiciones para un pensamiento de izquierda en el presente. Butler, Laclau y Žižek no son ya pensadores ni propiamente postestructuralistas ni propiamente marxistas, pero el postestructuralismo y el marxismo informan fundamentalmente su obra. Su argumentación, afilada en el diálogo, elimina falsas opciones y conduce la conversación hacia una nítida precipitación de resultados. Al final de la lectura la sensación de

---

[51] Dado que hay tres autores en el libro citaré de *Hegemonía* en este capítulo, cuando haya necesidad de clarificación, anotando el nombre del autor al que corresponda la cita antes del número de página. Todas las citas de Žižek, Laclau, Butler en este capítulo remiten a *Hegemonía*.

lucidez que el libro entrega queda sólo coartada por la niebla tenue del desacuerdo. Por otra parte, es el desacuerdo mismo lo que le permite al lector formular su propia relación con la relación de pensamiento que el libro traza. Butler, Laclau y Žižek no nos dan la *última* palabra en relación con las posibilidades de pensamiento crítico de y sobre lo político. Pero quizás ningún libro reciente se acerca tanto a la imminencia de una revelación. Y esa revelación, de poder llegar a producirse, sin duda afectará nuestro modo de presencia en relación con la vieja pregunta kantiana que abre los dos últimos siglos de reflexión filosófico-política: ¿qué es posible hacer, hoy y aquí?

El lugar vacío de la relación de pensamiento no es indiferente. Es el afuera constitutivo del pensamiento, lo real, que organiza tanto como desorganiza esta conversación particular. En términos lacanianos, al hablar sobre lo real, lo real se hace objeto *a*: lo real ha siempre de antemano entrado—y dejado—la conversación. No es por lo tanto una sorpresa que la pregunta por la relación de pensamiento haga su primera aparición, como el fantasma kantiano que menciona Žižek (235), en el cuestionario que abre el libro: allí, Butler, Laclau y Žižek hacen sus preguntas, ostensiblemente cada uno de ellos a los otros dos, *y son las mismas preguntas*. Lo cual, por cierto, no responde a la pregunta por la relación entre las preguntas. ¿Existe relación? Estas son las preguntas que cada uno de los interlocutores hace a los dos restantes:

> ¿Puede el recurso ahistórico a la barra lacaniana reconciliarse con la pregunta estratégica que postula la hegemonía, o se erige como limitación cuasi-trascendental de toda posible formación de sujeto y, por lo tanto, como indiferente a la política? (Butler 5)
>
> Existe el extendido sentimiento de que ni un historicismo radical ni un trascendentalismo pleno constituirían respuestas apropiadas, y se postula un tipo de respuesta que evita las trampas de los dos extremos—el cuasi-trascendentalismo. . . ¿Cuáles serían las precondiciones para un avance teórico en este terreno, y cuáles serían sus consecuencias para el análisis histórico? (Laclau 8-9)
>
> ¿Es el "sujeto" simplemente resultado del proceso de subjetivación, de interpelación, de asumir

performativamente alguna posición fija de sujeto? ¿O postula la noción lacaniana de "sujeto barrado" (y la noción del idealismo alemán del sujeto como negatividad en auto-relación) una alternativa a la metafísica identitario-sustancialista tradicional? (Žižek 9)

Mi hilo conductor particular a las respuestas será la relación entre hegemonía y subalternidad tal como está planteada—aceptando provisionalmente, como el libro propone, que la última sea el afuera constitutivo de la primera. Me interesa la estructuralidad o historicidad de tal relación, y también si puede entenderse bajo la noción de cuasi-trascendentalidad recíproca. Para lo último usaré la definición de Laclau: "Diría que la dimensión trascendental es inevitable, pero que la trascendentalidad, en el sentido pleno del término, es imposible (por eso podemos hablar de los cuasi-trascendentales). ¿Por qué tal imposibilidad? Porque la trascendentalidad plena requeriría, para empezar, una frontera demarcatoria nítida con respecto de lo empírico, que no puede darse. No hay objeto sin condiciones de posibilidad que lo trasciendan (y este es el horizonte trascendental inevitable)" (76). La relación hegemonía/subalternidad no sólo es objeto sostenido de la conversación entre Butler, Laclau y Žižek, sino que articula la relación hegemónica interna al libro, de modo que todas las demás preguntas que el libro elicita pueden ser leídas a través de ella. Si, en palabras de Žižek, "la noción de la constitución trascendental de la realidad implica la pérdida de todo acercamiento empirista directo e ingenuo a la realidad," también implica "la prohibición de la metafísica, esto es, de toda visión del mundo generalizante y suministradora de la estructura numérica de la totalidad del universo" (234). Y podemos añadir que también implica la prohibición del historicismo, si lo entendemos como la posibilidad de una resolución existencial a la aporía de la imposibilidad de la trascendentalidad plena: dado que no podemos ser trascendentales, ¡seamos lo opuesto! Pero entonces todo lo que conseguimos es cuasi-immanencia. Una traducción fácil: "el ser humano aspira compulsivamente hacia una noción global de la verdad, de la cognición universal y necesaria, pero al mismo tiempo tal cognición es para siempre inaccesible" (Žižek 235). Para Žižek, los fantasmas kantianos son "operaciones que se construyen para llenar esta fisura entre la necesidad y la imposibilidad que es constitutiva de la condición humana" (235). ¿Pero qué ocurre cuando el fantasma mismo está bloqueado, cuando no hay posibilidad de construcción, cuando la construcción misma queda prohibida porque no puede ya pensarse ni transcendental ni empíricamente?

Podemos entender las tres preguntas con las que Butler, Žižek y Laclau abren su diálogo como preguntas sobre el carácter espectral de la subalternidad. Su dificultad está mediada por una doble imposibilidad que atañe a la relación entre hegemonía y subalternidad. La pregunta previa a la pregunta sobre lo políticamente posible nunca es formulada de forma explícita pero resulta obsesiva en este libro: ¿es la subalternidad la condición misma de la subjetivación hegemónica? ¿O puede la subalternidad evacuarse, eliminarse de lo social sin resto alguno? También ella está sometida a una doble imposibilidad intratable. La doble imposibilidad es la siguiente: no hay respuesta lógicamente posible a tal pregunta; y no hay respuesta políticamente posible tampoco. En cuanto a la imposibilidad lógica, si respondiéramos "sí, es posible eliminar la subalternidad," tendríamos que basar la respuesta en la noción de que la subalternidad es un mero accidente histórico, en otras palabras, que no hay condición estructural o trascendental que impida su eliminación. Pero negar la trascendentalidad en esos términos es, necesariamente, asumir una posición trascendental. De tal modo que nuestra posición en relación con la historicidad radical de lo subalterno debe desaparecer para abrirle el camino a una plena des-trascendentalización de lo social. Y si contestamos "no, la subalternidad es una condición necesaria de lo histórico," el mismo razonamiento se aplica: nuestra posición tendría que desaparecer para darle a la historicidad sus derechos absolutos, puesto que de otra forma la noción de historicidad quedaría fisurada internamente por su postulada necesidad trascendental.

Y en cuanto a la imposibilidad de respuesta política: contestar afirmativamente significa optar por la parálisis política en la medida en que toda acción política busca alterar una relación hegemónica realmente existente; por lo tanto, busca la relativa subalternización de los detentadores de poder real. Así, una política que persiga la evacuación de la subalternidad de lo político y de lo social no tendría recurso a la acción política. Y responder que no también es tocar el límite de lo político, y abrazar su muerte, puesto que, una vez que se renuncia a la universalidad incondicional de la acción política, entonces la especificidad de lo político desaparece y la acción sólo puede ya entenderse como guerra por la sumisión del enemigo. ¿Carece entonces de respuesta la pregunta por el fin de la subalternidad? ¿Es una pregunta imposible? ¿Desaparece toda respuesta posible en el vórtice de la pregunta misma? Si la pregunta representa la estructuración misma de aquello a lo que este libro responde, si la pregunta es el intento mismo del libro por deshacer sus propios fantasmas, o de bloquear su emergencia, y solo puede ser contestada mediante una apertura al secreto, ¿cabe establecer una relación diferente con la pregunta, es decir, una relación con la pregunta que no pase por la exigencia de respuesta? Y: ¿hay una relación entre Butler, Laclau, y Žižek que concierna a esa relación de pensamiento alternativa? *Hegemonía* marca un diálogo a propósito de los límites del pensamiento político, lo que Žižek llama "las (im)posibilidades de la práctica y del pensamiento político radical hoy" (91).

¿Pero qué le da a la práctica política hoy una condición de posibilidad diferente a la que habría tenido en cualquier otro momento histórico? ¿Y qué es lo que hace que las condiciones de posibilidad de la práctica política hoy sean al mismo tiempo sus condiciones de imposibilidad? La respuesta común que este libro ofrece, en comunidad ambivalente y conflictiva, es que las condiciones para una plena emancipación de lo social, entendida como una plena reconciliación de la sociedad con su esencia, en los viejos términos hegelianos y marxistas, ya no son pensables. La emancipación plena se presenta por consiguiente para el pensamiento contemporáneo como simultáneamente imposible y necesaria. Si la "lógica de transparencia de la modernidad," en los términos de Laclau, fue capaz de deducir la posibilidad de la plena emancipación de lo social de su necesidad, la posmodernidad caída o nihilista pretendería hoy deducir "la negación de su necesidad de su imposibilidad misma" (74-75). Pero Butler, Laclau y Žižek, cada uno en sus términos, y en diálogo, buscan pensar la doble y simultánea determinación de necesidad e imposibilidad. La emancipación, en sus términos, es al mismo tiempo necesaria e imposible. Podríamos traducir esto al pensamiento de que no es posible el fin de la subalternidad, ni siquiera es posible pensarlo, y sin embargo no puede haber pensamiento ni práctica de la política emancipatoria sin afirmar que la ruptura de esa imposibilidad es el horizonte posibilitador mismo.

Cada uno de los interlocutores ofrece una conceptualización

maestra que en el fondo trata de dar cuenta de tres empresas: "1) entender la lógica según la cual cada una de las dos dimensiones [necesidad e imposibilidad] subvierte a la otra; 2) considerar la productividad política de esta subversión mutua . . . 3) trazar la genealogía de esta lógica indecidible, en la forma en la que *ya* estaba subvirtiendo los textos centrales de nuestra tradición política y filosófica" (Laclau 75). ¿Cómo se relacionan mutuamente esas conceptualizaciones maestras, y cuál es la productividad política de su subversión mutua? ¿Es la noción de Žižek de acto auténtico lo suficientemente similar a la noción laclauiana de decisión y a la noción de Butler de traducción cultural? No, en el sentido de que su identidad relativa queda interrumpida por el conflicto que impide su respuesta a la pregunta que se hacen mutuamente: la pregunta acerca del fin de la subalternidad, que es otra forma de hacer la pregunta sobre la reconciliación plena de lo social. Pero sí, porque ese conflicto mismo, la fisura o brecha constitutiva de su pensamiento, que su pensamiento tematiza, los hace capaces de articular su pensamiento en una cadena de equivalencias definida por su antagonismo con respecto de . . . otros pensamientos que ignoran el conflicto, que ignoran la aporía de necesidad e imposibilidad. El conflicto, en otras palabras, genera una necesidad de performatividad mutuamente traductiva. La pregunta común que los tres enfrentan, la cuestión de la subalternidad como resto indivisible de lo social, es el lugar cuasi-trascendental de su articulación, su *point de capiton,* o significante vacío. Inevitablemente, entonces, el libro se dobla a sí mismo, o queda internamente dividido, porque el suelo oculto que lo hace históricamente posible también es el secreto público de su imposibilidad. El libro está internamente bloqueado, pues no puede ofrecer una respuesta, más allá de la pregunta misma, a la pregunta que plantea.

Voy a dar varios pasos relacionados. El primero buscará ofrecer el concepto de "resto enigmático," que para mí cifra la noción de no sujeto de lo político, como ya quedó dicho, como anticipación de un vínculo factible entre decisión en Laclau, traducción cultural en Butler, y acto auténtico en Žižek. El segundo continuará la discusión emprendida antes sobre la noción de lo político en Schmitt como campo de la división entre amigo y enemigo a partir del no amigo como resto enigmático. Entraré entonces en el análisis de las máquinas conceptuales de Butler, Žižek y Laclau, que terminaré definiendo como máquinas que preparan respectivamente políticas del historicismo, de la historicidad y del estado de la historia. La última sección de este capítulo retoma los temas de la relación entre hegemonía y subalternidad, de la política no-filocéntrica, del resto enigmático, y del juego entre el concepto filosófico y el "plano de inmanencia" que lo inscribe.

2. Lo político como relación sin relación

Hegemonía no trata, sin embargo, meramente de un posible suplemento de amistad a lo que Lacan llamaría "la imposibilidad de establecer como tal, en cualquier lugar de lo enunciable, el Uno único que nos interesa, el Uno de la relación" que estoy llamando relación de pensamiento (Lacan, *Feminine* 7). La relación de pensamiento encontraría su límite en un libro que interroga los límites de lo político en y a través del discurso universitario. La deconstrucción está en juego en este libro, y no mínimamente en la confrontación misma entre discurso universitario y los límites de lo político. Pero, si la deconstrucción refiere al discurso universitario (aunque no solo a él), lo hace desde una paradójica negatividad: la deconstrucción apunta a la recuperación última del residuo afirmativo (o histérico) del discurso universitario en su relación con la verdad como des/ocultamiento. Si la deconstrucción aparece, precisamente en su confrontación con los límites de lo político y con lo político como límite, como fuerza de negación, la negación deconstructiva *restablece*, y restablece en el sentido nietzscheano de suspender el avance de la muerte ("lo viviente es sólo un tipo de lo que está muerto, y un tipo muy poco frecuente" [Nietzsche, *Gay Science* 168]). Si la muerte vela la vida, la deconstrucción vela la muerte. Y este velar es también un paradójico desvelar: en este velar desvelatorio de la operación negativa de la muerte, la negación deconstructiva de la negación de la muerte atiende al restablecimiento del resto enigmático. Entiendo ese resto como figura de un irreductible, o indeconstructible: aquello que, en toda contienda entre la vida y la muerte, se hurta a ambas; en otras palabras, aquello por lo que y en lo que se da toda contienda entre la vida y la muerte, así como toda contienda política. El resto enigmático es lo que hay en el cruce entre la vida y la muerte en la medida precisa en que vida y muerte no se cruzan. Es pura irreducibilidad: lo heterogéneo que resta (en) el lugar de toda contienda. Aquello que está, re-está, resiste, en cuanto pura posibilidad de que algo le ocurra, y algo ocurra: la potencialidad de que algo ocurra. Para adelantar una formulación: el resto enigmático es el plano de inmanencia de la cuasi-trascendentalidad.

En el campo de lo político la subalternidad despliega una tropología similar a la tropología deconstructiva en el discurso universitario. El resto enigmático es lo que la deconstrucción comparte con la subalternidad. La subalternidad está lejos de representar meramente el lugar de la exclusión en el par inclusión/exclusión investigado, por ejemplo, por Chantal Mouffe como parte de su teoría de la democracia radical: "Sólo entendiendo el doble movimiento de exclusión/inclusión que es parte constitutiva de la política democrática podremos lidiar con el reto que nos lanza hoy el proceso de globalización" (Mouffe, "Carl Schmitt" 52). La subalternidad, entendida radicalmente, es decir, en su fuerza o debilidad más extrema, no es lo excluido, sino que es más bien lo que resta (en) el lugar originario de inclusión/exclusión. La subalternidad es el resto enigmático de toda articulación política; es la condición de posibilidad para el lugar originario de toda inclusión/exclusión.

Hay una política de la deconstrucción y hay un pensamiento de la subalternidad, pero deconstrucción y subalternidad permanecen más allá de su instrumentalización como órdenes heterogéneos, no sólo en sí, puesto que en su límite marcan la heterogeneidad de sus respectivos campos de discurso, *son* la heterogeneidad constitutiva de sus campos de discurso, sino también respectivamente: la deconstrucción es la heterogeneidad en el corazón del discurso universitario, y la subalternidad es la heterogeneidad en el corazón de lo político, pero la subalternidad es también la heterogeneidad de la deconstrucción, y viceversa. Deconstrucción, pues, *y* subalternidad—su relación sólo puede concebirse en términos de suplemento: la deconstrucción opera como suplemento de la subalternidad, y la subalternidad opera como suplemento de la deconstrucción en la medida en que no puede decirse "deconstrucción *o* subalternidad." Deconstrucción y subalternidad son mutuamente irreducibles, y arrojan así un resto. Pensar la relación entre deconstrucción y subalternidad en términos de su resto—el no sujeto—es mi propósito en este libro.

Hegemonía nos permite comenzar a pensar el resto enigmático en la relación entre deconstrucción y subalternidad. Quiero formular el concepto de un pensamiento a la vez *no-filocéntrico, intraductivo y posthegemónico*. Tal pensamiento, meramente calificativo con respecto de la noción de resto enigmático, es a la vez deconstructivo y subalternista: es decir, su virtualidad conflictiva y polémica no podrá darse en la positividad de ninguna nueva propuesta de comunidad, ninguna nueva propuesta de mediación traductiva y ninguna nueva propuesta de articulación hegemónica o contrahegemónica. Debo referirme otra vez al texto clásico de Schmitt, *El concepto de lo político*, de 1932, puesto que creo que nos da el terreno histórico necesario, no para entender el secreto de *Hegemonía*, sino para entenderlo como secreto. El texto de Schmitt está jugado enteramente en la noción de que "el pensamiento político y el instinto político se prueban teórica y prácticamente en la capacidad de distinguir amigo y enemigo. Los puntos álgidos de lo político son simultáneamente los momentos en los que el enemigo es, en claridad concreta, reconocido como enemigo" (67). Como hemos visto, su conclusión apunta a una inversión de lo político en tiempos de globalización consumada, es decir, en tiempos de triunfo tendencial del liberalismo como último horizonte de lo político. Tal inversión es la siguiente: en el estado liberal el estado se ha hecho sociedad. La conversión del estado en sociedad es consecuencia directa del individualismo liberal y está sostenida en un rechazo de lo político en la medida en que lo político es una catexis de grupo—sostenida en la modernidad por el estado—a propósito de la decisión entre amigo y enemigo. En la modernidad el estado sostiene lo político en cuanto, en cada caso, resolución de la distinción amigo/enemigo. El liberalismo abandona lo político en favor de una noción de derecho privado basada en la "polaridad recurrente de dos esferas heterogéneas, a saber, la ética y la economía, el intelecto y el comercio, la educación y la propiedad" (70). En el triunfo final del liberalismo el estado cae como instancia regulativa suprema y es sustituido por una "concepción humanitaria de la humanidad" y por un "sistema económico-técnico de producción y tráfico" (72). El punto de vista político viene a quedar subyugado por la postulación de plena autonomía en las esferas de la moralidad (y por lo tanto del derecho) y de la economía. Y tanto la moralidad como la economía, convertidas en dominios autónomos, pierden su sujeción al estado y reclaman para sí el ámbito totalizante de lo social: la humanidad en su conjunto.

Ahora bien, dice Schmitt, "el concepto de humanidad excluye el concepto del enemigo, puesto que el enemigo no puede dejar de ser un ser humano—y así no hay diferenciación específica en ese concepto" (54); "la humanidad, de acuerdo con el derecho natural y las doctrinas individualistas-liberales, es un universal, es decir, un ideal social omniabarcador, un sistema [total] de relaciones entre individuos" (55). No hay por lo tanto enemigo humano—sólo podría haber, precisamente, enemigo in-humano, un enemigo que, por serlo, se sitúa, en virtud de su desplazamiento, fuera de la totalidad, es decir, fuera de la humanidad. Para Schmitt, como hemos visto, se abre así la posibilidad de una última guerra, una guerra total, entre la humanidad y su afuera, que ya no es cabalmente una guerra entre amigos y enemigos, sino más bien una guerra, *la* guerra, entre la totalidad humana y aquello que la amenaza. En la medida en que tal adversario es siempre necesariamente fantasmal, esta guerra es siempre de antemano irresoluble: una confrontación sin final, puesto que lo que se confronta es el final mismo. La guerra al final, la guerra a propósito del fin, es así también necesariamente la última guerra.

Esta es la inversión de lo político en Schmitt: en la autonomización contemporánea de lo económico lo político se desplaza a una última frontera, la constituida por la humanidad como sistema ético de relaciones. El desplazamiento de lo político a su última frontera parece aniquilar o suspender lo político: no hay, en un primer momento, enemigo alguno de la humanidad en cuanto tal, y así lo político es incapaz de encarnamiento en una instancia concreta de politicidad, que está siempre dada por la división amigo/enemigo. Pero, al hacerse lo político incapaz de encarnamiento, lo político no desaparece: al contrario, se espectraliza y se disuelve en el cuerpo social en cuanto pura instancia alterativa de la humanidad, o lugar de emergencia de lo in-humano. Lo político, en tiempos de globalización consumada, y siguiendo la lógica de Schmitt, es la instancia adversarial y singularmente atópica de una guerra neutra y monstruosa: monstruosa no por su modo de aparición, sino más bien porque su aparición nunca le es dada (no hay lugar, fuera de la totalidad), y neutra porque no encierra positividad ni negatividad alguna (en tanto ambos recursos son necesariamente relacionales, y no hay relación fuera de la totalidad). Lo político es hoy, tendencialmente, relación sin relación: es decir, la relación de lo que no tiene relación posible.

¿Cómo pensar, políticamente, lo político en cuanto relación sin relación? Para Schmitt lo político reside en la capacidad de "tratar, distinguir y comprender la antítesis entre amigo y enemigo independientemente de todas las otras antítesis." Pero la antítesis amigo/enemigo es todavía una relación, y no puede nunca entenderse, por definición, más que relacionalmente: "sólo los participantes reales pueden reconocer, entender, y juzgar correctamente la situación concreta y así resolver el caso extremo de conflicto" (27). Toda soberanía es relacional, en la medida en que la soberanía no es, para Schmitt, sino la capacidad de decisión para resolver, no de una vez por todas, sino precisamente en cada momento, el estatuto de la relación política misma. Merece la pena citar una vez más el texto de Schmitt para entender cómo su determinación de lo político viene a constituirse sobre la base de una paradójica noción de soberanía, a la que podríamos darle el nombre de soberanía sin soberanía:

> la guerra, la disponibilidad a morir de los combatientes, la muerte física de los seres humanos que están en el lado del enemigo—todo esto no tiene sentido normativo alguno, sino solo un sentido existencial, particularmente en una situación de combate real con un enemigo real. No existe propósito racional alguno, ninguna norma por muy verdadera que sea, ningún programa por ejemplar que sea, ningún ideal social por bello que sea, ninguna legitimación y ninguna legalidad que pueda justificar que los hombres se maten unos a otros . . . Si la destrucción física de la vida humana no está motivada por una amenaza existencial al modo de vida propio, entonces no puede ser justificada. (49)

La amenaza existencial es la única posible base para una soberanía que, en abierta contraposición a la soberanía del monarca hegeliano analizada por Jean-Luc Nancy, no puede postularse como absoluta precisamente porque es relacional; y sólo puede ser relacional precisamente porque no es absoluta.[52] Pero la soberanía sin soberanía

---

[52] Debo aprovechar mi mención del trabajo de Jean-Luc Nancy para indicar mi deuda con él en estas páginas, en particular su "Jurisdiction" y el trabajo

no nos da a pensar lo político como relación sin relación, sino al contrario: la soberanía así entendida es el principio mismo de lo político en tanto relación. La desautonomización de lo político en tiempos de globalización consumada debe ser entendida como un trastorno de la soberanía. Si la humanidad asume la condición de soberanía, entonces la soberanía deja de ser relacional y se convierte en absoluta. Es tal absolutización la que conmueve a lo político al retirarle toda posibilidad de inmanencia. Digamos que la decisión en lo político ha sido tomada de una vez por todas, y así que ya no hay decisión: o más bien, que la decisión, tomada absolutamente, aniquila el campo de lo político al privarlo de su posibilidad misma de constitución: el encarnamiento en un campo antitético concreto entre amigo y enemigo. Muere la relación entre amigo y enemigo, porque muere el enemigo de una vez por todas: en la humanidad constituida como único sujeto sólo hay amigos. Pero, si es así, también muere el amigo, puesto que la relación de amistad sólo se conforma como tal en vista de la amenaza existencial que presenta el enemigo. Para Schmitt sólo el enemigo, es decir, sólo la posibilidad de una relación de enemistad funda la relación de amistad. En la constitución de la humanidad como horizonte político, en la globalización consumada, muere el amigo porque no hay antagonismo que pueda entregar capacidad alguna de reconocimiento con respecto de la decisión política. La relación política entre seres humanos, con respecto de la humanidad como referente totalizante, es así una relación sin relación. Y marca, por lo tanto, no el fin de lo político, sino la mutación pospolítica de lo político hacia una región histórico-ontológica alternativa: la guerra hobbesiana de todos contra todos, ahora no como estado de naturaleza, sino como apoteosis de la autonomización antipolítica de lo cultural en sus polaridades económico-técnica y moralista-legal.

Si la concepción filocéntrica de lo político en Schmitt encuentra su límite aporético en el triunfo final del liberalismo que él despreciaba, si Schmitt no puede pensar el límite que él mismo detecta, quizá tenga razón Leo Strauss al advertirnos de que "la crítica del liberalismo en Schmitt ocurre en el horizonte del liberalismo; su tendencia iliberal está restringida por la todavía no superada sistemática del pensamiento

---

elaborado con Philippe Lacoue-Labarthe y Christopher Fynsk, *Retreating the Political*.

liberal" (Strauss, "Notes on Carl Schmitt" 107). Para completar la crítica de Schmitt, habría que ganar un horizonte, como pide Strauss, más allá del liberalismo o neoliberalismo. Y completar la crítica de Schmitt es poder restituir lo político como relación de la no relación en tiempos de globalización tendencial. Con respecto de la división entre amigo y enemigo, el resto enigmático ocupa el no lugar del no amigo—aquello que no entra en la relación de soberanía pero con respecto de lo cual toda relación de soberanía se hace posible. Con respecto de la división entre soberanía absoluta y soberanía relacional, y esa es la relación fundante del principio de hegemonía en la modernidad, el resto enigmático ocupa el no lugar de la subalternidad—es decir, aquello que sólo experimenta y sólo puede experimentar la articulación hegemónica como dominación, y que es por lo tanto impermeable a lo hegemónico. Pensar políticamente la relación de lo que no tiene relación es pensar deconstrucción *y* subalternidad como instancias mutuamente suplementarias. No es un pensar de la inclusión ni un pensar de la exclusión: no es un pensar que traduce, sino cabalmente un pensar del exceso intraducible; no es un pensar ni hegemónico ni contrahegemónico, sino más bien parahegemónico o posthegemónico, en la medida en que apunta a las modalidades de presencia/ausencia de todo aquello que la articulación hegemónica debe borrar para constituirse en cuanto tal; no es un pensar del amigo ni del enemigo, sino un pensar a-filocéntrico, indiferente a toda forma de comunidad, afirmativo de aquello que toda comunidad desmiente: pensamiento de la guerra neutra y oscura, capaz, quizá, de restituir eventualmente lo político al escenario de lo pensable—contra la política como mera administración de soberanía.

3. Historicismo, historicidad y estado de la historia

3.1 Žižek y la historicidad

¿Podemos determinar el Uno de la relación entre los tres autores? Žižek trata de provocar un cortocircuito en la respuesta al llamar a Butler y a Laclau "kantianos secretos" (111)—como si él mismo no lo fuera. Lo que quiere decir con ello es que la supuesta incapacidad de sus dos interlocutores para dar cuenta de la posibilidad de una estructuración alternativa de lo social—en otras palabras, para imaginar una revolución que pondría término a la subalternidad en el capitalismo, tras un plausible período de Terror necesariamente a su vez subalternizante—reduce su pensamiento a una versión de kantianismo en la que la imposibilidad de alcanzar la cosa en sí (la esfera nouménica o la plenitud de la sociedad postrevolucionaria) se convierte en "la condición positiva de la libertad" (318). Aquí está la crítica más incisiva de Žižek:

> la fantasía ideológica no es simplemente la fantasía de la imposible plenitud de la sociedad: no sólo es la sociedad imposible, esta imposibilidad misma se representa o positiviza distorsionadamente dentro de un campo ideológico—*ese* es el papel de la fantasía ideológica . . . Cuando esa misma *imposibilidad* es representada en un elemento positivo, la imposibilidad inherente queda transformada en obstáculo externo. "Ideología" es también el nombre de la garantía de que *la negatividad que impide que la sociedad logre su plenitud existe de hecho*, que tiene una existencia positiva disfrazada de gran Otro que maneja los hilos de la vida social . . . En suma, la operación básica de la ideología no es sólo el gesto deshistorizante de transformar un obstáculo empírico en condición eterna (las mujeres, los negros . . . están subordinados por naturaleza, etc.), sino también el gesto *opuesto* de transponer la clausura/imposibilidad a priori de un campo en obstáculo empírico. (100-02; ver también 112)

En términos de mi transcripción de sus preguntas originarias, Žižek sugiere que tanto Butler como Laclau transforman la reconocida imposibilidad de responder o afirmativa o negativamente a la pregunta por el fin de la subalternidad en una respuesta práctica pero surrepticia: "no," nos podemos imaginar que Žižek se imagina que dicen Butler y Laclau, "la subalternidad no puede eliminarse, pero considérenlo un secreto. Mientras tanto, podemos todavía ocuparnos del 'interminable proceso político de renegociar las inclusiones/ exclusiones de las nociones ideológicas universales dominantes' (106)," es decir, de la "interminable lucha por la hegemonía" (106). Para Žižek esta respuesta es siempre de antemano ideológica, puesto que oculta "la necesidad de distinguir más explícitamente entre contingencia y sustituibilidad *dentro de* un horizonte histórico concreto y la más fundamental exclusión o denegación que *fundamenta tal horizonte*" (108), y así "ofusca la historicidad concreta *en cuanto* cambio del mismo principio estructurante de lo social" (112)—esto es, ofusca la posibilidad de sustraerse a la estructura de capitalismo *en* democracia liberal, o viceversa, y de encontrar por lo tanto una nueva posibilidad de emancipación universal.

¿Responde entonces Žižek—sin responder—que sí a la pregunta sobre el posible fin de la subalternidad? Si lo hiciera, y aceptando como válida por un momento su crítica de Butler y Laclau, entonces podría emerger una relación de pensamiento: sería una relación basada en la "negación determinada" (272) respecto de la relación de hegemonía y subalternidad, puesto que Žižek negaría lo que los otros dos afirmarían espectralmente y viceversa. Y Žižek habría entonces establecido su no-kantianismo. Pero Žižek no hace tal cosa. La relación, si existe, debe buscarse en otra parte. Aunque Žižek acuse, surrepticiamente, a Butler y a Laclau de responder surrepticiamente que no a un posible fin de la subalternidad, él mismo no arriesga sin embargo una respuesta secretamente afirmativa. Su aparato performativo en este sentido es la noción lacaniana del acto analítico, "un gesto," dice Žižek, "que, por definición, toca la dimensión de algún real imposible" (121). Prediciblemente, "esta noción de acto debe concebirse contra el trasfondo de la distinción entre la mera tarea de 'resolver una variedad de problemas parciales' dentro de un campo dado y el gesto más radical de subvertir el principio estructurante del campo mismo" (121).

Postulemos entonces que el principio estructurante del campo histórico del presente sea, no simplemente el capitalismo o la democracia liberal, sino más bien la constelación particular de relaciones entre hegemonía y subalternidad dentro del capitalismo, o dentro del capitalismo en democracia liberal, como horizonte ideológico dominante. Para Žižek, "un acto auténtico no es simplemente externo respecto del campo simbólico hegemónico al que amenaza: un acto sólo es un acto *respecto de* algún campo simbólico, como intervención en él" (125). El acto políticamente auténtico es por lo tanto cualquier acto que afecte el campo mismo de configuración presente de la relación hegemonía/subalternidad, más bien que cualquier ejemplo particular inscrito en esto último. "Y un acto amenaza el campo simbólico en el que interviene no desde ninguna parte, sino precisamente *desde la perspectiva de esta imposibilidad inherente, de su piedra de escándalo, que es su principio estructurante oculto y denegado*" (125). El campo de intervención del acto auténtico (intervención "en" y "desde") es la relación hegemonía/subalternidad misma. Toda amenaza debe afectar a lo real de tal relación, esto es, al principio estructurante de su constitución recíproca. ¿Pero equivale la amenaza a la disolución? ¿Es tocar lo real deshacer lo real? ¿Es llegar al secreto revelar el secreto?

El contraste final que Žižek puede ofrecer entre su propia noción de acto político y la noción ideológica o inauténtica que les atribuye a Butler o Laclau es el siguiente: "Por contraste con este acto auténtico que interviene en el vacío constitutivo, punto de fallo—o lo que Alain Badiou ha llamado la 'torsión sintomal' de una constelación dada—, el acto inauténtico se autolegitima en referencia al punto de plenitud substancial de una constelación dada (en el terreno político: Raza, Verdadera Religión, Nación . . .): apunta precisamente a borrar las últimas trazas de la 'torsión sintomal' que desequilibra esa constelación" (125). La distinción que señala Žižek es una distinción entre acciones políticas que intentan reconstituir la hegemonía a través del cambio, es decir, que intentan restaurarle la salud hegemónica a lo social, por más que desde el punto de vista de una hegemonía dada esa restauración sea también contrahegemónica, en el sentido de que lo restaurado es simplemente la hegemonía, aunque no *la misma* hegemonía. Para una sociedad en crisis de hegemonía, la articulación de una hegemonía alternativa es todavía restauración hegemónica; y las acciones políticas cuya meta intencional sea terminar o deshacer lo que podríamos llamar el estado mismo de hegemonía no abandonan por ello su ofuscación hegemónica.

Pero terminar un estado de hegemonía dado no termina la subalternidad. Concediendo que hay una diferencia política sustantiva donde Žižek la coloca, y concediendo también que la mayor parte de las políticas hegemónicas (o contrahegemónicas) son políticas reformistas que sólo pueden aspirar a corregir los excesos de cualquier torsión sintomal dada, el acto auténtico en el sentido de Žižek todavía es y sólo puede ser un acto dentro de una política de la torsión sintomal, esto es, puede alterar o incluso amenazar la relación hegemonía/subalternidad, pero no la hará desaparecer necesariamente: no hará desaparecer la subalternidad. La importante distinción intrapolítica de Žižek entre una política propiamente hegemónica y una política revolucionaria de la subalternidad no deniega la posible contra-observación de Butler y de Laclau de que una política de la subalternidad todavía permanece dentro de la relación hegemonía/subalternidad y por lo tanto no abandona la afirmación silenciosa que marca las preguntas comunes de los tres interlocutores.

3.2. Butler y el historicismo

¿Cómo articula Butler su propia relación a la relación de pensamiento? Žižek acusa tanto a Butler como a Laclau de un kantianismo secreto. Aunque no recurra a la misma formulación, el reproche que le hace Butler a sus dos interlocutores es el mismo. Desde la sospecha de que la cuasi-trascendentalidad que los dos abrazan puede todavía ser demasiado trascendental, Butler se fija en dos torsiones sintomales de sus acercamientos teóricos, a saber, el problema de la clausura arbitraria y el problema del resto. A partir de ello, Butler ofrece su propia propuesta, que yo voy a leer como "performatividad traductiva." Como veremos, Butler, igual que Žižek, apoya una política subalternista explícita, pero está más centralmente absorta en una tematización de asuntos históricos, esto es, en el desmantelamiento crítico de instancias concretas de subalternización como el colonialismo o la opresión sexual. Su posición puede ser descrita como media (aunque no mediadora) en el eje relacional que estoy tratando de establecer.

La repetición de Butler contra Žižek y Laclau del mismo argumento que Žižek dirige contra Laclau y Butler toma la forma de un comentario, no acerca de la verdad de las determinaciones teóricas en juego, sino más bien acerca de su función ideológica. La crítica de Žižek refería a la transposición de la apertura estructural de la articulación hegemónica en "obstáculo empírico" a la transformación radical de la sociedad. Las observaciones de Butler refieren a la formulación conceptual que ofrecen Žižek y Laclau para nombrar la posibilidad misma de clausura conceptual (respectivamente, la noción lacaniana de *point de capiton* y la noción de significante vacío): "Como herramienta transponible de cualquier contexto a cualquier objeto, opera precisamente como fetiche teórico que deniega las condiciones de su misma emergencia" (Butler 27). "Lo que al principio aparecía como un campo desorganizado de ansiedad social queda transformado por una cierta operación performativa [esto es, la operación que nombra el *point de capiton* o el significante vacío) en un universo ordenado con una causa identificable" (27). Tal es el suelo común o "la común condición constitutiva" de todos los movimientos sociales. Pero, Butler pregunta,

> ¿desde qué perspectiva aparece ante la vista tal condición común, si aparece, y qué papel juega esa perspectiva en enmarcar y constituir el objeto interpretativo en cuestión? Esta pregunta se hace crucial, parece, cuando lo que se busca es determinar si una "falta" en el centro de todos los procesos identificatorios constituye la condición común— importantemente, una pérdida de fundamento—para todos los proyectos identitarios . . . o si el proceso interpretativo mediante el cual se les atribuye una "falta" a tales movimientos como su condición no-fundacional es *en sí misma* la condición común de su constitución. La pregunta misma revela una dimensión hermenéutica de la tarea de leer movimientos sociales que no puede . . . evitarse. La teoría que atribuye la falta al movimiento mismo se convierte en la condición de la falta atribuida, así que se hace necesario juzgar qué corresponde a la función performativa de la teoría y qué corresponde . . . al objeto mismo. (273)

La última es una tarea que, en la opinión de Butler, Žižek y Laclau, demasiado dependientes de un énfasis (cuasifetichista) en la cuasi-trascendentalidad, confrontarían insuficientemente. Y es, por lo tanto, precisamente a través de un entendimiento de lo trascendental no específicamente kantiano (pero aun así: no antikantiano, ni siquiera no-kantiano) que Butler justificará su propio acercamiento: "En la vena kantiana, 'trascendental' puede significar: la condición sin la cual nada puede presentarse. Pero también puede significar: las condiciones regulativas y constitutivas de la presentación de cualquier objeto dado. En el último sentido la condición no es externa al objeto que ocasiona, sino que es su condición constitutiva y el principio de su desarrollo y presentación. Lo trascendental ofrece así las condiciones criteriales que limitan la emergencia de lo tematizable" (147). El acercamiento de Butler al "resto," que emergerá como el problema de la subalternidad en cuanto tal, se da a través de una interpretación del pensamiento de Hegel sobre el terror. La explicación de Butler apunta a dilucidar la diferencia entre su propia teoría del sujeto y las de Laclau y Žižek: los dos últimos, de forma consistente con su versión de cuasi-trascendentalidad, sostendrían que "cada sujeto se constituye diferencialmente, y que lo que se produce como el 'afuera constitutivo' del sujeto no puede convertirse en plenamente interior o inmanente al sujeto" (12). A esto Butler prefiere lo que ella llama una teoría "más hegeliana" del sujeto "en la que todas las relaciones externas son—al menos idealmente—transformables en relaciones internas" (12). La "exclusión constitutiva" se convierte así para Butler en el problema central alrededor del cual su diferencia—y así su relación—con Žižek y Laclau podrá articularse. Es también, más fundamentalmente, el problema a partir del cual se hace posible para ella pensar la relación hegemonía/subalternidad. La teorización de Butler es particularmente importante por que ancla una dinámica política que se extiende al trabajo de un amplio número de influyentes pensadores de lo postcolonial—no sólo a los obvios Stuart Hall, Homi Bhabha, y Paul Gilroy, sino también a todos los pensadores de la transculturación y a todos los pensadores para quienes la hibridez no es simplemente una noción descriptiva sino que ofrece la posibilidad de un programa normativo. Debo dejar en suspenso el asunto de si la teoría de Butler es realmente hegeliana, como ella dice, o representa más bien una inflexión butleriana en el hegelianismo (como opinará Laclau). Sobre el "resto:"

> Lo universal puede ser lo universal sólo en la medida en que permanezca no contaminado por lo particular, concreto o individual. Así, requiere la desaparición constante y sin sentido del individuo, que es desplegada dramáticamente en el reino del Terror. Para Hegel esta universalidad abstracta no sólo requiere tal desaparición y efectúa esa negación, sino que es tan fundamentalmente dependiente de ella que sin la desaparición no sería nada. Sin la inmediatez de

la desaparición, podríamos decir, la universalidad misma desaparecería...

La trayectoria omni-comprensiva del término queda necesariamente desmantelada por la exclusión de particularidad sobre la que descansa. No hay forma de atraer la particularidad excluida a lo universal sin negar primero esa particularidad. Y esa negación sólo confirmaría una vez más que la universalidad no puede proceder sin destruir lo que promete incluir. Además, la asimilación de lo particular a lo universal deja su traza, un resto inasimilable, que hace a la universalidad un fantasma de sí misma. (23; 24)

Lo que se consigue aquí es una redescripción de la articulación hegemónica como universalidad en desaparición. Esto no es necesariamente un desacuerdo con Laclau sobre hegemonía, sino más bien un enriquecimiento potencial práctico (o político) de su teoría: supongamos como dado que la articulación hegemónica no puede nunca vencer su propia incompletitud y hacerse dominación total; sin embargo toda articulación hegemónica está estructurada hacia su totalización tendencial. El hecho de que la dominación permanezca inestable y más o menos de imposible culminación total dentro de la hegemonía, en otras palabras, no impide la autoproyección imaginaria de lo hegemónico hacia el lugar de la universalidad abstracta y sus efectos políticos subsiguientes. Ahora bien, cuanto más éxito tiene la autoproyección imaginaria de lo hegemónico, tanto más se le rompen las suturas: sus exclusiones constitutivas se hacen más visibles hasta que, finalmente, la hegemonía *es* ya no otra cosa que y siempre en cada caso sus exclusiones constitutivas ("la universalidad no es nada sin su desaparición, lo cual significa, en términos hegelianos, que *es* su desaparición misma" [23]). Para usar la reformulación heideggeriana del movimiento reflejado aquí: el nihilismo consumado es la condición de posibilidad de un comienzo otro en la historia del ser político. Por eso cuando hegemonía y soberanía vienen a darse como indiscernibles en la práctica, emerge como posible un pensar alternativo de la soberanía que ya no cualificaría como pensar hegemónico o pensar de la hegemonía. Depende, más bien, del otro lado de la hegemonía, y es un pensar de las exclusiones constitutivas de la soberanía en tanto que soberanía, o un pensar del resto enigmático, que es pensar el no sujeto de lo político. Esta es la entrada del pensamiento en posthegemonía.

Pero Butler no está preparada para ir tan lejos. Como Žižek, establece una distinción intrapolítica importante dentro del pensar de la hegemonía que tiene que ver con enfatizar la necesidad de pensar del lado de lo subalterno y contra las exclusiones constitutivas de las articulaciones hegemónicas dominantes. De la misma forma que Žižek proponía un aparato performativo para su deseo de "atravesar la fantasía" (124) capitalista bajo el nombre de acto auténtico, Butler también propondrá un aparato llamado "traducción cultural" ("si la noción hegeliana de universalidad va a probarse válida bajo condiciones de culturas híbridas y fronteras nacionales vacilantes, tendrá que convertirse en una universalidad forjada en el trabajo de la traducción cultural" [20]), pero para el cual (y usando un concepto ya bien asociado con Butler) quiero sugerir el nombre más propio de "performatividad traductiva." Antes de describirlo adelantaré una crítica: Butler rechaza toda consideración de cualquier posibilidad política que intente algo otro que "adjudicar y componer un movimiento de universalismos en competencia parcialmente encabalgados" (169). Su énfasis en la traducción encuentra un límite estructural en lo que vimos como imposibilidad lógica y política de responder a la pregunta por el fin de la subalternidad. Quiere abrir nuevas "posibilidades democráticas para los términos claves del liberalismo, haciéndolos más incluyentes, más dinámicos y más concretos" (14) y al mismo tiempo subvirtiendo las conceptualizaciones dominantes. Quiere "resaltar las no-convergencias discursivas de forma que puedan conocerse las violencias fundadoras de una episteme en las rupturas mismas de narratividad" (37). Y quiere "desplazar la legitimidad desde la supuesta autoridad hacia los mecanismos de su renovación" (141). Al formular su proyecto de esas maneras cierra del todo la puerta que ella mismo había abierto con su concepto de hegemonía consumada *como* y *en cuanto* exclusión constitutiva, y revierte a un intento más tenue de expandir los límites de las articulaciones dominantes a través de estrategias de inclusión. *A fortiori* esta crítica afecta también a todo el pensar transculturador y a todo el pensar de la hibridez. Se trata de un proyecto estructuralmente liberal-reformista.

Podemos ver ahora que la pregunta originaria de Butler a sus dos interlocutores—"¿puede el recurso ahistórico a la barra lacaniana reconciliarse con la pregunta estratégica que postula la hegemonía, o se erige como limitación cuasi-trascendental de toda posible formación de sujeto y, por lo tanto, como indiferente a la política?" (5)—no era después de todo una pregunta, sino más bien una afirmación disfrazada. "No," quería decir, "la pregunta estratégica, es decir, la aplicabilidad práctica de la teoría de la hegemonía, requiere una historización y absorción plena de la 'limitación trascendental'" (voy a llamar en lo que sigue a tal "limitación trascendental" "forclusión," usando un neologismo que repite el preciso término lacaniano). No hay ceguera en Butler, sino más bien un intento deliberado y autoconsciente de evitar caer en el tipo de pensamiento aporético que ella atribuye a Žižek y Laclau. Hay, dice Butler, urgencia política en moverse más allá de la comprensión de "estructuras metalépticas y aporéticas que afligen a toda performatividad en lo político" "hacia algo nuevo" (29). El énfasis en lo cuasi-trascendental y sus múltiples reversiones dialécticas debe quedar suspendido en la práctica para "producir algo otro que sus propias repeticiones estructuralmente idénticas" (29). La performatividad traductiva es un recurso a la acción práctica—una política intelectual que desplaza el énfasis hacia la "manera en que el mundo social es hecho—y emergen nuevas posibilidades sociales—a varios niveles de la acción social a través de una relación de colaboración con el poder" (14). Se hace posible, sin traición y sin autotraición, precisamente en la delimitación de un concepto alternativo de la cuasi-trascendentalidad, basado en la interpretación que Butler hace de Hegel en el sentido de un panlogicismo modificado. Si el panlogicismo es el intento de Hegel de conseguir una filosofía sin presuposiciones, entonces el panlogicismo internaliza la barra trascendental y así "forcluye" la forclusión misma. Para Butler como intérprete de Hegel, la forclusión no es ya la condición de posibilidad del sujeto en cuanto tal, sino más bien la condición de posibilidad de cualquier sujeto históricamente dado. Desmantelar la forclusión histórica, y así no la trascendental en el sentido de Laclau y Žižek, ya no reconocida en cuanto tal—y ese es finalmente el proyecto de la performatividad traductiva, y quizás de toda la corriente pragmática en el pensamiento poscolonial y en estudios culturales, del que Butler ha optado sin duda por hacerse representante teórica—, es la tarea de una política radical de traducción cultural cuyo fin, de forma distinta al fin estatalizante del panlogicismo pleno hegeliano, debe mantenerse abierto (y así sin final) hacia "la promesa futural de universalidad, su estatus como un rasgo ilimitable e incondicional de toda articulación política" (32).

Si lo trascendental es, simplemente, aquello que "ofrece las condiciones criteriales que limitan la emergencia de lo tematizable," entonces no hay final para la plena historización de la forclusión. Dado que la forclusión es plenamente histórica debe entenderse en cada caso como la totalización de una perspectiva cultural dominante como patrón de medida. El imperialismo es precisamente ese movimiento hacia la negación de la traducción, o más bien: la reducción de la traducción a traducción *a* lo dominante. Pero el imperialismo es meramente la hipótesis de la hegemonía en dominación: "Dado que la pureza cultural es deshecha de antemano por una contaminación que no puede evitar, ¿cómo puede esta impureza movilizarse hacia propósitos políticos para producir una política explícita de impureza cultural?" (276). El proyecto de Butler es el de una política de la resistencia (infinita, y así para Butler no hay respuesta con respecto de la pregunta por el fin de la subalternidad) contra el intento de traducir hegemonía a dominación cuyo efecto positivo es el de una expansión abierta de las condiciones de articulación hegemónica. Pero, si ese es el caso, no puede llegar a producir otra cosa que sus "propias repeticiones estructuralmente idénticas," lo cual significa en el fondo: no puede llegar a producir más que más de lo mismo. La impureza cultural puede sólo hacer performance de la pureza cultural—y ese parece ser, después de todo, su fin panlógico. Butler comparte el paradójico panlogicismo de la descolonización infinita.

Butler no contesta sino que difiere la pregunta intratable teórica y políticamente del fin de la subalternidad hacia una "dimensión futura" de la política democrática, esto es, a la composición necesaria pero imposible (y así, futura) de una nueva universalidad en el duro trabajo de la traducción anti-imperialista. A mí no me parece, como sí le parece a Žižek, que el abandono de la dimensión revolucionaria de lo político sea una consecuencia necesaria de la teoría de la hegemonía tal como la formula Laclau y tal como Butler la ajusta a su tarea. Pero, antes de examinar la posición de Laclau y llevar ese tema un poco más adelante, quiero volver a lo que llamé antes el término de la hegemonía en el pensamiento de Žižek y compararlo con el tipo de política subalternista promovida por Butler.

Por mi parte localizaría el desacuerdo político radical entre Žižek y Butler dentro de la dimensión de lo imposible—pues para lo imposible, entendido no descriptivamente, sino normativamente, como categoría constitutiva de su pensamiento, ambos proponen diferentes énfasis. La imposibilidad en Butler refiere primariamente a la incompletitud estructural de lo social—que lo social no puede cerrarse sobre sí mismo, que la hegemonía no puede devenir dominación plena, que la universalidad es siempre de antemano universalidad en desaparición. La imposibilidad es, entonces, condición positiva de la libertad, y la imposibilidad de lo social es precisamente la posibilidad de la emergencia de lo subalterno en política: "Los que idealmente deberían estar implicados en cualquier operación de lo universal se encuentran no sólo fuera de sus términos sino como el mismo afuera sin el cual lo universal no podría formularse, viviendo como la traza, el resto espectral que no encuentra casa en la marcha adelante de lo universal . . . Emerge otra universalidad del lugar que sólo bordea la legibilidad política: el sujeto al que no se le ha dado la prerrogativa de ser sujeto, cuyo *modus vivendi* es una catacresis impuesta" (179).

La noción de lo imposible en Žižek, sin embargo, refiere primariamente a su noción de acto auténtico. Para Žižek, nada *es* imposible excepto dentro de un universo simbólico dado. Por lo tanto, "un acto no ocurre simplemente *dentro* del horizonte dado de lo que aparenta ser posible sino que redefine los contornos mismos de lo que es posible (un acto consuma lo que, dentro del universo simbólico dado, aparenta ser imposible, y al hacerlo así cambia sus condiciones de modo que crea retrospectivamente las condiciones de su propia posibilidad" (121). Si la principal tarea teórica para Butler es dar cuenta de la posibilidad de la emergencia de lo subalterno hacia la legibilidad política, para Žižek "la principal tarea teórica es," precisamente, "no sólo desenmascarar el contenido particular de las inclusiones/exclusiones implicado en el juego, sino dar cuenta de la emergencia enigmática del espacio mismo de universalidad" (104). El espacio de universalidad es para Butler, como vimos, el espacio futural siempre diferido e imposible de la democracia. Para Žižek, en contraste, la universalidad "real" sólo puede pensarse como grado pleno de la ideología. La universalidad real es

> lo que Lévi-Strauss ingeniosamente llama "institución-cero," una especie de contraparte institucional del

famoso *mana*, el significante vacío sin significado determinado dado que significa sólo la presencia del significado en cuanto tal, por oposición a su ausencia: una institución específica que no tiene función determinada específica—su única función es la puramente negativa de señalizar la presencia y realidad de las instituciones sociales en cuanto tales, por oposición a su ausencia, al caos presocial. La referencia a tal institución-cero permite a todos los miembros de la tribu experimentarse como tales, como miembros de la misma tribu. ¿No es entonces esta institución-cero la ideología en lo más puro, la encarnación directa de la función ideológica de proveer un espacio neutro y omnicomprensivo en el que el antagonismo social quede obliterado, en el que todos los miembros de la sociedad puedan reconocerse a sí mismos? ¿No es la lucha por la *hegemonía* precisamente la lucha a propósito de cómo debe sobredeterminarse tal institución-cero, cómo debe colorearse bajo tal o cual significación particular? (113)

La focalización del acto político como acto de interrupción *de* la hegemonía más bien que como interrupción *dentro* de la hegemonía abre para Žižek la posibilidad revolucionaria. Su "imposibilidad" es así su único medio de acceder a lo real: "el único prospecto 'realista' es fundamentar una nueva universalidad política al optar por lo *imposible*, asumiendo plenamente el lugar de la excepción, sin tabúes, sin normas *a priori* ('derechos humanos,' 'democracia'), puesto que el respeto por ellas nos impediría 'resignificar' el terror, el ejercicio implacable del poder, el espíritu de sacrificio" (326).

Lo subalterno es, en cierta medida, interno a lo hegemónico—no hay externalidad plena. Pero postular la posible plena internalidad de lo subalterno a la articulación hegemónica, que es lo que debe hacer Butler para asentar su posición respecto de la historización plena de la forclusión, significa que toda lógica revolucionaria de equivalencia, que depende para su constitución de la emergencia de un antagonismo radical, debería descartarse tendencialmente en la medida en que el espacio social se hace más inclusivo. El argumento de Žižek es que la plena internalidad no puede en ningún modo postularse, no sólo porque hacerlo atenta contra la posibilidad misma de una política revolucionaria, sino porque se trata de un error conceptual—la imagen especular de la postulación de plena externalidad, que implica una trascendentalización absoluta de lo social: "Si lo Real fuese a ser directamente externo a lo Simbólico, entonces la sociedad definitivamente *existiría*: para que algo exista, tiene que estar definido por su límite externo, y lo Real hubiera servido como tal externalidad garante de la consistencia interna de la sociedad" (121). La plena inmanentización de lo social es un error conceptual porque lleva al nihilismo político y lógico de afirmar la posibilidad de una estasis de lo social sin presupuestos: la apertura futural de la universalidad se habría ahora transformado en la clausura de la totalización consumada. Esta es la crítica radical, que personalmente comparto, de Žižek a Butler y a toda política de la identidad, de la hibridez y de la inclusión infinita.

Para Žižek, dado que el "resto" no es, como lo es para Butler, ni un ser excluido que aguarda subjetivación ni un ser internamente subordinado que no tiene acceso por lo mismo a una posición dominante de sujeto, sino más bien la *extimidad* de la que depende toda subjetivación; dado que el sujeto no es el *resultado* de la interpelación social sino más bien la consecuencia del fallo liminar de la interpelación; y dado que la forclusión no puede historizarse plenamente puesto que es el "punto inherente de fallo" o la fisura de toda historización—por todas esas razones, que son una y la misma, la *historicidad* se abre, y se hace posible anunciar la tarea propiamente política de distinguir "entre contingencia/substituibilidad *dentro* de un cierto horizonte histórico y la exclusión/forclusión más fundamental que le *da suelo* a tal horizonte" (108). "El *historicismo* [que es para Žižek la posición de Butler] se ocupa del infinito juego de sustituciones dentro del mismo campo fundamental de (im)posibilidad, mientras que la *historicidad* propiamente dicha hace temáticos los diferentes principios estructurales de esa misma (im)posibilidad" (112). Žižek pide para sí mismo una política intelectual de historicidad y al mismo tiempo implica que Butler no puede ir más allá de una política historicista. ¿Y Laclau? ¿Puede Laclau adjudicar o mediar estas dos formas en competencia de lo político? ¿Puede establecer una relación entre Butler y Žižek, que sería también en consecuencia una relación entre los tres?

3.3 Laclau y el estado de la historia

La pregunta originaria de Žižek viene a ser, como la de Butler, no una pregunta a los otros dos, sino más bien una afirmación disfrazada. La pregunta era: "¿Es el 'sujeto' simplemente resultado del proceso de subjetivación, de interpelación, de asumir performativamente alguna posición fija de sujeto? ¿O postula la noción lacaniana de 'sujeto barrado' (y la noción del idealismo alemán del sujeto como negatividad en auto-relación) una alternativa a la metafísica identitario-sustancialista tradicional?" Tanto Butler como Žižek enmarcan su contribución al diálogo en términos de una repetición o afirmación renovada de sus posiciones teóricas respectivas. Pero Laclau promete hacer otra cosa. Su pregunta es: "Existe el extendido sentimiento de que ni un historicismo radical ni un trascendentalismo pleno constituirían respuestas apropiadas, y se postula un tipo de respuesta que evita las trampas de los dos extremos—el cuasi-trascendentalismo . . . ¿Cuáles serían las precondiciones para un avance teórico en ese terreno, y cuáles serían sus consecuencias para el análisis histórico?"

Lo que Laclau llama el "giro 'hegemónico' en la política emancipatoria" (47) supone una suspensión infinita o indeterminada de la pregunta misma acerca del fin de la subalternidad. Si, para Hegel y Marx, la emancipación verdadera implicaba una plena reconciliación de la sociedad consigo misma, esto es, precisamente el final de la subordinación política, el descubrimiento del vínculo hegemónico en Laclau, en la estela del trabajo de Antonio Gramsci, a quien en el fondo subvierte, representa un reto para los dos pensadores alemanes. Para Hegel y Marx, el fin de la subalternidad es la consecuencia de la plena universalización de la sociedad—la reconciliación de la sociedad consigo misma, sin resto. Pero, dice Laclau, la universalización plena es imposible, puesto que la "universalidad sólo existe encarnada en—y subvirtiendo—alguna particularidad" (56). Esto implica que la universalización sólo puede ser consecuencia de que algún segmento particular de la sociedad venga a asumir poder de dominación general. Y la dominación implica necesariamente subordinación política y así subalternización.

Parecería entonces que Laclau realmente produce una respuesta a la pregunta por el fin de la subalternidad: para Laclau, la subalternidad no tendría fin, se produciría como infinitamente renovable. Pero no es exactamente así. La pregunta queda suspendida precisamente porque, dado que la universalización no puede llegar a su propia clausura, "la subordinación política . . . puede conseguirse sólo a través de procesos [incompletos] de universalización que hacen toda dominación inestable" (47). Dado que la dominación es inestable, la particularidad subalterna puede siempre establecer su reivindicación. Y, de la misma manera que la universalidad existe sólo encarnada en particularidad, "al revés, ninguna particularidad puede hacerse política sin convertirse por lo mismo en una fuente de efectos universalizantes" (56). Como la universalización de las relaciones de representación es siempre una potencialidad de lo subalterno, la pregunta por el fin de la subalternidad se hace incontestable en sentido negativo en la misma medida en que no puede responderse afirmativamente a la pregunta por el fin de la hegemonía misma: no puede negarse la posibilidad de un fin de la subalternidad en la precisa medida en que no puede afirmarse una constitución final del mando hegemónico.

Puede hablarse de un relativo "avance teórico" en este terreno porque el asunto tiene dimensiones ontológicas que tienen que ver con el panlogicismo, esto es, con la crítica de la posibilidad de una filosofía sin presupuestos que Hegel articuló en su noción de dialéctica. La dialéctica hegeliana piensa ser capaz de dar cuenta de la "totalidad de las distinciones ontológicas que la tradición filosófica había discernido en lo real" (61). Y por supuesto hay un paralelo entre la postulación política de una plena universalización de lo social y la postulación filosófica de una plena racionalización de lo real. La crítica que Laclau hace de Hegel es la siguiente: "Si la Razón, por un lado, ha hegemonizado el reino entero de la diferencia, este último, por otro lado, no puede evitar contaminar a la Razón" (62). La diferencia contamina a la Razón al destruir la *necesidad* de la transición dialéctica. El resto diferencial, el hecho de que la Razón no puede mostrar que agote la diferencia, comparable al hecho de que la dominación no puede ser total para ser en absoluto, desorganiza la necesidad dialéctica y la convierte en contingencia. De ahí, "tenemos que concluir que la lógica dialéctica es el terreno de una retórica generalizada" (63). Retórica es aquí la palabra código no sólo para la fisura estructurante que el panlogicismo niega, sino también para la operación de encubrimiento que despliega. Es, en ese sentido, la respuesta de Laclau al reproche por parte de Butler y de Žižek de enmascaramiento ideológico. Cuando Žižek y Butler le dicen a Laclau que su gesto político más eminente es ideológico puesto que transpone "la clausura/imposibilidad a priori de un campo en obstáculo empírico," Laclau responde que sólo la retórica, *en cuanto* ideología, permite darle un rodeo a una imposibilidad lógica para anunciarla como una condición de la política verdaderamente emancipatoria.

¿Dónde está entonces la positividad ontológica que Laclau ve en el vencimiento de la dialéctica y cómo se traduce en un avance teórico en el terreno de una determinación de lo político? Sin sorpresa la respuesta de Laclau tiene que ver con una inversión conceptual que traspone el afecto racionalista o panlógico (central para Butler y residual para Žižek, o quizás al revés), implicado en la percepción del sujeto hegemónico o barrado, y lo convierte en un límite a la plena historicidad:

> ¿Es [la barra en el sujeto, o: el vínculo hegemónico en la política] una barra cuya función consiste en mostrar la última imposibilidad de la plena representación, un límite en lo que puede representarse, o, más bien, expande la relación de representación (como representación fallida, por supuesto) más allá de todo límite? Si este fuera el caso, le abriría el camino a un historicismo más radical que cualquier historicismo anclable o en un sistema de categorías trascendentales positivas o en una apelación a lo "concreto" que viva en la ignorancia de sus propias condiciones de posibilidad . . . La no-trasparencia del representante a lo representado, la autonomía irreducible del significante con respecto del significado, es la condición de una hegemonía que estructura lo social desde su mismo suelo y no la expresión epifenoménica de un significado trascendental que sometería el significante a sus propios movimientos predeterminados. (65-66)

Hay una curiosa vacilación en el texto de Laclau sobre la cuestión del historicismo. Si en la página 58 declara: "pienso que el historicismo radical es una empresa que se destruye a sí misma," unas páginas más tarde leeremos que la conversación "entre la teoría lacaniana y el acercamiento a la política basado en la hegemonía" que el mismo Laclau suscribe "abre el camino a una serie de sustituciones indefinidas que son el suelo mismo de un historicismo radical" (71). El historicismo radical aparece en esta última página, en el medio de una consideración de las contribuciones a la ontología de la teoría de la hegemonía, como capaz de incorporar la posibilidad de un vencimiento de todos los acercamientos racionalistas, panlógicos y metafísicos a lo político. ¿Es Laclau entonces un historicista radical o no? Para Butler, no es lo suficientemente radical; para Žižek, es demasiado radical; y el mismo Laclau parece inseguro al respecto. Pero la pregunta parecería decisiva puesto que podría en última instancia cifrar las diferencias entre los tres interlocutores y así también establecer su relación. Vimos que Žižek reivindicaba para sí mismo una política intelectual de historicidad cuya meta era hacer temáticos los "diferentes principios estructurales" de lo político mientras que interpretaba los pensamientos de Butler y Laclau en la dirección de una política del historicismo cuya función última es negociar "el juego infinito de sustituciones" dentro de lo político. Ahora bien, las "sustituciones indefinidas" son para Laclau también la marca de un historicismo radical, que él le niega a Butler, puesto que esta última, según Laclau, vacila de forma poco plausible entre "un sistema de categorías trascendentales positivas o . . . una apelación a un 'concreto' que vive en la ignorancia de sus propias condiciones de posibilidad," puesto que insiste en considerar el sujeto barrado (o el vínculo hegemónico) como "una limitación cuasi-trascendental a toda posible formación de sujeto" (65). Para Butler, por supuesto, es Laclau el que nunca va lo suficientemente lejos en el juego de las sustituciones sin final.

    Para salir de tal *impasse* propongo considerar la performatividad traductiva de Butler una llamada hacia una política de historicismo radical dentro de los términos en que se plantea tal cuestión en *Hegemonía*; considerar la noción de Žižek de acto auténtico una apertura hacia una política de la historicidad; y tomar prestada de Giorgio Agamben la noción de "estado de la historia" para describir la política laclauiana. Para Agamben "Kafka . . . reemplaza la idea de una historia que se desplaza infinitamente a lo largo de un tiempo vacío y lineal (y esta es la historia que compele al *angelus novus* [benjaminiano] a su carreta imparable) con la imagen paradójica de un *estado de la historia* en el que el acontecimiento fundamental de la condición humana está perpetuamente tomando lugar; el continuum del tiempo lineal es interrumpido, pero no crea una apertura más allá de sí mismo. La meta es inaccesible no porque queda demasiado lejos en el futuro sino porque está presente aquí, delante de nosotros; pero su presencia es constitutiva de la historicidad del hombre, de su perenne demorarse en un sendero inexistente, y de su incapacidad de apropiarse de su propia situación histórica" (Agamben, *Man Without Contents* 113).

Si la traducción cultural es la máquina conceptual de Butler, y el acto auténtico la de Žižek, ¿qué concepto de acción política traza los contornos de la política del estado de la historia en Laclau? No será ya notable apuntar que, en el momento en que Laclau se prepara a ofrecer su avance teórico en relación con la cuasi-trascendentalidad, rechaza una de las críticas de Žižek sobre la base de que "está basada en una división estricta entre lo descriptivo y lo normativo que es en última instancia derivable de la separación kantiana entre Razón pura y práctica" (80). La crítica kantiana de Žižek es que nada en la teoría de la hegemonía, en su sentido descriptivo, determina necesariamente una inversión normativa en política emancipatoria. La respuesta completa de Laclau es su concepto de la decisión política, que no sólo fundamenta su concepto de política de un estado de la historia, sino que también ofrece una refutación a la observación de Žižek de que sólo una política de la historicidad puede dar cuenta del cambio social revolucionario, y de hecho convertirse en su marco normativo.

La acción política es para Laclau necesariamente tropológica ("en la medida en que el desplazamiento no está gobernado por ninguna lógica de la necesidad dictada por lo desplazado") y catacréstico ("en la medida en que las entidades constituidas en los desplazamientos no tienen significado literal alguno fuera de los desplazamientos mismos de los que emergen") (78). A través de la acción política el sujeto político emerge como "la distancia entre la indecibilidad de la estructura y la decisión" (79). Y la decisión es siempre de antemano ética: esa distancia incommensurable entre estructura y decisión convierte la acción política en "un momento de *inversión* que no está dictada por la naturaleza de su objeto y que, como resultado, redefine los términos de la relación entre lo que es y lo que debería ser (entre la ontología y la ética): la ontología está atravesada absolutamente de ética, en la medida en que toda descripción depende de la presencia (en su ausencia misma) de una plenitud que, siendo la condición de toda descripción, hace toda *pura* descripción completamente imposible" (81).

Una acción política decisiva es así la subversión tropológica del orden simbólico. Para que esta definición funcione, deben aceptarse dos consideraciones adicionales: "Primero, sólo aquel aspecto de una decisión que no esté predeterminado por un marco normativo existente es, propiamente hablando, ética. Segundo, ningún orden normativo es otra cosa que la forma sedimentada de un acontecimiento ético inicial" (82). De ahí la siguiente definición de hegemonía: "El sujeto que toma la decisión es sólo *parcialmente* un sujeto: es también un trasfondo de prácticas sedimentadas que organiza un marco normativo que opera como limitación en el horizonte de opciones. Pero si este trasfondo persiste en la contaminación del momento de la decisión, diría también que la decisión persiste en la subversión del trasfondo. Esto significa que la construcción de un trasfondo normativo comunitario (que es una operación política y de ningún modo meramente ética) toma lugar en la limitación de lo ético por lo normativo y en la subversión de lo normativo por lo ético" (83). Si la decisión estuviera plenamente predeterminada por un marco normativo, no sólo no sería una decisión, sino que no merecería el adjetivo "política." Al revés, si la decisión no estuviera limitada por la sedimentación normativa de una sociedad dada, tendría que autoentenderse como autopoiesis total—por lo tanto, como un decisionismo, adjudicable a esos "Licurgos del orden social" que ignoran el hecho de que "el marco normativo de una sociedad dada . . . puede experimentar profundas dislocaciones que requieran recomposiciones drásticas pero nunca desaparece hasta el punto de requerir un acto de fundación *total*" (82). La política revolucionaria es posible para Laclau, y por extensión para Butler, precisamente cuando las "dislocaciones profundas" de una formación hegemónica dada requieran su "recomposición drástica." No son, sin embargo, el resultado de un *fiat* decisionista, sino más bien el resultado de la interacción entre la decisión ética, que siempre reivindica para sí la plenitud imposible y necesaria de lo social, y el estado de una historia, esto es, el estado dado de una formación social sedimentada. Sin embargo, una vez establecido que nada en la teoría de la hegemonía de Laclau impide la posibilidad de que haya o llegue a haber cambio revolucionario, ¿qué hacer con la objeción de Žižek (y, también, de Butler) de que, incluso si Laclau puede mostrar que el acto ético es una parte esencial de su entendimiento de lo político, no puede mostrar la necesidad de que esa ética se mueva en la dirección de la emancipación colectiva?

Para una política del estado de la historia, las decisiones son ni más ni menos que "desplazamientos contingentes dentro de órdenes comunitarios contextuales" que "pueden mostrar su verosimilitud a gente que vive dentro de esos órdenes, pero no a alguien concebido como una mente pura fuera de *cualquier* orden" (85). O, como Agamben lo pone, "dado que la meta ya está presente y así no hay sendero que pueda llevar a ella, sólo la terquedad perennemente retrasada de un mensajero cuyo mensaje no es sino la tarea de transmisión puede devolverle al hombre, que ha perdido su capacidad de apropiarse de su espacio histórico, el espacio concreto de su acción y su conocimiento" (Agamben, *Man* 114). El pensamiento de Laclau proporciona tal espacio—mejor que el de sus interlocutores. Pero, aunque es cierto que la performatividad de la traducción en Butler es compatible y quizás ventajosamente entendida dentro de la noción de Laclau de la decisión política, y aunque es igualmente cierto que la noción de Žižek de acto auténtico puede leerse en los términos de desplazamiento catacréstico y subversión del orden simbólico que propone Butler, también es cierto que nada en el avance teórico de Laclau hacia una ontología de lo político parece pedir o lograr un compromiso normativo con la subalternidad de la misma manera en que lo hacen los conceptos maestros de Žižek o Butler.

Laclau no tiene acceso—excepto un acceso improvisado y estrictamente político—a las distinciones intrapolíticas que pueden establecer teóricamente Žižek y Butler. Para Žižek, el acto auténtico permite la distinción entre una interrupción *de* la hegemonía y una interrupción *dentro de* la hegemonía, mientras que Laclau no puede acceder a un concepto de interrupción *de* la hegemonía, puesto que para él la hegemonía es la condición absoluta de lo político. Para Butler, la traducción cultural se constituye en la distinción entre las exclusiones constitutivas de las articulaciones hegemónicas dominantes y las articulaciones hegemónicas mismas. Pero la decisión de Laclau, aunque por definición accesible a cualquier agente hegemónico, permanece barrada para aquellos que por definición están excluidos del acceso al marco normativo que fue constituido como tal mediante una decisión ética inicial.

La negativa de Laclau a pensar más allá de la cuasi-trascendentalidad hegemónica y hacia el plano de immanencia que lo constituye, su resto enigmático, o la subalternidad en sí misma, es el resultado de una decisión política e intelectual. A la observación de Žižek sobre la poca disposición de Laclau a responder a la cuestión de la historicidad (¿piensa Laclau "la estructura nocional . . . de la práctica política específica que está emergiendo hoy tras la retirada de la izquierda clásica"? Si es así, ¿por qué no piensa en principios estructurantes alternativos de lo político? ¿Por qué no pensará, más allá de la hegemonía, en una interrupción de la hegemonía?), Laclau contesta:

> Lo importante es romper con la falsa alternativa "trascendentalismo ahistórico/historicismo radical." Esta alternativa es falsa porque sus dos términos coimplican al otro y por fin dicen exactamente lo mismo. Si yo postulo un historicismo radical, mi postulación requerirá algún tipo de metadiscurso que especifique diferencias epocales que necesariamente tendrán que ser transhistóricas. Si yo postulo un trascendentalismo duro, tendrá que aceptar la contingencia de una variación empírica que solo puede ser capturada en términos historicistas. Sólo si yo acepto plenamente la contingencia e historicidad de mi sistema de categorías pero renuncio a cualquier intento de capturar el sentido de su variación histórica conceptualmente puedo empezar a encontrar el camino de salida. Por supuesto esta solución no suprime la dualidad trascendentalismo/historicismo, pero al menos introduce una cierta *souplesse* y multiplica los juegos de lenguaje que es posible jugar dentro de tal dualidad. Hay un nombre para el conocimiento que opera bajo estas condiciones: es *finitud*. (201)

La visión de Laclau sobre la necesaria vinculación de visión y ceguera—eso es la finitud—plantea, más que borra, la pregunta sobre qué es lo que condena a la contingencia y la historicidad de la teoría de la hegemonía a no empujar sus propias determinaciones hasta el límite, allí donde podrían abrirse a una investigación consistente de sus propias presuposiciones. Para mí, eso pide una tematización del pensamiento del no sujeto de lo político, que hemos visto cuasitranscendentalmente borrada y oculta en el pensamiento de los tres interlocutores. En el fondo mismo, ese borramiento es lo que constituye su relación de pensamiento.

4. La absolutización de la inmanencia: un rechazo doble

La filosofía, dicen Gilles Deleuze y Felix Guattari, "presenta tres elementos, cada uno de los cuales se engarza con los otros pero debe considerarse por sí mismo: el plano prefilosófico que debe establecer (inmanencia), la persona o personas que debe inventar o traer a la vida (insistencia) y los conceptos filosóficos que debe crear (consistencia). Establecer, inventar y crear constituyen la trinidad filosófica—rasgos diagramáticos, personalistas e intensivos" (*What is Philosophy?* 76-77). La relación filosófica en *Hegemonía* encuentra sus rasgos intensivos en la relación entre la performatividad de Butler, el acto en Žižek y la decisión en Laclau; y encuentra su plano de insistencia en la relación entre las tres personas conceptuales que proyectan, esto es, el pensador historicista de la traducción y la transculturación en Butler, el actor historial del cambio fundamental en Žižek, y el sujeto histórico de la decisión en el estado de la historia en Laclau. Sin embargo, para establecer esta relación filosófica como relación, o, en otras palabras, para asegurar la posibilidad de una común afirmación silenciosa que vincule recíprocamente rasgos personalistas e intensivos, el plano de insistencia y el plano de consistencia, debemos hallar el plano de inmanencia.

¿Cuál es entonces el rasgo diagramático común, el campo inmanente de estos tres estilos o gustos para el pensar cuyo elemento afirmado y presupuesto (afirmado como presupuesto) es a la vez la necesidad y la imposibilidad de la cuasi-trascendentalidad? O, mejor dicho, la necesidad y la imposibilidad de la trascendentalidad, que se traduce como cuasi-trascendentalidad. La cuasi-trascendentalidad no rechaza o reemplaza el plano de inmanencia, sino que lo constituye en su especificidad. Pero si de pensadores de la trascendencia anteriores puede decirse que "cuando se enorgullecen de encontrar lo trascendente en lo inmanente, todo lo que hacen es recargar el plano de inmanencia con la inmanencia misma" (Deleuze/Guattari 73), encontrar la necesidad e imposibilidad de la trascendencia dentro de la inmanencia pertenece más bien a la constitución de lo que Deleuze y Guattari llaman "otro plano de inmanencia:"

> En el nuevo plano, es posible que el problema concierna ahora al que cree en el mundo, y ni siquiera en la existencia del mundo sino en sus posibilidades de movimientos e intensidades, para darle una vez más nacimiento a nuevos modos de existencia, más cercanos a los animales y a las rocas. Puede ser que creer en este mundo, en esta vida, se haga nuestra tarea más difícil, o la tarea de un modo de existencia aún por ser descubierto en nuestro plano de inmanencia hoy. Esta es la conversión empírica (tenemos tantas razones para no creer en el mundo humano, hemos perdido el mundo, y eso es peor que perder una prometida o un dios). El problema en verdad ha cambiado. (74-75)

La relación hegemonía/subalternidad constituye el problema aporético o la suposición prefilosófica en *Hegemonía*. En otras palabras, sienta su plano diagramático. Voy a cerrar este capítulo volviendo a su principio y yendo hacia la posibilidad de redefinir la relación hegemonía/subalternidad desde la perspectiva conceptual del no sujeto de lo político. Creo que el concepto de resto enigmático, que inventa la figura del no amigo, puede operar un tipo de "conversión empírica" en la teoría de la hegemonía y así lograr tres resultados: 1) abrir la teoría de la hegemonía hacia su dimensión posthegemónica constitutiva; 2) radicalizar los elementos traductivos de la performance historicista hacia su propio exceso intraductivo, que está más allá de lo cultural y es de hecho la condición de posibilidad de lo cultural mismo; y, 3), exponer la noción de acto auténtico o historial como noción subjetivista o decisionista que debe ser equilibrada, y por lo tanto corregida, mediante un correlato no-filocéntrico. No pretendo mejorar el pensamiento político de Butler, Laclau o Žižek, sino solo articular su plano de inmanencia al exponerlos a su relación mutua—que es precisamente la ausencia de la tematización del no sujeto en su conceptualización de lo político.

Como antes dije que la relación hegemonía/subalternidad articulaba la relación hegemónica interna en *Hegemonía*, debo ahora reformularlo. Es cierto que los conceptos y las personas conceptuales de los tres diferentes interlocutores articulan una cadena de equivalencias y establecen su identidad diferencial respecto de una presencia antagonista; y lo que es antagónico a los tres pensadores es la noción filosófica y política de una reconciliación plena de lo social consigo mismo. En la medida en que la aporeticidad de la relación hegemonía/subalternidad, esto es, la aporía implicada en la pregunta por el fin de la subalternidad—en otras palabras, la imposibilidad y necesidad de responder afirmativa o negativamente a las preguntas sobre si la subalternidad es la condición misma de producción de subjetivación o sobre si la subalternidad puede ser evacuada y eliminada de lo social sin resto alguno—siempre niega de antemano que la comunidad plenamente autorreconciliada sea el horizonte propio de lo histórico, la relación hegemonía/subalternidad, como relación aporética, entra en sí mismo en *Hegemonía* a través de la misma afirmación de que no hay relación posible entre ella misma y su contrapartida antagónica: es decir, la relación de antagonismo que ese libro establece con la posibilidad de una reconciliación plena de lo social consigo mismo está internamente doblada y al mismo tiempo limitada internamente por el hecho de que la dimensión antagónica de la relación hegemonía/subalternidad—el aserto de que la relación entre los dos términos es o bien plenamente contingente o bien plenamente necesaria—no tiene sentido y no puede por lo tanto constituir propiamente uno de los polos de una relación de antagonismo. Por lo tanto, mi reformulación refiere a que lo político en ese libro se concibe siempre de antemano como relación sin relación, y no propiamente como relación hegemónica.

Si la absolutización de la soberanía en la plena entrada de la humanidad en sí misma que pretende conseguir la globalización liberal consumada amenaza el suelo mismo de lo político al retirar de él toda posibilidad de inmanencia—lo político ya no sería susceptible de descripción exhaustiva en apelación a la distinción amigo/enemigo—, podemos ahora referirnos a la de-absolutización del plano de inmanencia que el pensamiento político de la cuasi-trascendentalidad opera. La de-absolutización del plano de inmanencia significa, antes que nada, un rechazo a pensar la soberanía absoluta, la soberanía de la soberanía, como la verdad de la historia en la era de la globalización consumada. Pero también significa, en segundo lugar, una renuncia a pensar la soberanía relacional, esto es, la soberanía sin soberanía, la soberanía de los amigos, como la verdad de lo político hoy. Este doble rechazo abre la posibilidad de un nuevo plano de inmanencia en la filosofía política, en la filosofía *como* política, en el pensamiento del resto enigmático. Si la división entre soberanía absoluta y relacional es históricamente la relación fundante del principio de hegemonía en la modernidad, el resto enigmático, como aquello que no entra en la relación soberana pero en relación con lo cual toda relación soberana se hace posible, entonces esa división empuja el principio de hegemonía hacia sus propios límites. Al establecerse como relación sin relación con la división entre soberanía absoluta y relacional, el resto enigmático, que ocupa el no lugar del no amigo, el no lugar de la subalternidad, piensa la relación hegemónica como siempre ya dominación, y por lo tanto más allá de la hegemonía. El resto enigmático es la dimensión posthegemónica de la hegemonía—justo eso que Laclau no parece estar dispuesto a acoger en su teoría, aunque tampoco lo hagan Butler ni Žižek.

Pensado desde el resto enigmático, de la misma forma, todo principio de traducción cultural debe articularse contra el trasfondo del exceso intraductivo. Si la traducción necesariamente envuelve la soberanía relacional de dos o más lenguas, así como la relación sin relación a la soberanía absoluta del lenguaje puro benjaminiano, el doble rechazo absoluto de la soberanía como verdad de la historia y como verdad de lo político empuja la traducción hacia sus límites y la revela como siempre ya una estrategia de soberanía cultural. Si el imperialismo puede definirse como la reducción de la traducción a traducción a lo dominante, el resto enigmático es la dimensión intraductiva del pensamiento anti-imperial: no una definición de redención cultural como retraducción emancipatoria, sino más bien la memoria de la traza de la cultura como nunca lo suficientemente redentora, puesto que siempre implicada en la derrota de la libertad originaria. Es aquí que pensar el no sujeto destruye la forma misma de articulación de cualquier teoría identitarista de descolonización y propiedad subjetiva infinita.

Y, pensada desde el resto enigmático, desde el doble rechazo de las soberanías absoluta y relacional, una política del acto auténtico se revela como necesariamente una política de la amistad para la cual la subjetivación lo es todo. Pero la subjetivación solo puede fundar una política de la relación en la exclusión constitutiva de la relación sin relación del fundamento no subjetivo del sujeto. El resto enigmático es, más allá del resto indivisible de lo real, la dimensión afilocéntrica que condena toda distancia de lo real a ser entendida como el precio de la proximidad al amigo: una clase de amor, es decir, la tapadera ideológica para el hecho de que, para el sujeto, no hay nunca tal cosa como una relación de pensamiento. Relación, en la medida precisamente en que puede existir como algo otro que relación sin relación, es siempre sólo lo que alcanza al no sujeto.

Capítulo quinto
Línea de sombra. Hacia la infrapolítica

> El deseo de comunidad es el espíritu y el alma del poder constituyente—el deseo de una comunidad que sea tan completamente real como está ausente, la trayectoria y el motor de un movimiento cuya determinación esencial es la demanda de ser, repetida, empujando una ausencia.
>
> (Antonio Negri, *Insurgencies* 23)

1. La metafísica del contraimperio

El capítulo anterior mencionó las razones lógicas por las cuales la pregunta sobre el fin posible de la subalternidad en lo social tiene un carácter indecidible. Si decimos que la subalternidad puede eliminarse sin resto, entonces tendremos que basar nuestra respuesta en la noción de que la subalternidad es un accidente histórico, contingente, y que no hay condición trascendental o estructural alguna que impida su eliminación. Pero negar la trascendentalidad en esos términos, es decir, afirmar la presencia de una historicidad pura y sin compromiso, una historicidad en cuanto tal, es ya asumir una posición trascendental sobre lo social en su conjunto. Así, una posición sobre la historicidad radical o total contingencia de la subalternidad debe desaparecer en cuanto tal para abrir el camino a la des-transcendentalización de la historia. Y si respondemos que no, que la subalternidad es condición estructural de lo social, pues siempre habrá en lo social hegemonía, cuya contrapartida necesaria es subalternidad, se aplica el mismo razonamiento. Si la subalternidad es condición necesaria de historicidad, entonces nuestra posición debería desaparecer para que la historicidad pueda entenderse como historicidad—de otra manera, la noción de historicidad se debilita al quedar radicalmente vinculada a un principio de constitución trascendental (que hace depender a lo histórico de lo radicalmente no-histórico).

Como explica el capítulo anterior, *Hegemonía, contingencia y universalidad* es un libro que trata centralmente de ese tema. En él Žižek se refiere a *Imperio*, de Michael Hardt y Antonio Negri, del que dice que es "modelo de un análisis del capitalismo cercano al que a mí me interesa," en los siguientes términos:

> Hardt y Negri describen la globalización como "desterritorialización" ambigua: el capitalismo global triunfante ha penetrado todos los poros de la vida social, hasta las esferas más íntimas, introduciendo una dinámica insólita que ya no confía en formas de dominación patriarcales o jerárquicas sino que genera identidades híbridas fluidas. Sin embargo, esta misma disolución de todos los vínculos sociales sustanciales también deja que el genio salga de la botella: libera los potenciales centrífugos que el sistema capitalista ya no podrá ser capaz de contener. Sobre la base de su mismo triunfo global, el sistema capitalista se hace así hoy más vulnerable que nunca—la vieja fórmula de Marx todavía aguanta: el capitalismo genera sus propios enterradores. (Žižek, *Hegemony* 329)

Aunque Žižek, como hemos visto, suspende en última instancia la respuesta a la pregunta por el fin de la subalternidad en su propio trabajo, no deja de afirmar un tipo de praxis política que no se contenta con la posibilidad de un cambio histórico en las relaciones humanas sino que lucha por él: tal cambio está para Žižek vinculado a la posibilidad de un fin del capitalismo. La posibilidad de un fin del capitalismo está abierta, piensa Žižek, igual que dice Žižek que piensan Hardt y Negri, por la misma historicidad capitalista: "desde su mismo comienzo, la globalización capitalista—la emergencia del capitalismo como sistema mundial—implicó su opuesto exacto: la brecha, dentro de grupos étnicos particulares, entre los que están incluidos en esa globalización y los que están excluidos. Hoy esa brecha es más radical que nunca" (Žižek, *Hegemony* 322). Una política de la subalternidad expondría al capitalismo a su propio final al enfatizar el hecho de que la historicidad capitalista está sujeta a las condiciones de toda "universalidad concreta" hegeliana, es decir, a la "sobredeterminación por la universalidad de parte de su contenido" (Žižek, *Hegemony* 315). Así, para Žižek, como por lo demás para Laclau y Butler, "la generalización de la forma hegemónica de la política en las sociedades contemporáneas" debe leerse como el triunfo de una clase particular sobre todas las demás en la lucha de clases: la hegemonía es cabalmente el resultado de la sobredeterminación de la universalidad por el modo de producción burgués o capitalista.

El lugar de la universalidad política hoy depende para Žižek, no de la hegemonía y de su estado particular, sino más bien de las clases subalternas, que por lo tanto definen, incluso por omisión, las condiciones mismas de la práctica política del presente: "la existencia oscura de los que están condenados a vivir una vida espectral fuera de la región del orden global, borrosos en el trasfondo, inmencionables, sumergidos en la masa sin forma de la 'población,' sin siquiera un sitio particular al que puedan llamar el suyo propio" (Žižek, *Hegemony* 313). Para Žižek, "en política, la universalidad se afirma cuando un agente sin lugar propio . . . se postula como la incorporación directa de la universalidad contra todos aquellos que tienen un lugar en el orden mundial. Y este gesto es también el gesto de la subjetivación, puesto que 'sujeto' designa por definición una identidad que *no es sustancia*: una entidad dislocada, una entidad que carece de su lugar propio en el Todo" (Žižek, *Hegemony* 313). Žižek repite con esto una posición que también hemos visto en el Capítulo tercero como característica de Badiou (y asimismo lo es de Jacques Ranciére; y no es lejana de la posición de Laclau: todas ellas son retrotraíbles a la noción lacaniana de sujeto del inconsciente mucho más que a la noción moderna o cartesiana o hegeliana de sujeto como señor del mundo).

Žižek publicó poco más tarde otro comentario sobre *Imperio* en *Folha de São Paulo*. Allí Žižek insinúa una crítica suave al libro de Hardt y Negri, basada en el hecho de que, aunque estos últimos piensen, marxianamente, que el desarrollo mismo del capitalismo ocasionará su colapso final, "el análisis fundamental [en *Imperio*] de cómo el modo socioeconómico global de producción puede abrir un espacio para medidas radicales comparable al de la revolución proletaria" es insuficiente. El libro sería, por lo tanto, "pre-marxista" en ese sentido (Žižek, "*Empreendimento*" 13). La crítica es significativa, pues refiere a las condiciones políticas en las que puede inscribirse, a nivel de agencia subjetiva, el principio tendencial motor mismo del fin del capitalismo. Pero ¿puede la insuficiencia en cuanto a economía política que Žižek encuentra en *Imperio* ser el motivo más apropiado o incisivo para la crítica žižekiana de *Imperio*? El apoyo fundamental de Žižek al libro de Hardt y Negri puede hacerle tragar a Žižek más anzuelo del que quiere, pues lo cierto es que *Imperio* no tiene reparos en postular el fin absoluto de la subalternidad y la constitución de la democracia de la multitud como su propio horizonte político. Y lo hace mediante una teoría de la subjetivación que no sólo es incompatible con la de Žižek sino también claramente incompatible con el legado hegeliano y con el pensamiento del universal concreto que Žižek suscribe. La diferencia filosófica fundamental es la postulación, en *Imperio*, de una inmanentización radicalizada de lo real que no sólo disuelve la necesidad de entender lo social en términos de la polaridad subalternidad/hegemonía que estructura el pensamiento de Žižek, sino también el entendimiento de lo real como el resto indivisible e insimbolizable que genera y constituye lo social y lo político desde un principio. Todo esto, debo decirlo para que haya claridad, aparte de que los postulados teóricos de *Imperio* son también ajenos a cualquier consideración del no sujeto de lo político y más bien se ejercen en o desde una especie de apoteosis especulativa de la subjetividad moderna, incorporada sin interrogación alguna a un libro que es más propagandista que filosófico, y que hace propaganda de la filosofía en la misma medida en que hace filosofía de la propaganda.

Este capítulo tratará de efectuar una lectura crítica del libro de Hardt y Negri, no a partir de leer a Žižek mejor de lo que Žižek se lee a sí mismo, sino más bien a propósito de ciertas condiciones de articulación filosófica de lo político que a mí me parecen insuficientes en *Imperio*. Mi crítica es consistente con la crítica ya elaborada a propósito de Schmitt y Heidegger y el postcolonialismo de la descolonización infinita, o a propósito de Žižek y Badiou, o a propósito de Laclau y Butler—mi intención rectora sigue siendo la elaboración apropiada, por más que todavía simplemente preliminar, tentativa, del concepto de lo político que puede subyacer a la intuición de la presencia en lo político de un no sujeto determinante para sus condiciones de manifestación y apertura: precisamente el no sujeto que todas esas figuras, y tantas otras, del pensamiento político del siglo veinte desestiman y olvidan. Concluiré este capítulo mediante un regreso a Heidegger y una exploración de la temática del nihilismo en la obra de Giorgio Agamben y de ciertos motivos en Michel Foucault, y el planteamiento de una estrategia de pensamiento a la que voy a llamar infrapolítica. Se habrá entendido ya que el pensamiento del no sujeto de lo político no encuentra ancla alguna en la postulación del fin o acabamiento histórico de la subalternidad—el pensamiento del no sujeto piensa, en cambio, desde la subalternidad, la posibilidad de un fin de la hegemonía y encuentra en ello su motivación y práctica política, con respecto de la cual la infrapolítica es meramente posibilitadora.

Sin el libro previo de Antonio Negri, *El poder constituyente* (*Insurgencies* en la traducción inglesa), es difícil entender suficientemente las presuposiciones filosóficas de *Imperio*. Al final del libro, Negri prepara una definición de lo político apelando al entendimiento de la "vida" en Spinoza:

> En la vida política, social y ética la multitud de los individuos reinterpreta la lucha de la fuerza para existir hacia configuraciones más y más comunitarias de la vida. Los mecanismos de producción de la naturaleza construyen a los individuos; los individuos naturales ponen en movimiento los procesos de construcción de lo social. Aquí tenemos un primer nivel ontológico, en el que se inscribe el paso progresivo de las pasiones, la imaginación y la inteligencia hacia grados cada vez más altos de densidad ontológica. Pero este proceso se duplica a sí mismo, y nos hace enfrentar no sólo grados diferentes de densidad ontológica, sino también la creatividad humana, esparcida más allá de los límites ontológicos del proceso. Esto ocurre cuando, éticamente, el amor y la alegría rompen el ritmo continuo del proceso ontológico. Aquí el amor constituye la divinidad, lo absoluto. De esta unión vuelve a lo social para revivificarlo. Un segundo nivel ontológico, por lo tanto, que rompe la continuidad

genealógica del primero, ya no es una acumulación de ser, sino más bien una de sus próstesis creativas. Cuando el amor interviene y la alegría separa de la tristeza, entonces el ser ha sido encontrado de nuevo. El poder constituyente se ha liberado completamente, en su determinación positiva, como determinación del tejido ontológico y como su sobredeterminación creativa. (Negri, *Insurgencies* 323)

Este tipo de ideología sentimental de la liberación, que habla de primeros y segundos niveles ontológicos a partir de nociones tan vacuas y quizá inintencionadamente neoplatónicas como la creatividad humana y su relación con la divinidad a través de la próstesis amante y alegre, que habla del poder constituyente como emanación de lo superfluo que desborda triunfante, etcétera, no tiene lugar de ninguna clase para la "distancia [residual] hacia lo real" o para la "dislocación necesaria" que son para Žižek condiciones constitutivas de la subjetivación. "El poder constituyente," nos dice Negri, "es el paradigma de lo político porque su proceso está metafísicamente definido por la necesidad" (*Insurgencies* 333). Y: "Lo que nos espera es una historia de liberación, desutopía en acción, desenfrenada y tan dolorosa como constructiva. La constitución de la fuerza es la experiencia misma de la liberación de la *multitudo*. El hecho de que en esta forma y con esta fuerza el poder constituyente no pueda sino aparecer es irrefutable, y que no pueda dejar de imponerse como hegemónico en el siempre renovado mundo de la vida es necesario. Es nuestra tarea acelerar esta fuerza y reconocer su necesidad en el amor del tiempo" (*Insurgencies* 336). La alegría de la inevitabilidad histórica del triunfo de la fuerza necesaria, cruzada de amor pero sin pizca de sombra de dudas, está apoyada en una naturalización del concepto de verdad como aquello que está ahí delante, esperándonos, como cumplimiento de los tiempos. Por eso lo que limita la liberación, lo que por una parte nos hace impacientes pero por otra ha siempre ya limitado la liberación en la historia de la modernidad y en la historia del modo capitalista de producción, es la no-verdad, que "opone mando a fuerza, y que opone constitución a poder constituyente. Pero esta no-verdad es sólo la cortina opaca que se sobreimpone a la permanencia de lo real político, esto es, al poder constituyente en acción" (*Insurgencies* 333).

La verdad, por lo tanto, la verdad de lo "real político," que Hardt y Negri parecen conocer muy bien, es el elemento fundamental de la posible entrada en existencia patente del contraimperio, y la historia, y en particular la historia del presente, consiste en una recuperación de tal verdad, contra la no verdad de la moderna soberanía como reducción de poder constituyente a dominación. Si la multitud es el verdadero sujeto continuamente negado de la acción política, entonces la multitud es un sujeto antisoberano, y el horizonte político último de *Imperio* es la restitución de la fuerza no-soberana, entendida como la restitución de un libre sujeto de amor, próstesis activa de ser: "Sólo hay una condición correcta (y paradójica) para una definición de soberanía vinculada a la definición de poder constituyente: que exista como praxis de un acto constitutivo, renovado en la libertad, organizado en la continuidad de una praxis libre. Pero esto contradice la entera tradición del concepto de soberanía y todos sus significados posibles. Consiguientemente, el concepto de soberanía y el concepto de poder constituyente están en oposición absoluta" (*Insurgencies* 22).

¿Cómo puede lograrse la liberación de la fuerza no soberana y libre de la multitud? Estaría marcada por un "romper" la continuidad genealógica del "paso progresivo de las pasiones, la imaginación y la inteligencia" hacia grados más altos del ser. En las formulaciones iniciales de *Imperio* se lee: "El paso al Imperio emerge del ocaso de la soberanía moderna" (Hardt y Negri, *Empire* xii); "en la postmodernización de la economía global, la creación de la riqueza tiende más y más hacia lo que llamaremos producción biopolítica, la producción de la vida social misma, en la que lo económico, lo político y lo cultural se cruzan y se cargan recíprocamente de forma creciente" (xiii); y

> el concepto de Imperio se caracteriza fundamentalmente por su carencia de fronteras: el gobierno del Imperio no tiene límites. Primero, . . . el concepto de Imperio postula un régimen que efectivamente abarca la totalidad espacial . . . Segundo, el concepto de Imperio se presenta no como régimen histórico que se origina en la conquista, sino más bien como un orden que suspende de hecho la historia y así fija el estado de cosas existente para la eternidad . . .

> Tercero, el gobierno del Imperio opera en todos los registros del orden social y se extiende hasta las profundidades del mundo social . . . Imperio presenta la forma paradigmática del biopoder. Finalmente, aunque la práctica de Imperio está continuamente bañada en sangre, el concepto de Imperio está siempre dedicado a la paz—una paz perpetua y universal fuera de la historia. (xiv-xv)

Imperio, por lo tanto, parece constituir un primer nivel ontológico, con un grado de densidad ontológica máximamente intensificado, y de hecho tendencialmente total. Pero el momento de su verdad máxima—y es aquí que la teoría de Imperio se acerca al Marx de los *Grundrisse* para aprobación de Žižek—es también el momento de su máxima no-verdad. El Imperio emerge así como un orden genealógico impropio y falso. Contra ello, no es necesario postular sino más bien reconocer la verdad de la próstesis ontológica—la liberación genuina del amor y de la alegría que marcaría una interrupción total del Imperio: esta es la patencia del contraimperio para el que pueda creérsela: "Las fuerzas creadoras de la multitud que sostienen al Imperio son también capaces de construir autónomamente un contraimperio, una organización política alternativa de flujos e intercambios globales" (xv). ¿Cuál sería entonces la diferencia decisiva entre Imperio y contraimperio? ¿Qué significa que el amor y la alegría rompan la organización imperial? Para Hardt y Negri la producción biopolítica del Imperio "funciona ya en términos completamente positivos" (13). Intentan reformular lo mismo, de forma quizás ilegítima desde su perspectiva ideológica general, diciendo que el paso al Imperio nos enfrenta con un "universal concreto" (19). ¿Y el contraimperio? ¿Es el contraimperio antes que nada una negación radical del Imperio? ¿La verdadera negación de una no-verdad? En una analogía ya mencionada previamente que remite "al nacimiento del Cristianismo en Europa y su expansión durante la decadencia del Imperio Romano," Hardt y Negri parecen decir que no entienden el contraimperio de forma alguna como trabajo de lo negativo. Al revés, en el cristianismo temprano,

> se construyó y consolidó un enorme potencial de subjetividad en términos de la profecía de un mundo por venir, un proyecto quiliástico. La nueva

subjetividad ofreció una alternativa absoluta al espíritu del derecho imperial—una nueva base ontológica. Desde esta perspectiva, el Imperio fue aceptado como "la madurez de los tiempos" y la unidad de la civilización conocida, pero quedó cuestionado en su totalidad por un eje ético y ontológico completamente diferente. De la misma forma hoy, dado que los límites y los problemas irresolubles del nuevo derecho imperial están fijados, la teoría y la práctica pueden avanzar más allá de ellos, encontrando una vez más una base ontológica de antagonismo—dentro del Imperio, pero también contra y más allá del Imperio, al mismo nivel de totalidad. (*Empire* 21)

Se trataría pues de entender la base filosófica de este tipo particular de antagonismo. En términos hegelianos, el contraimperio podría entenderse como una síntesis de Imperio y de su negación. Pero la negación viene para Hardt y Negri, enigmáticamente, desde dentro de la forma-Imperio, esto es, no depende de una instancia externa. Dado que el Imperio es presentado por Hardt y Negri como una estructura "radicalmente positiva" que depende para su formación de la inmanentización exhaustiva de lo real, el Imperio rechaza de antemano toda posibilidad de negación dialéctica que le atañe. En otras palabras, si el Imperio pudiera encontrar en sí la posibilidad de su propia negación, no sería Imperio—eso es lo que significa que Imperio sea sólo positividad. Entonces, puesto que tenemos Imperio, incluso en la forma tendencial del "paso al Imperio," ¿cuál es exactamente la condición ontológica de constitución de la posibilidad de contraimperio? ¿Cómo se produce la inversión o la catexis del contraimperio en el Imperio, en la que una positividad carga otra positividad, sin negación, de tal forma que tome lugar un cambio ontológico de carácter epocal o historial y se haga posible un nuevo comienzo de la historia comparable al que conllevó la conversión de Constantino?

Hace algún tiempo el *New Yorker* publicó una breve nota exaltando el poder innovador de una compañía comercial gallega llamada Zara. Galicia es una región del noroeste español que está, o estuvo hasta hace pocos años, entre las áreas más crónicamente deprimidas de Europa. Zara empezó a desarrollarse en 1975, el año de la muerte de Franco que marca la transición española a la democracia política, mediante una táctica de desmantelamiento de "mucha de la sabiduría convencional respecto de la nueva economía global." El resultado, según el *New Yorker*, es:

> En lugar de facturar nuevos productos una vez por temporada, Zara hace entregas en cada una de sus cuatrocientas tiendas esparcidas por el mundo (incluyendo cuatro en Manhattan) cada pocos días. En lugar de manufacturar doscientos o trescientos productos diferentes cada año, Zara produce más de mil cien de ellos. No acumula mercancía, y los diseños que no encuentran éxito son retirados de los estantes tras sólo una semana, de forma que la compañía no tiene que hacer saldos. Equipados con aparatos de mano vinculados directamente a las salas de diseño de la compañía en España, los gerentes de Zara pueden informar diariamente de qué es lo que los clientes compran, desprecian o piden pero no encuentran. Lo más importante es que la compañía requiere sólo entre diez y quince días para ir del diseño de un producto—lo cual, por cierto, con frecuencia significa el invento de un nuevo *look*—hasta su venta. Esta es la combinación de velocidad, diseño y precio que el año pasado hizo al director de modas de L.V.M.H., Daniel Piette, decir de Zara que es "posiblemente la vendedora más innovadora y devastadora del mundo." (Surowiecki 74)

No necesitamos tomarnos el texto de Surowiecki como un análisis exhaustivo y riguroso de las proyecciones político-económicas de Zara. Dentro de sus términos periodísticos, sin embargo, y poniendo nuestra sabiduría convencional entre paréntesis, ¿será posible entender a Zara como una herramienta del Imperio, o es más bien ya una instancia de contraimperio? La respuesta puede parecer intuitivamente simple ("bueno, puesto que tiene que ver con producir, distribuir y vender, puesto que tiende a perfeccionar el funcionamiento del capitalismo, puesto que lo único que hace es remover el límite inherente del capitalismo sin borrar sus contradicciones, puesto que produce plusvalía, ¡Zara es obviamente una herramienta del Imperio!"). Pero quizás, vista desde *Imperio*, la respuesta no sea tan simple, pues al fin y al cabo el concepto de la multitud, muy precisamente, no implica una negación de la producción biopolítica o bioeconómica, sino su reinversión epocal o nueva catexis por una subjetividad alternativa y no-explotadora. La multitud es producción biopolítica allí donde Zara también es producción biopolítica (en cuanto instancia de acción global para la producción de cuerpos hermosos donde "lo económico, lo político y lo cultural . . . se cruzan y cargan recíprocamente" mediante una praxis de deseo social), y Zara, como la multitud, puede ser entendida como una nueva forma de productividad subalterna que hace catexis del capitalismo sin caer presa de él: una "estructura orgánica" cuyo "negocio está enraizado en una estrategia que rige todo lo que hacen;" "la . . . confección de las faldas, vestidos y trajes queda confiado a una red de unos trescientos pequeños talleres gallegos o del norte de Portugal [ambas áreas entre las más pobres de Europa], que funcionan más como socios que como proveedores" (Surowiecki 74); "la compañía nunca ha lanzado una campaña de publicidad. Los tejidos se cortan y tiñen mediante robots en sus veintitrés fábricas altamente automatizadas en España" (74). En otras palabras, y siempre según la interpretación de Surowiecki, en las operaciones de Zara no hay explotación de mano de obra tercermundista, no hay explotación de mano de obra proletaria regional, y no hay explotación de la credibilidad del consumidor global, sino que sólo hay la producción altamente positiva y cercana del ideal de objetos que se ajustan al deseo espontáneo del consumidor casi instantáneamente y con la mediación de un valor de plusvalía altamente minimizado (lo que no impide, por cierto, que Amancio Ortega, el fundador de la empresa, sea uno de los hombres más ricos de Europa). Zara parece ser un ejemplo, si ejemplos puede haber en el mundo de la producción industrial en el contexto contemporáneo del Imperio, no sólo del paso al Imperio sino también y al mismo tiempo del paso al contraimperio: el ejemplo de una nueva economía global que se hace liminarmente indistinguible de la producción de una economía global alternativa (una "organización política alternativa de flujos e intercambios globales") regida por la multitud.

Quiero usar este ejemplo controvertible y por supuesto nada más que anecdótico para establecer la importancia de la pregunta respecto a la naturaleza de la catexis del Imperio por la multitud y la creación de un biopoder contraimperial lleno de amor y alegría. El artículo del *New Yorker* concluye, en rúbrica que parece darle la razón a Hardt y Negri cuando mencionan el hecho de que el paso al Imperio "emerge del ocaso de la soberanía moderna:" "¿Por qué no copia todo el mundo a Zara? Lo harían si pudieran" (Surowiecki 74). Si la soberanía moderna, definida por Hobbes mediante la noción de la sustitución necesaria de la naturaleza por la cultura para evitar la guerra de todos contra todos, estaba basada en la fisura constitutiva entre poder y deseo, la nueva soberanía de la multitud, que no es soberanía o es no-soberanía, es la unión tendencial de poder y deseo, haciéndole eco al Marx de los *Grundrisse* sobre la posibilidad de eliminar el límite inherente al capital (un límite que no es otro que la separación entre poder y deseo, para el capital igual que para el trabajador). "Lo harían si pudieran," y lo harán cuando puedan, en cuanto se produzca de hecho la carga o catexis "plenamente positiva" de lo social, en la que no habrá separación, carencia ni fisura: "Zara es un sistema integrado, no una mera colección de partes" (Surowiecki 74).

La reinversión catéctica de lo social por la multitud, del Imperio por el cristianismo, o del capitalismo tardío por Zara es el fenómeno descrito como "profecía de un mundo por venir, proyecto quiliástico." En la sección del libro llamada "Manifiesto político," Hardt y Negri construyen la profecía del contraimperio como "teleología materialista" que es el mero resultado necesario del "deseo inmanente que organiza a la multitud" (Hardt y Negri, *Empire* 66). La noción de inmanencia, "una nueva posición de ser" (64), es crucial en el libro. Se le acredita a Spinoza, el creador de una filosofía que "renovó los esplendores del humanismo revolucionario, poniendo a la humanidad y a la naturaleza en la posición de Dios, transformando al mundo en un territorio de práctica y afirmando la democracia de la multitud como la forma absoluta de la política" (77). La forma absoluta de la política: esto es, la condición absoluta de lo político. ¿Y qué es la democracia de la multitud? La democracia de la multitud es la capacidad profética de los pobres:

> Este nombre común, los pobres, es también el fundamento de toda posibilidad de humanidad. Como señaló Nicoló Machiavelli, en la "vuelta a los principios" que caracteriza la fase revolucionaria de la religión y las ideologías de la modernidad, casi siempre se ve al pobre como dotado de capacidad profética: el pobre no sólo está en el mundo sino que el pobre es la

posibilidad misma del mundo. Sólo el pobre vive radicalmente el ser real y presente, en destitución y sufrimiento, y por ello sólo el pobre tiene la capacidad de renovar el ser. La divinidad de la multitud de los pobres no apunta a ninguna trascendencia. Al contrario, aquí y sólo aquí en este mundo, en la existencia de los pobres, se presenta el campo de inmanencia, se confirma, se consolida y se abre. El pobre es dios en la tierra . . . Hay Pobreza Mundial, pero sobre todo hay Posibilidad Mundial, y sólo el pobre el capaz de ella. (Hardt y Negri, *Empire* 156-57)

Franciscanismo: ¿santidad o sacerdocio? El campo de inmanencia, la absoluta posibilidad histórica de los pobres, es "el terreno exclusivo de la teoría y práctica de la política" (377). En la Posibilidad Mundial de los pobres el fin de la subalternidad queda diáfanamente anunciado como el fin mesiánico de la historia—la apelación a la inmanencia no desmonta el rango mesiánico de esta estructura, sino que la refuerza al máximo, toda vez que la plena inmanentización coincide con la Posibilidad Mundial, y la Posibilidad Mundial coincide con la plena inmanentización, en la reducción de toda trascendencia—por supuesto no otra cosa que una forma hipostasiada de trascendencia, desde el momento de su enunciación como principio: trascendencia mesiánica. De ahí que no sólo es el Imperio el que emerge en el ocaso de la soberanía moderna sino que el contraimperio es la radicalización de la antisoberanía. ¿Cómo es esto posible? ¿Cómo es que la historia ocurre de tal manera que el momento de inmanentización absoluta del soberano—ocaso de la soberanía moderna, basada en la trascendencia del poder frente al deseo—, que es el momento de la aparición del Imperio, sea también el momento en el que el Imperio puede ceder con la máxima facilidad a las fuerzas antagonistas que contiene (los pobres)? La máxima no verdad sería también la posibilidad absoluta de la emergencia de la verdad, del amor y de la alegría, de un poder constituyente ahora ya libre de la constitución misma.

Quizá podamos enunciar ahora el principio de catexis: no es simplemente que el Imperio contenga al contraimperio, sino que Imperio es la contención misma: Imperio es el límite. A través de la historia, para Hardt y Negri, y en particular en la historia de la modernidad, la soberanía aparece como el contenimiento antagonista de la multitud, el límite de la multitud. La represión del descubrimiento de Spinoza del plano de inmanencia toma lugar en principio en la postulación de la trascendencia absoluta de Leviatán como poder del estado. Pero la trascendencia absoluta es precisamente, y no es otra cosa que, el otro lado de la absolutización de la inmanencia que es la promesa infinita de los pobres como Posibilidad Mundial. La historia del capital debe entenderse, en tanto producción de biopoder, como la resistencia sistemática del poder a la presión siempre en aumento de la multitud. En otras palabras, el poder constituido, en su absoluta positividad, es sólo el contenimiento productivo del poder constituyente, y por lo tanto su parásito. En el capitalismo tardío, a través de fenómenos específicos que Hardt y Negri explican y que podríamos cifrar en la noción marxiana de la subsunción absoluta de la sociedad en el capital, se completa un proceso histórico que es el de la inversión de la transcendentalización absoluta del poder a plena inmanentización. Esto es el Imperio. Y aquí se abre la primera posibilidad de responder a la pregunta por el contraimperio: la cuestión real no es cómo es que el contraimperio hace su catexis del Imperio, sino más bien la opuesta, es decir, cómo es que el contraimperio se libra de su propia catexis imperial, esto es, de su no verdad esencial. El Imperio o la soberanía siempre ya de antemano han actuado como el contenimiento superestructural de lo real, que es la Posibilidad Mundial del poder constituyente de la multitud de los pobres. O esto es lo que dicen Hardt y Negri.

La naturaleza quiliástica o profética de *Imperio* reside precisamente ahí: en su capacidad de anunciar la posibilidad, o incluso la inminente llegada, de una mutación mimética, que es un acontecimiento absoluto hecho posible porque en el capitalismo tardío o en la globalización consumada, esto es, en el tiempo del paso al Imperio, ocurre la máxima cercanía entre el contenimiento productivo y aquello que el contenimiento productivo contiene. Así, la absolutización de la inmanencia ya no puede presentarse bajo su fachada histórica de trascendencia soberana. Como resultado, la soberanía queda lista para su captura y desmantelamiento por el poder constituyente de la multitud. El momento es ocasión de una ruptura histórica sin antecedentes, el momento de un acontecimiento que ya no sería propiamente historia sino que abriría nuevamente la historicidad.

Ahí sí que se partiría en dos la historia del mundo, mientras Nietzsche da vuelcos en su tumba.

Esa es, en suma, la profecía o el poder mesiánico de *Imperio*, pero también es su límite. Pues el acontecimiento puede sólo ser anunciado en cuanto tal, y sólo puede ser anunciado según uno de dos modos: como acontecimiento que ya ha ocurrido (siempre de antemano), pues está inscrito en la soberanía del Imperio mismo, como su espectro; o como acontecimiento que nunca podría ocurrir del todo, que nunca podría llegar a ocurrir absolutamente, un acontecimiento serial o un acontecimiento de capturas singulares múltiples y quizás infinitas de lo social a través del que la multitud consigue mutar la soberanía en su favor, en cada uno de sus gestos, acción a acción, y así, por último, o ya siempre, o nunca. La temporalidad del contraimperio, como temporalidad mesiánica, se convierte en un problema más bien irresoluble, pues la toma del Imperio por el contraimperio no puede entenderse más que como proceso continuo que mimetiza pero invierte la acumulación primitiva: el giro, como en todos los procesos mesiánicos, desde la distopía a la utopía (o a la desutopía, como prefiere decir Negri, es decir, a la negación de la negación del lugar de coincidencia constituyente entre poder y deseo). En palabras de John Kraniauskas,

> históricamente, la idea de la multitud emerge con el alza de la burguesía en un momento de mutación histórica, un proceso de desposesión social violenta generalizado y de recomposición capitalista al que Marx se refiere llamándole "acumulación primitiva." Este es el terreno atroz de la posibilidad burguesa ilimitada, casi suicida—la guerra de todos contra todos—donde siempre habrá más capitalistas potenciales y más mano de obra que abstraer. Para el conservador Hobbes, era la multitud burguesa la que tenía que ser controlada y domada. En la espalda del rechazo [es decir, del rechazo a la revolución burguesa como última revolución posible] *Imperio* se constituye como la realización final de ese imaginario. (Kraniauskas, "Empire" 22).

La posibilidad burguesa se invierte en la Posibilidad Mundial de los pobres, pero tal posibilidad no puede encontrar su momento de consumación: es siempre necesariamente procesual, y así susceptible de retrasos, interrupciones, contramovimientos, perversiones. Con lo cual la absoluta inmanentización aparece como aquello que, habiendo tomado siempre de antemano lugar en el terreno de la posibilidad, no ejerce como acto. La posibilidad mesiánica del fin de la subalternidad en contraimperio es cabalmente lo que *no* toma lugar, lo que no llega a tomar lugar o lo que está sujeto a un retraso infinito, mera potencia impotente.

El deseo mesiánico es el deseo de la multitud. ¿Pero cómo se hace agencia política? ¿Cómo se convierte la multitud en "un sujeto político en el contexto del Imperio" (*Empire* 394)? ¿Es cierto que la multitud de los pobres puede llevar a su realización final el imaginario burgués mediante su inversión en el imaginario profético del contraimperio? Se hace precisa una teoría de la subjetivación que, sin embargo, *Imperio* no ofrece. El libro se limita a afirmar que el sujeto, siempre de antemano formado en apariencia, siempre naturalizado en cuanto sujeto, puede ahora asumir su posición verdadera. En ciertos pasajes de *Imperio* la cuestión del sujeto emerge como la cuestión del deseo de sustancia plena y colonización absoluta de lo real (la conversión del mundo en territorio, atribuida a Spinoza por Hardt y Negri, implica la conversión del mundo en lo exhaustivamente apropiable, y esta es otra instancia en la que el imaginario de la multitud de los pobres reproduce el imaginario burgués en cuanto imaginario moderno o viceversa). En la sección titulada "Los nuevos bárbaros" Hardt y Negri hablan de la necesaria "mutación radical" hacia el contraimperio: "la voluntad de estar *contra* realmente necesita un cuerpo que sea completamente incapaz de someterse al mando" (216); "Tenemos que llegar a constituir un artificio político coherente, un *devenir artificial* en el sentido en que los humanistas hablaron de un *homohomo* producido por el arte y el conocimiento, y en que Spinoza habló de un cuerpo poderoso producido por esa forma más alta de conciencia que está infusa de amor. Los senderos infinitos de los bárbaros deben formar una nueva forma de vida" (217). Ante tal anuncio, sin duda sostenido en la noción de poder constituyente ya mencionada, la teoría del sujeto queda sustituida por un voluntarismo de sujeto prostético: el sujeto es simplemente el que quiere dotarse de un cuerpo capaz de establecer una nueva densidad ontológica, una nueva forma de vida. Y ante tal voluntad abrumadora de amor sin duda puede ya prescindirse de los protocolos filosóficos que enredaban la conciencia burguesa: "Con este paso [al Imperio] la fase deconstructiva del pensamiento crítico, que de Heidegger y Adorno a Derrida nos proporcionó un instrumento eficaz para la salida de la modernidad, ha perdido su eficacia. Ahora es un paréntesis cerrado que nos deja enfrentados a una nueva tarea: construir, en el no-lugar, un nuevo lugar; construir determinaciones ontológicamente nuevas de lo humano, del vivir: una poderosa artificialidad de ser" (217-18). Artificialidad o artificiosidad: en la sección titulada "Las dos ciudades" dicen: "Cuando la multitud trabaja, produce autónomamente y reproduce el mundo entero de la vida. Producir y reproducir autónomamente significa construir una nueva realidad ontológica" (395); "la multitud no tiene razón alguna para mirar fuera de su propia historia y de su propio poder productivo en el presente para encontrar los medios necesarios para avanzar hacia su constitución como sujeto político" (396). Ni siquiera habría razón alguna para mirar fuera de *Imperio*, pues todo es más bien una cuestión de acción, y las reglas para esa acción quedan enunciadas en "Senderos sin final (El derecho a ciudadanía global)" de la siguiente manera:

> ¿Cómo pueden hacerse políticas las acciones de la multitud? ¿Cómo puede la multitud organizar y concentrar sus energías contra la represión y las segmentaciones territoriales incesantes del Imperio? La sola respuesta que podemos dar a estas preguntas es que la acción de la multitud se hace política primariamente cuando comienza a enfrentar directamente y con conciencia adecuada las operaciones represivas centrales del Imperio. Es cuestión de reconocer y actuar sobre las iniciativas imperiales y de no permitirles que reestablezcan continuamente el orden; es cuestión de cruzar y romper los límites y segmentaciones que vienen a ser impuestas sobre la nueva capacidad de trabajo colectivo; es cuestión de recoger estas experiencias de resistencia y usarlas en concierto contra los centros nerviosos del mando imperial. (399)

Hay consistencia plena con el ya citado pasaje de *El poder constituyente*. Lo necesario es producir una segunda determinación ontológica del ser a través de la catexis del mundo de la vida por una nueva infusión de amor y alegría (aunque a veces, quizás, el amor y la alegría no sólo no les resulten pasiones tan obvias a los centros nerviosos del mando imperial y a sus cómplices no-multitudinarios sino tampoco a los agentes de la multitud): la "próstesis creativa" es en *Imperio* la formación sustitutiva de una teoría del sujeto de lo político. El sujeto ha devenido próstesis, y ahí nos las den todas. No hay más que pensar.

Para Žižek hay dos condiciones de lo político que, sin su tematización adecuada, permitirán que el capitalismo, en su misma vulnerabilidad de crisis, y de hecho a través de ella, continúe reteniendo su dominación sobre la totalidad de la vida humana sobre la tierra. Por un lado, el entendimiento del capitalismo como un universal concreto dentro del que la hegemonía burguesa sobredetermina la totalidad de lo social de tal manera que la política de la hegemonía asume la condición de ser la única posible forma de política; en otras palabras, para Žižek la hegemonía es el universal concreto del presente. Por otro lado, la segunda condición es el reconocimiento de la existencia de una multitud grande y espectral de sujetos desubjetivados que sólo podrán producir su subjetivación en el momento de reclamar por y para sí mismos el lugar de la universalidad contra sus antagonistas burgueses. Estos dos lugares de lo político parecerían traducir lo que en los términos de Hardt y Negri son el Imperio y el contraimperio. Y el apoyo de Žižek a *Imperio* parece confirmarlo. Pero ¿es realmente así?

¿Puede la relación entre Imperio y contraimperio entenderse, no sólo como la constante posibilidad de una interrupción genealógica dentro del Imperio, sino también como la posibilidad de una interrupción del Imperio mediante una subjetivación de lo social completamente otra—esto es, mediante la conversión de la no verdad social en verdad, libertad y amor democrático? Para que el Imperio pueda ser interrumpido desde afuera una multitud espectral de sujetos desubjetivados debería alzarse en nombre de su propia y alternativa subjetivación. Pero Hardt y Negri insisten en que no hay afuera desde el que levantarse, y que precisamente el hecho de que no hay posición alternativa de subjetivación es el nombre mismo del Imperio. El sujeto, el sujeto contraimperial, ya está siempre de antemano formado, y sólo falta que tome lo suyo. La multitud en cuanto sujeto es la verdad del mundo que sólo espera su tiempo de emergencia. El momento de máxima no verdad en la historia del mundo, esto es, el momento del Imperio, se abre a la verdad, que es el contraimperio. El contraimperio es una captura desde adentro, la liberación de lo social de la catexis soberana. Así el contraimperio es la interrupción continua del Imperio dentro del Imperio. ¿No está ese entendimiento contenido ya dentro de una política hegemónica? Para Žižek la hegemonía es el nombre de la universalidad concreta hoy. Para Kraniauskas es una consecuencia directa del modo burgués de producción, que alcanza su final en una inversión absoluta del imaginario de la acumulación primitiva.

El contraimperio podría entenderse, generosamente, como el imaginario mesiánico de la interrupción constante de la hegemonía dentro de la hegemonía. El fin de la subalternidad se afirma mesiánica y voluntaristamente en el libro pero no se fundamenta teóricamente. Depende, no de la construcción de un plano alternativo de lo social, no de la negación de Imperio, sino de la afirmación profética de la venida de la plenitud de los tiempos en la inmanentización consumada. Invierte la relación del cristianismo y el Imperio Romano, pues si el cristianismo vino a los romanos como irrupción de la trascendencia, ahora la trascendencia es precisamente lo que debe ser reducido absolutamente en nombre de lo completamente positivo. Desde esa perspectiva, sin embargo, ¿cómo puede decirse que Zara no es un ejemplo de contraimperio? ¿Qué puede impedirnos pensar que finalmente no hay diferencia entre Imperio y contraimperio, una vez que la inmanentización quede consumada? Digamos que el contraimperio triunfa o va triunfando (pues no cabe un triunfo puntual y simultáneo en todos los frentes): una vez establecida su verdad, ¿es la verdad del contraimperio una verdad para siempre? ¿No amenazará esa verdad, en el momento de su máximo triunfo, con volverse hacia la no verdad? ¿No estará esa gran alegría prostética a un corto paso de la más desolada tristeza? ¿Qué va a lograr que la libertad contraimperial no degenere rápidamente en sujeción hegemónica? En otras palabras, ¿qué garantiza la temporalidad eterna de la segunda determinación ontológica del ser? La respuesta de *Imperio* no es explícita pero puede leerse: sólo la voluntad de la multitud es garantía de la verdad de la multitud. Y la multitud tiene la propiedad infusa de poder mantenerse indefinidamente en su ser multitudinario a favor de las próstesis de la artificialidad ontológica (amor, alegría). La próstesis durará, en otras palabras, hasta que se estropee, en otras palabras, mientras pueda seguir afirmándose proféticamente o hasta que Hardt y Negri dejen de afirmarlo.

Hay diferencia entre Imperio y contraimperio. Según Negri, esa diferencia debe ser entendida como la diferencia entre no-verdad y verdad, entre dominación y libertad. Pero, en el momento, por otra parte imposible e infijable en cuanto momento mesiánico, en el que la plena dominación del Imperio se abre al amor del tiempo y a la llegada de la multitud a la fuerza, en ese mismo momento la diferencia se encuentra a sí misma y ya no hay pretextos. O ese momento es el fin del tiempo, o el tiempo hará su trabajo demoledor en la diferencia. Y eso es un problema.

2. Infrapolítica y reflexión inmaterial

La posibilidad del fin del capitalismo para Žižek (o para Badiou e incluso para Laclau) o la posibilidad del fin del Imperio en Hardt y Negri está vinculada a una posición intelectual francamente optimista. En todos los casos, lo que se afirma es la existencia de una oportunidad, entendida como condición de lo político: la oportunidad de que se produzca un acontecimiento de subjetivación de carácter masivo, dadas las coordenadas particulares de la situación hegemónica en nuestro tiempo. Tal acontecimiento de subjetivación cambiaría históricamente el universal concreto a través de una nueva reivindicación de universalidad—que de todas maneras no podría dejar de presentarse como nuevo universal concreto, y eventualmente como nueva síntesis hegemónica, de ahí la dificultad absoluta del problema del fin de la subalternidad. El problema de la subalternidad es el problema del no sujeto de lo político. Cabe preguntarse si las soluciones políticas a favor de la subjetivación son las más adecuadas para dar cuenta de la problemática fundamental del no sujeto y son conmensurables con ella. El resto de este capítulo intenta la presentación de una forma de pensamiento de lo político, a la que llamaré infrapolítica, que trata de evitar la sacralización de los procedimientos de subjetivación como única opción, es decir, como *condición* de la práctica política en el presente. ¿Hay lugar para la acción o la agencia política fuera del sujeto, en el sentido específico de fuera de la acción de subjetivación?

Como todos los autores estudiados hasta ahora, Mauricio Lazzarato trata de establecer su concepto de pensamiento político no en abstracto sino en relación con las condiciones políticas del presente, lo cual quiere decir en primer lugar, en relación con el capitalismo como principio rector o verdadero nomos de la tierra. El capitalismo avanzado procede a la sustitución de viejas formas de trabajo por las que encuentra como más propias a sus condiciones de producción. El trabajo inmaterial es hoy, dice Lazzarato, cualitativamente más significativo que el trabajo manual para la reproducción social. En "Trabajo inmaterial" Lazzarato define su concepto como "el trabajo que produce el contenido cultural e informacional de la mercancía" (133). En cuanto a su "contenido cultural" el trabajo inmaterial, no entendido como trabajo propiamente dicho en modos de producción previos al del presente, es hoy la tarea de una "intelectualidad de masas" que define "el papel y la función de los intelectuales y de sus actividades dentro de la sociedad" (134). Nuestro trabajo como intelectuales universitarios, por ejemplo, cuyo sentido es determinar precisamente los usos de la historia en cada una de las disciplinas o campos del saber de los que nos ocupamos, y así "definir y fijar *standards* culturales y artísticos, modas, gustos, normas de consumo y, más estratégicamente, opinión pública" (133), más o menos modestamente según las pretensiones individuales, entra dentro de una división del trabajo que tenemos que entender como establecida dentro del modo de producción intelectual propio de la contemporaneidad.

Si es cierto, como dice Lazzarato, que, por una parte, "el concepto de trabajo inmaterial presupone y resulta en una ampliación de la cooperación productiva que incluye la producción y reproducción de la comunicación, y por lo tanto de su contenido más importante: la subjetividad" (140), y si a la vez es cierto, por otra parte, que "lo que buscan las técnicas modernas de *management* es conseguir que 'el alma del trabajador se haga parte de la fábrica,'" y por lo tanto "la personalidad y la subjetividad del trabajador tienen que hacerse susceptibles de organización y mando" (134), entonces, ante tal intensificación biopolítica en las condiciones de trabajo intelectual en el presente, la primera pregunta pertinente es la de hasta qué punto cualquier intento nuestro por elaborar una nueva subjetividad intelectual no está ya de antemano envuelta en el auto-sometimiento a "organización y mando" expuesto por las nuevas técnicas de *management* universitario o cognitivo. Lazzarato tiene una respuesta pesimista y una respuesta optimista. Según la respuesta pesimista, dado que lo que es particular al trabajo inmaterial no es la producción de mercancías que sean "destruidas en el acto del consumo," sino de mercancías que "agrandan, transforman, y crean el ambiente cultural e ideológico del consumidor," entonces el trabajo inmaterial produce "una relación social," y así revela lo que la "producción material había escondido, a saber, que el trabajo produce no solamente mercancías sino primero y sobre todo la relación de capital" (137). Lo que es pesimista aquí es por lo tanto suponer que cualquier posibilidad de trabajo intelectual, sometida hoy por definición a las condiciones de producción de la intelectualidad de masas, no puede ir más allá de promover la relación social como reproducción de la relación de capital: toda nueva producción de subjetividad estaría condenada a ser no otra cosa que respuesta aquiescente a la "organización y mando" del sistema de producción; la próstesis contraimperial sería por lo tanto indiferenciable del Imperio mismo.

Pero Lazzarato da también una respuesta optimista, que consiste en proponer la vinculación de producción de subjetividad a prácticas de sentido. Para Lazzarato hay una posibilidad de innovación en el hecho de que cada producción inmaterial propone una "nueva relación entre productor y consumidor" (145), y que tal relación sólo puede ser apropiada y normalizada por el sistema de producción, pero no puede ser predeterminada por él. "Los elementos innovadores y creativos están estrechamente vinculados a los valores que sólo las formas de vida producen" (145). Así Lazzarato propone la posibilidad de que la lucha contra el trabajo promueva valores que sean irrecuperables por el aparato de organización y mando del sistema de producción económico-social, y que estos valores a su vez desarrollen "el ciclo social de la producción inmaterial" (146) en formas que desborden la relación de capital misma. Este es también, obviamente, el sueño mesiánico de la teoría de la multitud. ¿Puede ser otra cosa que sueño?

Según el viejo historiador Henry Charles Lea la Inquisición española fue un "poder dentro del estado superior al estado mismo" (357). Ese poder es poder biopolítico, entendido como el poder de captura y sometimiento de la vida al control de lo político, y poder de animación política de la vida: sometimiento de la vida al principio de soberanía. El poder de sometimiento de la vida al principio soberano es en cada caso el poder dentro del estado superior al estado mismo—un exceso, una demasía de la que el estado depende, y sin la cual no habría estado.53 ¿De dónde tal exceso? Una posibilidad de contestación, supongo que propiamente materialista, consiste en decir que, en la medida en que el poder dentro del estado es poder estatal, aunque se exceda a sí mismo, el poder dentro del estado superior al estado mismo viene de . . . otro estado, en estructura genealógica. Pero cierta confluencia entre la obra de Michel Foucault y la de Martin Heidegger nos puede permitir cerrar la regresión al infinito que tal hipótesis puede acarrear, y entender el origen, para nosotros, de tal estructura en el mundo romano, y cabalmente—y quizás de forma un tanto sorprendente—en la estructura hegemónica de dominación imperial en Roma.

En sus conferencias de clase del semestre de invierno de 1942-43, en su seminario sobre Parménides, dice Heidegger: "Pensamos lo 'político' como romanos, es decir, imperialmente" (43). El diagnóstico de Heidegger no se limita, sería ingenuo pensarlo, a la Alemania nazi y a la situación del Tercer Reich en el momento del seminario (la derrota alemana en Stalingrado fue vivida por muchos como el principio del fin del Reich), aunque sin duda incorpora una visión profundamente ideológica del destino alemán.54 Pero Heidegger se esfuerza por

---

53 La *History of the Spanish Inquisition*, de Lea (1906-07) es todavía una referencia extremadamente valiosa sobre la historia de la Inquisición, pero su erudición ha quedado inevitablemente anticuada. Joaquín Pérez Villanueva y Bartolomé Escandrell Bonet, eds., prepararon la obra de referencia más contemporánea. En términos de biopoder y biopolítica ver Michel Foucault, *History of Sexuality I* (135-41) y *Society Must Be Defended* (253-63) entre otros textos de su obra tardía. Giorgio Agamben retoma esos conceptos foucaultianos en *Homo sacer*.

54 Ver Heller para la conexión entre el *Parménides* de Heidegger y la batalla de Stalingrado: "El semestre de invierno terminaba en enero o febrero. El ejército soviético había cerrado el círculo en torno al ejército alemás en Stalingrado alrededor de la Navidad de 1942. Alemania había perdido la guerra. Pocos lo sabían; Heidegger era uno de ellos. Esto es fácil de descifrar en el texto de las conferencias sobre Parménides" ("Parmenides and the Battle of Stalingrad" 248). La preocupación de Heidegger por Alemania se convierte en una preocupación con la modernidad en cuanto tal en el establecimiento de una equivalencia entre Alemania y Occidente, particularmente tras el fracaso del régimen nacional-socialista, que era para Heidegger ya claro a finales de los años treinta. Ver "Heidegger's Interpretation of the German 'Revolution'" y "Philosophy, Language, and Politics," de Edler, para apreciar el contexto

proyectar su diagnóstico hacia la totalidad de la historia de Occidente, con respecto de la cual habría llegado a pensar que el movimiento nazi ofrecía una posibilidad de redención. Si pensar lo político es pensarlo como romanos, imperialmente, y si eso viene a convertirse, según una genealogía nietzscheana, en la "historia de un error" (Nietzsche, *Twilight* 51), entonces se trata de encontrar una determinación no-romana de lo político: contraimperial. Pensar una determinación no-romana y contraimperial de lo político pasa fundamentalmente, esa es mi hipótesis, por entender la naturaleza de ese poder dentro del estado superior al estado mismo que Lea asocia con la Inquisición española. Esto no es arbitrario: el mismo Heidegger lo dice, lo dice de paso, lo dice pasando, sin fijarse. Pero habrá que detenerse en ello.

Estas cuestiones no están lejos de las preocupaciones de Lazzarato respecto de si es posible o no, y en qué medida, suspender el mecanismo mismo de organización y mando a partir de un intento de producción intelectual no predeterminado por la historia, sino como insurgencia con respecto de ella. La noción heideggeriana de "pensamiento originario," encontrable en el *Parménides*, busca una interrupción de la historia determinada, que él asocia con la dominación del Occidente romano.[55] Todo tiene que ver, para Heidegger, con un acontecimiento decisivo. Heidegger lo llama, ni más ni menos, "el acontecimiento genuino de la historia" (42), en el sentido de que ningún acontecimiento tiene más importancia que ése, pero también en el sentido de que ese acontecimiento constituye la historia tal como la conocemos: es, para Heidegger, o para el Heidegger de 1942-43, *el* acontecimiento de la historia. El acontecimiento es la latinización transformadora de la noción griega de verdad. "Lo que es

---

político-filosófico. También Kisiel, "Situating Rhetorical Politics," para entender el trasfondo político del compromiso de Heidegger con prácticas reaccionarias. Pero el libro crucial sobre la noción heideggeriana de una segunda revolución dentro del Nazismo y a favor de una filosofía de la autoctonía y el enraizamiento y el desarrollo del pensamiento de Heidegger tras la derrota alemana es el de Charles Bambach, *Heidegger's Roots*. Ver también Sluga, *Heidegger's Crisis* y Fritsche, *Historical Destiny and National Socialism*. Para un uso excelente del *Parménides* heideggeriano en relación con el pensamiento geopolítico ver Spanos, *America's Shadow* 53-63 y siguientes.

[55] Sobre pensamiento originario o primordial ver *Parménides* 6-10. También Heller 249 y siguientes, y en general Bambach.

decisivo es que la latinización ocurre como una transformación de la esencia de la verdad y del ser dentro de la esencia del dominio grecorromano de la historia. Esta transformación es decisiva en que permanece oculta y sin embargo lo determina todo de antemano" (42). Sólo unas páginas más tarde, en conexión directa con la explicación de esa transformación de la esencia de la verdad, Heidegger menciona a la Inquisición española en su seminario, por única vez quizás en toda su obra:

> Tal cambio es la más peligrosa pero también la más persistente forma de dominación. Desde entonces el Occidente ha entendido *pseudos* solo bajo la forma de *falsum*. Para nosotros, lo opuesto de lo verdadero es lo falso. Pero los romanos no se limitaron a disponer el fundamento para la prioridad de lo falso como el sentido estándar de la esencia de la no-verdad en Occidente. Además, la consolidación de esta prioridad de lo falso sobre *pseudos* y la estabilización de esta consolidación es un logro romano. La fuerza operante en este logro ya no es el *imperium* del estado sino el *imperium* de la Iglesia, el *sacerdotium*. Lo "imperial" emerge aquí en la forma de lo curial de la curia del papa romano. Su dominación está igualmente basada en el mando. El carácter del mando reside aquí en la esencia del dogma eclesiástico. Por lo tanto este dogma toma en cuenta tanto lo "verdadero" de los "creyentes ortodoxos" como lo "falso" de los "herejes" y de los "infieles." La Inquisición española es una forma del *imperium* de la curia romana. A través de la civilización romana, tanto la imperial/civil como la imperial/eclesiástica, el *pseudos* griego se convirtió para nosotros en Occidente en lo "falso." Correspondientemente, lo verdadero asumió el carácter de lo no-falso. La región esencial del *fallere* imperial determina lo no-falso tanto como lo *falsum*. Lo no-falso, dicho a la manera romana, es lo *verum*. (46)

Referirse críticamente a la Inquisición española en el semestre de invierno de Friburgo en 1942-1943 no es particularmente intrascendente, sobre todo cuando esa referencia crítica a la Inquisición, antecesora directa del aparato administrativo de la "solución final" nazi en cuanto a la eliminación de un cuerpo social enemigo entendido como "lo judío," la presenta como síntoma del gran error constituyente de la historia de Occidente, literalmente la *falsificación* de la esencia de la verdad y así también de lo político. Como quiera, Heidegger está tratando de pensar una contra-falsi-ficación de lo político en forma contraimperial y contra-romana. Si es cierto entonces que lo imperial romano, en cuanto poder dentro del estado superior al estado mismo, es la falsi-ficación de la verdad, es decir, el entendimiento de la verdad a partir de lo falso, y si es cierto que tal falsi-ficación pasa esencialmente por la captura y sometimiento de la vida al control de lo político, si es cierto que tal falsi-ficación es, en otras palabras, la esencia de lo biopolítico como estrategia de dominación, entonces es necesario precisar qué es "falsi-ficación" y cuál es su relación con lo que antes llamé la estructura hegemónica de la dominación imperial. Debo resumir el análisis de Heidegger, al que en cualquier caso remito.

Falsum deriva de *fallere*, talar, cortar, derribar, ocasionar un derribo. Heidegger pregunta: "¿Cuál es la base para la prioridad de *fallere* en la formación latina de la contraesencia de la verdad?" (44). Y contesta: "reside en que el comportamiento básico de los romanos hacia los seres en general está gobernado por la regla del *imperium*. Imperium dice *im-parare*, establecer, hacer arreglos, . . . ocupar algo por adelantado, y mediante esta ocupación tener mando sobre ella, tener lo ocupado como territorio" (44). Así, en la contraposición de imperar y derribar o talar entendemos la esencia de lo político como poder de mando, y la falsi-ficación de la verdad (de nuevo, el entendimiento de la verdad como mera negación de lo falso, cortar lo falso, hacerlo caer) como principio de hegemonía.

Heidegger no utiliza esta última palabra, y sin embargo, en su definición de poder imperial no puede entenderse otra cosa. Se hace crucial captar que lo falso es precisamente lo que queda talado o derribado, caído, y así eliminado del principio de territorialización, y por lo tanto, en un sentido paradójico, no sometido al mando— eliminado del mando, y eliminado también de la vida. En la vida, sometida a su circunscripción imperial, sólo cabe lo no-falso, y es esto no-falso lo que pasa a ser administrado según la regla hegemónica: "Ser superior es parte de la dominación. Y ser superior sólo es posible mediante un constante permanecer en la posición más alta mediante una constante superación de los otros. Este es el *actus* genuino de la acción imperial. . . . El grande y más íntimo núcleo de la esencia de la dominación esencial consiste en esto: que a los dominados no se les mantiene caídos, no son simplemente despreciados, sino que a ellos se les permite, dentro del territorio del mando, ofrecer sus servicios para la continuación de la dominación" (45). La hegemonía romana, el principio imperial de lo político bajo el cual todavía pensamos lo político es entonces, para Heidegger, el aparato de territorialización del mando según el cual lo que no se hace acreedor al derribo, a la tala, a la simple eliminación es susceptible de colaborar en su propia dominación: esta es la pasión biopolítica, el principio de sometimiento de lo vivo a la captura soberana, la animación de lo vivo bajo el criterio de sujeción al mando en nombre de la falsi-ficación esencial de lo verdadero, cabalmente el poder dentro del imperio superior al imperio mismo. Del que no es de ninguna manera seguro que la noción de verdad contraimperial de Hardt y Negri se haya librado.

En cuanto a Foucault, quiero referirme a su proyecto de establecer una "historia de la verdad," o más bien una historia de las "políticas de la verdad" (13), cuya traza heideggeriana no es siempre suficientemente notada.[56] En la serie de cinco conferencias dictadas en la Pontificia Universidad Católica de Río de Janeiro en mayo de 1973, luego publicadas bajo el título "Verdad y formas jurídicas," Foucault, hablando de campos de conocimiento, se refiere a los tipos de inquisición que "comenzando en los siglos XIV y XV . . . buscaron establecer la verdad sobre la base de cierto número de testimonios cuidadosamente coleccionados de campos tales como la geografía, la astronomía y el estudio de los climas" (49). En particular, dice Foucault, es sobre la base de estos procedimientos inquisitoriales que "apareció una técnica del viaje—como aventura política de ejercicio del poder y como aventura de curiosidad, dirigida a la adquisición de conocimiento—que llevó últimamente al descubrimiento de América"

---

[56] Sobre la relación entre el pensamiento de Heidegger y Foucault ver Milchman y Rosenberg eds., *Foucault and Heidegger*, y en particular Milchman-Rosenberg y Dreyfus, "Toward a Foucault/Heidegger *Auseinandersetzung.*"

(49). La conexión con los temas de Heidegger en el *Parménides* se hace obvia. Para Foucault la Inquisición, que se desarrolla en la Edad Media a través de procedimientos administrativos directamente inspirados en la resurrección carolingia de estructuras imperiales romanas y en procedimientos político-espirituales de la Iglesia o de la curia romana, es no solamente el principio de la acción biopolítica propiamente dicha sino también un grave acontecimiento histórico: "su destino sería prácticamente coextensivo con el destino particular de la llamada cultura 'europea' u 'occidental'" (34). Las formas jurídicas derivadas del modelo inquisitorial se hicieron "absolutamente esenciales para la historia de Europa y para la historia del mundo entero, en tanto Europa impuso violentamente su dominio sobre la entera superficie de la tierra" (40).

La raíz "imperial," en el sentido heideggeriano, de las prácticas inquisitoriales tiene que ver con la inversión abismal que realizan con respecto de la otra tradición de justicia existente en el corazón de la Europa medieval: la germánica, aplicada según el principio de la prueba, y que constituye el fundamento del derecho feudal. Para Foucault, "en la ley feudal, las disputas entre dos individuos se adjudicaban mediante el sistema de la prueba. Cuando un individuo procedía a establecer una reivindicación o protesta, acusando a otro de haber matado o robado, la disputa entre ambos se resolvía mediante una serie de pruebas aceptadas por ambos . . . El sistema era una forma de probar no la verdad, sino la fuerza, el peso, la importancia del que hablaba" (37); "un procedimiento de encuesta, una búsqueda de la verdad nunca intervenía en este tipo de sistema" (36). Mediante el sistema inquisitorial el representante del poder abandona el sistema feudal de pruebas y procede a adjudicar justicia, y no sólo en cuanto a actos criminales, sino también en todas las disputas relacionadas con la propiedad, la renta, los impuestos y la administración económica, mediante el sometimiento absoluto de las partes implicadas a la regla de soberanía. De ahí, dice Foucault, que el poder político en este sistema se convierta "en el personaje esencial" (45).

"Al llegar al sitio designado, el obispo iniciaría primero la *inquisitio generalis* . . . preguntándoles a todos los que deberían tener conocimiento—los notables, los mayores, los más cultos, los más virtuosos—qué había pasado en su ausencia, especialmente si había habido transgresiones, crímenes, y demás. Si esta encuesta encontraba respuesta positiva, el obispo pasaba a un segundo estadio, la *inquisitio specialis*, que consistía en averiguar quién había hecho qué, en determinar quién era realmente el actor y cuál era la naturaleza del hecho" (46); "este modelo—espiritual y administrativo, religioso y político—este método para administrar, supervisar y controlar las almas se encontraba en la Iglesia: la inquisición entendida como mirada se enfocaba tanto en posesiones y riquezas como en corazones, actos e intenciones. Fue este modelo el que fue tomado y adaptado al procedimiento judicial [por parte de la autoridad real]" (47). Y lo que tal forma jurídica consigue es establecer una intervención decisiva para la historia política y de lo político en el nivel de lo que Foucault hacia el final de su serie de conferencias llama "infrapoder." Este "infrapoder," verdadero poder dentro del estado superior al estado mismo, refiere "no al aparato de estado, no a la clase en el poder, sino al conjunto entero de pequeños poderes, de pequeñas instituciones situadas en el nivel más bajo" (86-87).

La Inquisición como procedimiento biopolítico inicia para la incipiente modernidad occidental un vasto proceso de sometimiento de la vida a la gestión imperial, en el que en última instancia lo que está siempre en juego es asegurar que los individuos colaboren en su propia dominación según la estructura del mando hegemónico: todo aquel que no esté en lo falso, y que no deba por lo tanto ser talado y derribado, matado sin asesinato ni sacrificio, para usar la definición que da Giorgio Agamben de la vida desnuda en *Homo sacer*, marginada de la operación biopolítica, está necesariamente en lo no falso: es decir, en el cerco imperial de la administración, en el auto-sometimiento como servicio a una razón entendida como cálculo político.[57] En otro lugar del *Parménides* dice Heidegger: "Lo imperial surge de la esencia de la verdad como corrección en el sentido de la garantía directiva y autoadaptante de la seguridad de la dominación. El 'tomar por verdadero' de la *ratio*, de *reor*, se convierte en seguridad anticipatoria de largo alcance. *Ratio* se hace cuenta, cálculo. *Ratio* es un auto-ajuste a lo que es correcto" (50).

---

[57] Para Agamben "la esfera soberana es la esfera en la que está permitido matar sin cometer homicidio y sin celebrar un sacrificio, y la vida sagrada—esto es, vida que puede ser matada pero no sacrificada—es la vida que ha sido capturada en ese esfera" (*Homo Sacer* 83).

Foucault llama infrapoder al aparato biopolítico de secuestro cuya misión en nuestro tiempo, genealógicamente condicionada por la historia heideggeriana de la falsi-ficación imperial, es "hacerse cargo de la totalidad de la dimensión temporal de las vidas de los individuos" (80). El infrapoder en el capitalismo tardío determina, según procesos analizables históricamente y retrotraíbles a la fundación de la modernidad mediante la expansión imperial, "la conversión del tiempo de vida en fuerza de trabajo y de la fuerza de trabajo en fuerza productiva" (84). Las instituciones de infrapoder son, "en un sentido esquemático y global, . . . instituciones de secuestro" (84). Tratar de destruir o disminuir el alcance de estas instituciones de secuestro es atacar el infrapoder, y así moverse hacia una concepción contraimperial de lo político, hacia una infrapolítica, en el sentido de que se sitúa no al nivel de la lucha hegemónica sino por debajo de él, bajo su suelo imperial.

Dada la indecidibilidad de las dos posiciones detectables en Lazzarato, a saber, que es posible producir nuevos valores no determinados por el sistema de producción con potencia de desborde del sistema de producción, o que no es posible rebasar las condiciones biopolíticas que marcan toda producción de subjetividad como subjetividad siempre normalizable por el sistema, digamos que meditar sobre los usos de la historia, en la misma indecidibilidad de su uso, es estar ya caído en una perspectiva nihilista. En la vieja interpretación heideggeriana de las tesis sobre el nihilismo de Nietzsche, el nihilismo nunca es uno: siempre viene en forma de dos, el primero es nihilismo imperfecto, y el segundo es nihilismo consumado. Para Heidegger, en su glosa de los fragmentos póstumos de Nietzsche, no hay nihilismo imperfecto más que desde la perspectiva del nihilismo consumado; y a la vez, no puede haber nihilismo consumado más que si postulamos un nihilismo imperfecto.[58] En su ensayo titulado "El Mesías y el soberano:

---

[58] Para la dilucidación heideggeriana del concepto nietzscheano del nihilismo ver el volumen 4 del *Nietzsche* de Heidegger. Sobre la diferencia entre nihilismos ver, por ejemplo: "La metafísica de Nietzsche es nihilismo propiamente . . . La metafísica de Nietzsche no es un vencimiento del nihilismo. Es el último enredo en el nihilismo . . . Mediante el enredo del nihilismo en sí mismo, el nihilismo se hace por primera vez totalmente completo en lo que es. Tal nihilismo perfecto, totalmente cumplido, es la consumación del nihilismo propiamente hablando" (203).

el problema de la ley en Walter Benjamin," Agamben radicaliza esa intuición heideggeriana a partir de un curioso intercambio entre Benjamin y Gershom Scholem a propósito de Kafka. Para Agamben la diferencia entre uno y otro nihilismo tiene que ver precisamente con la dilucidación de "la estructura oculta del tiempo histórico mismo" (168).

Pero la cosa se complica mucho ya en Agamben cuando menciona, siguiendo a Benjamin y a Scholem, que el nihilismo y el mesianismo son o vienen a ser la misma cosa. Dice Agamben:

> Si aceptamos la equivalencia entre mesianismo y nihilismo de la que tanto Benjamin como Scholem estaban firmemente convencidos . . . tendremos que distinguir entre dos formas de mesianismo o nihilismo: una primera forma (a la que podemos llamar nihilismo imperfecto) que nulifica la ley pero mantiene la nada en un estado de validez perpetuo e infinitamente diferido, y una segunda forma, un nihilismo perfecto que ni siquiera deja que la validez sobreviva más allá del significado sino que antes bien, como escribe Benjamin de Kafka, "consigue encontrar redención en la inversión de la nada" (171).

La diferencia entre ambas perspectivas sobre el nihilismo, entre ambos nihilismos o ambos mesianismos, es pequeña: se trata sobre todo de hacer un "pequeño ajuste" (174), crear un ligero desplazamiento. Entender "la estructura oculta del tiempo histórico mismo" consistiría entonces en localizar, identificar, incluso, tal vez, simplemente nombrar ese desplazamiento. El pequeño ajuste nos lleva a una forma de nihilismo perfecto, desde el que se hace posible imaginar redención. Esto es un paso decisivo en relación con el poder del estado superior al estado mismo, esto es, en relación al infrapoder.

¿Marca el trabajo inmaterial en nuestro tiempo la subsunción final del tiempo en el trabajo? Hay dos usos de la historia de carácter fundamental, que remiten a las dos caras o vertientes de la posición de Lazzarato y también a la diferencia entre las dos caras o dos manifestaciones del nihilismo o del mesianismo. Según el primer uso, el uso habitual, el uso soberano, el uso, por ejemplo, que permite entender la Inquisición bajo la figura de la soberanía, e incluso de la soberanía con respecto del estado, la historia es historia biopolítica, y así siempre inmersión y atrapamiento en la relación soberana. Para usar una expresión de Eric Santner a la que luego me referiré más ampliamente, este uso de la historia propone el entendimiento de la historia, o de la relación a la historia, como "rendimiento relacional," en el sentido de que uno, el sujeto, se rinde a la relación, se rinde a la vida relacional, y así se rinde a la soberanía (Santner 90). Esto es a la vez nihilismo o mesianismo imperfecto y también la primera hipótesis de Lazzarato, que pasa por el entendimiento de la historia como temporalización de la captura de la vida por lo político.

Hay un segundo uso fundamental, pero desusado, fuera de uso, un uso sin uso que ya no sé si puede compararse a la segunda hipótesis de Lazzarato. El progresismo de Lazzarato, como el de Hardt y Negri, está demasiado marcado por el concepto de producción de nuevos valores a partir de formas de vida, es decir, demasiado marcado por un concepto de subjetividad productiva que es estructuralmente incapaz de sobrepasar el sistema de producción y tiene que limitarse a establecer una relación con él. La productividad subjetiva, definida por Lazzarato sobre la base de "formas de vida," es siempre ya biopolítica, y quizás lo es más que nunca cuando intenta cambiar la condición dominante de la biopolítica. A ese uso desusado podemos llamarle historia desobrada, para usar la palabra puesta en circulación por Maurice Blanchot y Jean-Luc Nancy.[59] Este uso des-obra las determinaciones del primer uso. Si el procedimiento característico del primer uso de la historia es la captura de la vida por lo político, la captura de la vida por la relación soberana, el procedimiento característico de este segundo uso es la interrupción del principio de soberanía, el desobramiento de lo político, la des-producción del uso de la historia. No olvidemos que incluso en este segundo uso seguimos en la órbita del nihilismo mesiánico o del mesianismo nihilista. La "inversión" del primer uso, esa "redención" que promete Benjamin, y que es precisamente, de forma muy marcada en Benjamin, redención con respecto de la infinita biopolitización de lo vivo, es todavía un uso, aunque sea un uso sin uso, y así está todavía en el terreno de lo político—aunque de forma un tanto especial, esto es, de forma infrapolítica.[60]

[59] Ver Blanchot, *Unavowable Community* y Nancy, *Inoperative Community*.
[60] Agamben se refiere a este desobramiento en un sentido algo diferente en *Homo Sacer* 61.

Agamben resuelve el intercambio entre Benjamin y Scholem al ofrecer una lectura diagnóstica de la historia del presente en clave nihilista-mesiánica que preludia el abrazo del nihilismo perfecto en nombre de la necesidad de un enfrentamiento infrapolítico con las estructuras de secuestro institucional:

> Hoy, en todas partes, en Europa como en Asia, en los países industrializados tanto como en los del "Tercer Mundo," vivimos en el cerco de una tradición que está permanentemente en estado de excepción. Y todo poder, democrático o totalitario, tradicional o revolucionario, ha entrado en una crisis de legitimación en el que el estado de excepción, que era el fundamento escondido del sistema, ha venido plenamente a la luz. Si la paradoja de la soberanía tuvo alguna vez la forma de la proposición "no hay nada fuera de la ley," adopta una forma perfectamente simétrica en nuestro tiempo, en el que la excepción se ha hecho regla: "no hay nada dentro de la ley;" todo—todas las leyes—están fuera de la ley. El planeta entero se ha convertido ahora en la excepción que la ley debe contener en su cerco. Hoy vivimos en esta paradoja mesiánica, y cada aspecto de nuestra existencia soporta sus marcas. (170)

Agamben está por supuesto hablando desde la octava tesis sobre la filosofía de la historia de Benjamin, que dice: "la tradición de los oprimidos nos enseña que el 'estado de excepción' en el que vivimos es la regla. Debemos llegar a un concepto de historia que corresponda a ese hecho. Entonces tendremos la tarea de producir un *real* estado de excepción" (Benjamin citado por Agamben 160). En esa octava tesis Benjamin se refiere a la definición schmittiana de la soberanía como el poder de decidir el estado de excepción.[61] Desde la frase de Lea sobre la Inquisición, la Inquisición es cuerpo soberano precisamente en cuanto poder dentro del estado superior al estado mismo—el cuerpo soberano tiene el poder de suspender la ley desde la ley, y así vive

---

[61] Ver Schmitt, *Political* 1-15. Agamben también refiere al estado de excepción schmittiano en *Homo Sacer* (8-19; 26-42), pero desarrolla sus implicaciones en *Stato di eccezione*. Ver siguiente capítulo para una discusión extensa.

simultáneamente dentro y fuera de la ley. Como el Mesías: también Él revela la estructura oculta de la ley, y suspende la ley indefinida o infinitamente. La Inquisición es entonces verdad de nuestro tiempo, alegoría o literalidad de un estado de excepción más legal que la ley, es decir, relación soberana que exige absolutamente el rendimiento a la relación. "Podemos comparar la situación de nuestro tiempo a la de un mesianismo paralizado o petrificado que, como todos los mesianismos, nulifica la ley, pero entonces la mantiene como la nada de la revelación en un estado de excepción perpetuo e interminable, 'el estado de excepción' en el que vivimos" (171).

Pero Benjamin dice que cuando lleguemos a un concepto de historia que entienda y de cuenta de esa paradoja de la soberanía que al mismo tiempo oculta y revela la excepción de la ley, "la fundación mística de la autoridad," en palabras de Jacques Derrida citando a Montaigne (Derrida, "Force" 239), entonces podremos llegar a producir un "estado de excepción real." De nuevo dos estados: el estado de excepción "en el que vivimos," correspondiente al uso biopolítico de la historia, y ese otro estado desusado y enigmático, "el estado de excepción real," del que depende la posible redención. Y entre ambos la necesidad de un "pequeño ajuste" infrapolítico, solo posible tras hacernos con una concepción de la historia que revele su fundamento escondido.

Agamben cita la carta de Scholem a Benjamin en la que Scholem comenta el ensayo de Benjamin sobre Kafka. "Scholem define la relación a la ley descrita en las novelas de Kafka como la 'nada de una revelación,' queriendo que esta expresión nombre 'un estadio en el que la revelación no significa, pero todavía se afirma por el hecho de que es válida. Donde la riqueza de la significación se ha ido y lo que aparece, reducido, por así decirlo, al punto cero de su propio contenido, todavía no desaparece (y la revelación es algo que aparece), allí aparece la nada'" (169). Validez sin significación: punto cero del sentido de la ley, y así también aparición de la ley en toda su fuerza mesiánica y suspensora de la ley. La Inquisición es también validez sin significación: nihilismo imperfecto. Igual que, a mi juicio, toda teoría moderna del sujeto de lo político, y todas las estudiadas en este libro.

En su libro *Sobre la psicoteología de la vida cotidiana* Eric Santner comenta largamente este pasaje. Si hay dos usos de la historia, y si el primer uso es un uso petrificado a través del cual la validez sin significación de la ley pesa como mesianismo imperfecto, pesa como pesa la Inquisición en la historia de España y de Occidente, y si el segundo uso es infrapolítico y está a favor de un nuevo y real estado de excepción, mesianismo consumado que desobra la historia al morar en el exceso o demasía que es no sólo la condición de posibilidad de la relación soberana sino también la condición de posibilidad de su desestabilización, Santner busca el segundo. El primero es para él rendimiento relacional. Al segundo, que es desestabilización constituyente, Santner, remitiendo a categorías lacanianas fuertemente reenfatizadas por Žižek, le llama "atravesar la fantasía," deshacer la fantasía relacional que nos instala y nos atrapa en el rendimiento subjetivo.

Santner llama "éxodo" a esa posibilidad redentora de deshacer la fantasía relacional que mantiene a la "vida capturada por la cuestión de su legitimidad" (30).[62] En diálogo con la interpretación que hace Agamben de la frase de Scholem "validez sin significado," piensa que "el dilema del sujeto kafkiano—exposición a una plusvalía de validez sobre sentido—apunta . . . al lugar fundamental de la fantasía en la vida humana. La fantasía organiza o 'liga' esa plusvalía en un esquema, una torsión o giro distintivo que le da color/distorsiona la forma de nuestro universo, cómo el mundo se nos revela" (39). El éxodo, entonces, es la posibilidad de recobrar o desligar "el núcleo disruptor de esa fantasía y de convertirlo en 'más vida,' la esperanza y posibilidad de nuevas posibilidades" (40); o, en otras palabras, la posibilidad de devenir "abierto a lo real dentro de la realidad" (74), y abierto por lo tanto a la conciencia del infrapoder dentro del poder. El éxodo es conciencia infrapolítica, lo cual implica: sólo desde nuestro secuestro por los aparatos de infrapoder, que determinan el lugar individual de experiencia de la relación soberana para cada uno de nosotros, se hace posible proceder a un desalojo con respecto de ellos.

No parecemos estar, pues, muy lejos de la segunda hipótesis de Lazzarato: "La misma dinámica que nos ata a una formación ideológica es . . . el lugar donde la posibilidad de posibilidades genuinamente nuevas puede aparecer" (Santner 81). Santner repite aquí un viejo

---

[62] Santner no menciona el trabajo de Paolo Virno, aunque su uso del término "éxodo" es deudor de Virno, "Virtuosity and Revolution." Sin embargo, el uso del término "éxodo" en ambos autores es fundamentalmente heterogéneo.

postulado de la tradición marxista, según el cual es el capitalismo mismo el que nos da armas para su vencimiento. Aunque sin mencionar la lectura derrideana sobre la "*hauntologie*" de Marx, Santner apela a ella para establecer que tanto en Franz Rosenzweig (el pensador que concierne, junto con Freud, al libro de Santner) como en Marx

> toda relación de intercambio—y eso significa todos los sistemas socio-simbólicos a través de los que un individuo adquiere una identidad o valor general y genérico—dejan siempre un resto, una plusvalía insistente e inquietante para la que no puede postularse equivalente general alguno. Y para ambos esta inquietante plusvalía que funciona en su mayor parte como la fuerza impulsora del sistema simbólico puede constituirse en el sitio de una ruptura con él, el lugar en el que puede abrirse la posibilidad de desalojarse respecto del dominio del soberano o del equivalente general. (96-97)

Ahora bien, en Santner, como en Benjamin, como en Marx según Derrida, esa posibilidad redentora y revelatoria es posibilidad mesiánica. La interrupción de la fantasía, el desligar del núcleo traumático que nos sostiene como vida distorsionada en el sometimiento a todo infrapoder, es precisamente intervención mesiánica: "[esa fantasía y/o ese núcleo traumático] desaparecerá[n]," dice Benjamin, "con la venida del Mesías, de quien un gran rabino dijo un día que no quería cambiar el mundo por la fuerza, sino solo hacer un pequeño ajuste en él" (citado por Santner 122).

El pasaje del nihilismo imperfecto al nihilismo consumado es cuestión, pues, de orientación infrapolítica hacia el pequeño ajuste. El texto de la deconstrucción insiste en ese pequeño ajuste como fundamental a su propia estrategia. La diferencia entre el mesianismo y lo mesiánico es en Derrida la diferencia mínima que instituye lo mesiánico como la posibilidad misma, que se hace entonces la necesidad, de una orientación política para la deconstrucción, y una y otra vez la base mínima para la decisión. En el lenguaje de la deconstrucción, dado que las condiciones de posibilidad de la justicia son también las condiciones de su imposibilidad, dado que "la imposibilidad de justicia para todos es la posibilidad misma de que exista la justicia en absoluto,"⁶³ y la imposibilidad de hospitalidad la única apertura a la hospitalidad, la imposibilidad de amistad condición de posibilidad de la amistad, etcétera, una orientación hacia la apertura infrapolítica es orientación hacia la condición incondicionada que rige la estructura aporética. Existe la aporía, es decir, el nihilismo. La diferencia entre una experiencia imperfecta y una consumada de aporía es la diferencia entre entender lo aporético como el fin del pensamiento o entenderlo como apertura a un pensamiento reflexivo que es también el principio de la práctica infrapolítica allí donde la supresión de la aporía (en todo mesianismo imperfecto) refuerza la violencia exorbitante de la hegemonía imperial biopolítica.

Para concluir, pues, ¿cómo puede afectar la relación mesiánica, como orientación al pequeño ajuste, la decidibilidad de las dos hipótesis de Lazzarato sobre la práctica político-intelectual del trabajo inmaterial? La relación mesiánica no es más que la promesa de que la segunda hipótesis de Lazzarato es verdadera, es decir, de que es posible un cambio político liberador de naturaleza fundamental—de ahí que todo mesianismo esté todavía hundido en el nihilismo; porque sólo es promesa. La nada perfecta de la promesa es la otra cara de la nada de la revelación, que constituía el nihilismo imperfecto en la parábola de Kafka según Benjamin. ¿Puede la "intelectualidad de masas" del presente alcanzar un desobramiento tal que la posibilidad mesiánica quede preparada en él, mediante el desmantelamiento de todo nihilismo imperfecto? Ese sería el movimiento hacia un entendimiento infrapolítico o contraimperial de lo político. Dice Heidegger: "Pensamos lo político como romanos, esto es, imperialmente." El infrapoder inquisitorial, el poder dentro del estado superior al estado mismo, el poder de la fantasía que ata el núcleo traumático de la dominación a nuestra propia inmersión en la auto-dominación (el problema marrano por excelencia)—esos son los lugares para la inversión benjaminiana, y por lo tanto los lugares donde se puede desarrollar una práctica infrapolítica que ya pensaría lo político contra la política imperial, de forma no romana, contra la falsi-ficación del mundo. En la falsi-ficación ya no hay el terror o la alegría del desocultamiento sino más bien rendimiento relacional. En el rendimiento relacional la relación política no es sino una relación de poder. Toda noción de hegemonía es

---

⁶³ Le debo a Martin Hagglund, en comunicación personal, esta formulación.

rendimiento relacional.

Contra el infrapoder, la infrapolítica, del lado de aquellos y de aquello para quienes y para lo que la empresa de falsi-ficación esencial de la vida, y con ello de la muerte y de toda la empresa de finitud creativa con ella asociada, incluida la empresa de intelectualidad de masas que determina el papel y la función y los límites de la vida intelectual hoy, es el enemigo. Cuenta Foucault que una de las pruebas u ordalías del viejo orden tribal germánico consistía en lo siguiente: "se ataba la mano derecha de una persona a su pie izquierdo y se le tiraba al agua. Si no se ahogaba perdía el caso, puesto que el agua no lo había aceptado como debía haber hecho; si se ahogaba, ganaba, pues el agua no lo había rechazado" (38). Pero tiene que haber una forma de ganar la ordalía más allá de la alternativa quiasmática: si pierdes o ganas el caso, indiferentemente pierdes la vida. El éxodo de la alternativa: la infrapolítica no es sino la búsqueda de un éxodo no biopolítico de tal coyuntura.

Capítulo sexto
Un dios sin soberanía. La decisión pasiva

> Dijeron que "se había estado creando una atmósfera de ambigüedad legal como resultado de decisiones políticas a los niveles más altos del Pentágono. Los oficiales de la Asesoría Jurídica (JAGC) estaban siendo eliminados del proceso de formulación de decisiones." Le dijeron que, con la guerra sobre el terror, una historia de cincuenta años de aplicaciones ejemplares de las Convenciones de Ginebra había llegado a su fin.
> (Hersh, "Gray" 42-43).

Las acciones de Estados Unidos en Guantánamo, el caso Padilla, los incidentes de maltrato de prisioneros de guerra que salieron a la luz en el escándalo de la cárcel de Abu Ghraib y el de las cárceles secretas de la CIA en territorios fuera de la jurisdicción de Estados Unidos cuestionan la validez práctica de las Convenciones de Ginebra de 1949. Tendemos a pensar en ello como un desarrollo ominoso del presente. Y sin embargo ya Carl Schmitt lo había adelantado en sus conferencias de 1962 sobre la teoría del partisano.

> Las cuatro Convenciones de Ginebra del 12 de agosto de 1949 son labor de una conciencia humana, y un desarrollo humanitario que merece nuestra admiración. Otorgando al enemigo una porción de humanidad y también de legitimidad en el sentido de reconocimiento, permanecen fundadas en la tradición del derecho internacional clásico, sin el que tal humanitarismo habría sido improbable. Su base es

> todavía la fundación estatista de la guerra, orientada hacia su contenimiento, con claras distinciones entre guerra y paz, y entre guerra civil y guerra entre estados, entre enemigo y criminal, entre militar y civil . . . Al suavizar estas distinciones e incluso al cuestionarlas, abren la puerta para un tipo de guerra que destruiría intencionalmente tan claras divisiones. En ese punto muchas reglas de compromiso cuidadosamente formuladas empiezan a aparecer como puentes frágiles sobre un abismo que oculta metamorfosis portentosas en los conceptos de guerra, paz y el partisano. (*Theory* 37)

Podemos estar asistiendo al desvelamiento de las metamorfosis portentosas de Schmitt. ¿Han conseguido deshacer la validez presente de su teoría del partisano? ¿Es el partisano, hoy, todavía viva "figura del espíritu-mundo," como dice Schmitt en referencia a la historia hegeliana (52), o ha ido a parar al basurero de la historia? Esa "chispa que en 1808 voló al norte desde España" (53) convirtió al partisano—ya como "defensor de la autoctonía de la casa" ya como "activista revolucionario internacionalista agresivo"—en el verdadero héroe militar del imaginario moderno. La militancia partisana, en las guerras de liberación nacional, anticoloniales o civiles en las que se combatía a favor de la justicia revolucionaria, llegó a cobrar importancia histórica mundial tras las invasiones napoleónicas. Pero Jacques Derrida dice en *Voyous* que

> se prepara una nueva violencia que en verdad ha sido desencadenada para un largo porvenir, de forma más visiblemente suicida y autoimnunitaria que nunca. Esta violencia ya no sale de una guerra mundial o incluso de la guerra en cuanto tal, y mucho menos de ningunas leyes de la guerra. Y esto no es consolador: al contrario. No se trata, esencialmente, de la guerra clásica e internacional, declarada conforme al viejo *jus europeanus*, ni de lo que Schmitt llama 'guerra partisana,' pues esta última, como el terrorismo en su denominación clásica, recurría a la violencia y al terror con vistas a la liberación o a la fundación más o menos lejana de alguna comunidad nacional-estatal

territorializada, por lo tanto de alguna soberanía" (*Voyous* 214).

La implicación es por supuesto que la violencia contemporánea partisana o contrapartisana, ya no primariamente estatista, no ocurre ahora en el nombre de la soberanía. Si no ocurre en el nombre de la soberanía, ¿entonces en nombre de qué? ¿De algún mesianismo, de variedad partisana o contrapartisana?

La pregunta es entonces si, dados los trastornos de la soberanía, incluso de la soberanía democrática, es posible hoy desarrollar una concepción de la práctica política antipartisana y antimilitante de carácter democrático; y también de carácter antimesiánico o al menos antimesianista. Aunque no pretendo tematizar particularmente la noción derrideana de "mesianicidad sin mesianismo" tal como es elaborada en *Espectros de Marx*, sí me parece útil, en relación con ciertas precisiones del capítulo anterior, anotar aquí que la importancia del concepto derrideano, y de la distinción conceptual que implica, refiere a una destrucción de todo posible mesianismo. La mesianicidad, en la contribución de Derrida, es meramente lo que permanece como afirmación y pasión de justicia más allá de toda posible subjetivación mesiánica. La mesianicidad es de hecho, para Derrida, la contrapartida formal de la soberanía, y por lo tanto antisoberana hasta el fin. La mesianicidad (*sin* mesianismo, cosa que tiende a olvidarse insólitamente) es también la catexis misma de la posible o imposible "decisión pasiva" (*Voyous* 210) que mi análisis acabará privilegiando como posible noción-guía para una práctica política antisoberana, antimilitante y antipartisana, y además *fuera* de la determinación schmittiana de la política moderna como teología política.[64]

---

[64] Lo mesiánico, en cuanto a la mesianicidad, refiere "a la acontecimentalidad del acontecimiento, a la singularidad y a la alteridad del otro" (*Specters* 28), y es una noción crucial en el Derrida de los noventa que también remite al interés de Derrida en el pensamiento de Emmanuel Lévinas. Quizás ninguna otra noción haya sido tan abiertamente ridiculizada por los adversarios de Derrida, que deberían sin embargo admitir que no son capaces de tomarla en serio al nivel conceptual. Por ejemplo, Slavoj Žižek comienza su *The Puppet and the Dwarf* con una referencia vaga a la "dimensión teológica a la que se le da un nuevo término de vida bajo el disfraz del giro mesiánico 'postsecular' de la deconstrucción" (3)—lo cual resulta por lo demás sorprendente como crítica en

1. El estado universal

Hacia el final de su seminario de 1959-60 sobre la ética del psicoanálisis Jacques Lacan establece la diferencia entre el "hombre ordinario" y "el héroe" sobre lo que podríamos llamar la estructura de la traición (Lacan, *Ethics* 321). El héroe—Antígona como heroína acaba de ser presentada en el seminario como figura ejemplar—es aquel o aquella que "no cede en su deseo." Dado que el deseo es "la metonimia de nuestro ser," la estructura ética que constituye la posibilidad existencial del héroe no es otra que la perseverancia radical. Dentro del contexto de la perseverancia radical, la traición es impotente, y la definición de un héroe es por consiguiente "alguien que puede ser traicionado con impunidad" (321)—es decir, en mi lectura, alguien que puede ser traicionado sin que la traición cambie su estructura de comportamiento. Para el hombre ordinario, sin embargo, las cosas son muy distintas, pues "la traición que casi siempre le ocurre lo devuelve al servicio de los bienes, pero con el proviso de que ya nunca más encontrará el factor que restaura un sentido de dirección en ese servicio" (321). Es decir, para el hombre ordinario la traición es terminal. La pérdida de dirección resulta catastrófica porque, en la antropología lacaniana, el ser del hombre—o de la mujer, por ejemplo, Antígona—está siempre de antemano vinculado a "un destino particular:" "ese destino demanda insistentemente que la deuda sea pagada, y el deseo continúa volviendo, continúa regresando, y nos sitúa una vez más en un sendero dado, el sendero de algo que es específicamente nuestro asunto" (319). La pérdida de dirección, como pérdida del camino, deja al hombre a la deriva y desconectado de su

---

un autor que apenas un par de años más tarde estaría resueltamente defendiendo la teología política en *The Neighbor. Three Inquiries in Political Theology*—para no hacer más referencia a ello en el resto del libro, por fortuna, pues la referencia es inepta. No hay nada remotamente teológico en la estructura de lo mesiánico, que simplemente registra el hecho de que "la venida del otro, la singularidad absoluta e impredecible del otro" (*Specters* 28) es una condición del pensamiento, y no sólo de la experiencia ética o política. Lo mesiánico es un punto de partida para la participación política racional. *Voyous* hablará del "espacio racional de una fe hipercrítica, sin dogma y sin religión, irreducible a toda institución religiosa o implícitamente teocrática. Es lo que he llamado el esperar sin horizonte de una mesianicidad sin mesianismo" (21).

ser, de su deseo. Los traidores, si fueran decentes, tendrían que pensar dos veces su traición, dadas las consecuencias.

El hombre ordinario encuentra su sendero bloqueado o desvanecido, y no sabe por dónde tirar. La traición ha tomado lugar, y él o ella han aceptado la traición, han aceptado, no tenían más remedio, pagar ese precio:

> Lo que llamo "ceder en el propio deseo" está siempre acompañado en el destino del sujeto por alguna traición... O bien el sujeto traiciona su propio camino, se traiciona a sí mismo, y el resultado es significativo para él, o bien, más sencillamente, tolera el hecho de que alguien con quien se ha comprometido más o menos a hacer algo traiciona su esperanza y no hace por él lo que su pacto estipulaba... Algo se juega en la traición si uno la tolera, si, empujado por la idea del bien—y por ello entiendo el bien del que acaba de cometer el acto de traición—, uno cede terreno hasta el punto de renunciar a su propia demanda y se dice a sí mismo: "Bueno, si las cosas están así, debo abandonar mi posición; ninguno de nosotros vale mucho, y especialmente yo, así que deberíamos volver ambos al camino común." Pueden ustedes estar seguros de que lo que encuentran ahí es la estructura de la cesión del deseo propio. (321)

En suma, la estructura de la traición—de la traición del deseo, pues toda traición es para Lacan traición del deseo—regula la propia relación al ser. "Se sabe lo que cuesta ir adelante en una dirección dada, y si no se va en esa dirección, se sabe por qué. Uno puede incluso sentir que, si en las cuentas propias con el deseo, no se está exactamente en números negros, es porque no se ha podido hacer mejor, pues ese no es un camino que uno pueda tomar sin pagar el precio" (323).

El precio, que es el precio de la perseverancia radical, que se paga, o precisamente no se paga, por el héroe o el hombre ordinario, de formas diferentes, se articula siempre siguiendo los varios ejes de la actividad humana. En las páginas de este seminario Lacan menciona dos: el religioso y el político. En cuanto al religioso, "ese bien que se sacrifica al deseo—y notarán ustedes que eso significa lo mismo que ese deseo que se pierde por el bien—esa libra de carne es precisamente lo que la religión intenta recuperar. Ese es el solo rasgo común a todas las religiones; es coextensivo con toda religión, con la totalidad de sentido de la religión" (322). Y, en cuanto a lo político:

> Parte del mundo ya se ha movido resueltamente en la dirección del servicio de los bienes, de esa forma rechazando todo lo que tiene que ver con la relación del hombre al deseo—es lo que se conoce como la perspectiva postrevolucionaria. La única cosa por decir es que la gente no parece haberse dado cuenta de que, al formular las cosas de esta manera, se está simplemente perpetuando la eterna tradición del poder, a saber, "continuemos trabajando, y en lo que concierne al deseo, vuelva usted más tarde." ¿Pero qué importa? En esta tradición el futuro comunista es sólo diferente del de Creón, del futuro de la ciudad, en que asume—y esto no es negligible—que la esfera de los bienes a la que todos debemos dedicarnos puede en algún momento abrazar la totalidad del universo. En otras palabras, esta operación sólo se justifica en la medida en que el estado universal está en el horizonte. (318)

La perspectiva política postrevolucionaria, comunista o liberal, incorpora una traición fundamental del deseo basado en la esperanza ontológica de lo que Lacan llama el estado universal. El estado universal—un paraíso imposible de trabajo en libertad—sustituye la promesa infinitamente diferida pero siempre presente de la coincidencia del deseo consigo mismo, sin duda una promesa del deseo mismo, y no sólo del poder, de hecho una promesa del deseo soberano, que, en la sustitución aceptada, se revela como al mismo tiempo una promesa del deseo de traición. El estado universal, dice Lacan, "significa nada más que suponer que las cosas cambiarán al nivel molecular, al nivel de la relación que constituye la posición del hombre ante los varios bienes, en la medida en que hasta ahora su deseo no ha estado allí" (318).

La promesa o esperanza del estado universal—no hay promesa sin esperanza—, aunque "nada indique que incluso en su límite el problema vaya a desaparecer" (318), *es* el horizonte político del fin de lo político. Lejos de anticipar una situación real en la que el reino de los bienes y el reino del deseo se habrán convertido en idénticos, es un sustituto compensatorio de la incapacidad de vivir a la altura del imperativo ético (lacaniano) de no ceder en el propio deseo. Como abandono de la perseverancia radical en el ser propio, podría también percibirse como abandono de la soberanía, una especie de abdicación intencional. De hecho, las palabras de Schmitt sobre la esencia de la existencia política resuenan absolutamente en la noción lacaniana de auto-traición. Para Schmitt, como sabemos, "en tanto que la gente exista en la esfera política, esa gente debe . . . determinar para sí la distinción de amigo y enemigo. Ahí reside la esencia de su existencia política. Cuando ya no posee la capacidad o la voluntad de hacer esta distinción, deja de existir políticamente. Si permite que la decisión sea hecha por otro, entonces ya no es más una gente políticamente libre y queda absorbida por otro sistema político" (*Concept* 49).

Pero las cosas se complican. ¿No es el acto implicado en el rechazo del derecho a la determinación soberana de amigos y enemigos también un acto político? Por lo mismo, ¿no es el abandono de la posición ética de no ceder en el propio deseo también un acto ético? En la medida en que una decisión es inevitable también en estas situaciones límite, la decisión no puede abandonar su carácter soberano en virtud de una necesidad lógica. "Sublimen tanto como quieran; tienen que pagar por ello con algo. Y este algo se llama *jouissance*. Tengo que pagar por esa operación mística con una libra de carne" (Lacan, *Ethics* 322). La operación mística de la *jouissance* política—cuando permito que otro tome mi decisión, cuando abrazo o me someto a la estructura de la traición que indiferencia mi deseo y el deseo del otro, mi traición y la traición del otro—es en sí un acto político soberano y podría de hecho darnos el secreto de la estructura de la soberanía. El sujeto es, para Lacan, desde esta perspectiva, nada sino esa libra de carne sacrificada, cedida en la cesión del deseo. Y eso hace de la política de la subjetividad—la política del sujeto está siempre basada en la eterna tradición del poder, "sigamos trabajando, y vuelva usted más tarde en lo que concierne al deseo"—una política siempre necesariamente catastrófica, en la que la dirección está de antemano perdida.

2. Otro orden de lo político

"*Il n'y a donc plus que des États voyous, et il n'y a plus d'État voyou*" (Derrida, *Voyous* 150)—no hay más que estados canallas y no hay estados canallas. Si todo estado es un estado canalla, entonces no hay estados canallas. Para Derrida esta formulación, que cierra un orden conceptual de lo político, es necesariamente preliminar a "otro orden" (150), es decir, a un orden alternativo, postulable lógicamente, de la consumación o acabamiento del orden anterior. Su síntoma, dice, es precisamente el abandono de la terminología de estado canalla por la Administración Clinton en Estados Unidos: "La misma gente que, bajo Clinton, aumentó e intensificó esta estrategia retórica y abusó de la expresión demonizante 'estado canalla,' por fin, el 19 de junio de 2000, declaró públicamente que habían decidido abandonar por lo menos el término. Madeleine Albright [Secretaria de Estado con Clinton] hizo saber que el Departamento de Estado ya no lo consideraba una designación apropiada, y que desde ese momento se diría, de manera más neutral y moderada, 'estados preocupantes'" (150-51). El uso al que revertiría George W. Bush sería ya residual u obsoleto. Y esto es porque, en resumen, en la llamada guerra contra el terror, ya no estamos ante

> una guerra clásica internacional, dado que ningún estado la ha declarado o está en pie de guerra en cuanto tal contra Estados Unidos, ni, puesto que no hay estados-nación presentes en cuanto tales, estamos antes una guerra civil, ni siquiera ante una guerra de partisanos (para usar el interesante concepto de Schmitt), dado que ya no es cuestión de resistencia a una ocupación territorial, o cuestión de una guerra revolucionaria, o de una guerra de independencia para liberar un estado colonizado o fundar otro estado. Por estas mismas razones, el concepto de terrorismo ya no resulta pertinente, pues, precisamente, siempre ha sido asociado con guerras revolucionarias, guerras de independencia o guerras de partisanos en las que el estado siempre ha sido la apuesta, el horizonte y el terreno. (Derrida, *Voyous* 150)

Son afirmaciones más bien extraordinarias, o sobre una situación extraordinaria, pero su verdad depende de si estamos realmente en la aurora, y no importa lo que dure, de un orden alternativo de lo político, que Derrida colocaría entonces, de forma insegura, bajo el signo de "un dios sin soberanía:" "nada es menos seguro, seguramente, que un dios sin soberanía, nada es menos seguro que su llegada, seguramente. Esa es la razón por la que, y de la que, hablamos" (160). ¿Estamos de hecho ante el fin de un orden conceptual de lo político, que sería el orden dentro del que, según Schmitt, todo concepto significativo es la secularización de un concepto teológico?[65] A Derrida le preocupa esa cuestión, que es la cuestión de la teología política: "A menudo me he preguntado . . . si todo lo que vincula a mis ojos la democracia-por-venir con el espectro o el fantasma de una mesianicidad sin mesianismo podría ser reconducido o podría ser reducido a algún teologema no reconocido en cuanto tal" (155).

Veíamos al principio de este libro que la ontología política cifrada en la noción de un orden de lo político (o nomos de la tierra) deconstruye la ontología política cifrada en la división amigo/enemigo, y viceversa. Son ontologías mutuamente incompatibles. O la división amigo/enemigo es suprema para una determinación de lo político o el orden de lo político lo es. Ambas instancias no pueden ser supremas simultáneamente. La fisura entre ellas—y habría que estudiar la relación entre esta fisura y la fisura de la soberanía, que antes definimos como fisura entre poder real y poder legal, si es que no son la misma fisura, a cierto nivel adecuado de exégesis—es estrictamente inteorizable como relación: hay fisura. Si la división amigo/enemigo se aguanta con independencia de todas las demás antítesis, es decir, si es la antítesis suprema que sustenta la autonomía total de lo político con respecto de toda otra determinación, entonces no hay orden de lo político. Si hay un orden de lo político, entonces ese orden produce sus propias divisiones políticas, produce amigos y enemigos y determina la antítesis en lugar de supeditarse a ella.

Schmitt se dio cuenta secretamente de esta dificultad en la

---

[65] Schmitt se refiere implícitamente en esa frase al comienzo, y no sólo al comienzo, del *Ensayo sobre el catolicismo, el liberalismo y el socialismo* de Juan Donoso Cortés, en donde Donoso formula el pensamiento de que "toda gran cuestión política está siempre envuelta en una gran cuestión teológica" (5). Schmitt dice al comienzo de un capítulo de su *Teología política* que acaba con una mención de Donoso, que "todos los conceptos significativos de la moderna teoría del estado son conceptos teológicos secularizados" (36).

sección de *El nomos de la tierra* titulada "El enemigo injusto de Kant." No le gusta lo que encuentra en Kant, y por eso mantiene a Kant a distancia. Por un lado, dice que Kant "formula definitivamente los resultados de la época de desarrollo" del sistema interestatal en vigor en los siglos diecisiete y dieciocho, esto es, dice que Kant formula las condiciones del entonces prevaleciente nomos de la tierra, el orden prevaleciente de lo político. Schmitt cita a Kant: "Ninguna guerra entre estados independientes puede ser una guerra de castigo ni puede ser una guerra de exterminio o de subyugación;" y "por lo tanto existe el 'derecho a un equilibrio de poder entre todos los estados que son contiguos y podrían actuar uno sobre otro'" (Schmitt, *Nomos* 168). Pero Kant, dice Schmitt, "revela dos caras" cuando "introduce, de manera altamente sorprendente, el concepto del *enemigo injusto*" (168). El enemigo *justo* es el enemigo intranómico, el enemigo que no quiere deshacer el orden nómico, sino que más bien se limita a cuestionar determinaciones nómicas internas desde el punto de vista del nomos mismo. Por ejemplo, después del Tratado de Utrecht, que establece las consecuencias de la Guerra de Sucesión Española a principios del siglo dieciocho con resultados dramáticos para el poder español, España intentó reestablecer sus reivindicaciones sobre territorio italiano e invadió Cerdeña y Sicilia. Inmediatamente los vencedores de Utrecht organizaron la llamada Cuádruple Alianza contra España. Como dice Henry Kamen, "el conflicto, que llegó a su término el año siguiente [1719], fue una falsa guerra sin mayor propósito que el de demostrarle a España que podía operar como poder militar sólo con el permiso de los franceses y los británicos" (455). Los franceses y los británicos, con sus aliados, reafirmaron su posición de dominio nómico y pusieron a España en su sitio. Pero España fue considerada por ellos enemigo nómico, señora respetable pero decaída y protestona, al tiempo que España no podía sino sentir que no era lo suficientemente poderosa para modificar el equilibrio de poder europeo al servicio de sus propios intereses.

¿Y el enemigo injusto? ¿Es el enemigo injusto, por oposición al enemigo justo, cuya definición queda enteramente contenida al nivel del orden nómico, precisamente el enemigo que lucha contra un orden dado y quiere un orden alternativo, o es el enemigo injusto el enemigo de todo orden nómico, de todo principio de orden y orientación? Schmitt dice que el concepto kantiano de enemigo injusto podría de hecho ser ya "el presentimiento de un nuevo nomos de la tierra" (169), es decir, de un nuevo orden de lo político. Ahora bien, en su definición Kant prefigura ni más ni menos que la llegada de terroristas nihilistas, cuya intención no puede ser producir una configuración nómica alternativa sino más bien, precisamente, el retorno a un imposible estado de naturaleza, un caos asesino, desorden y desorientación para todos. Si esto es así, el enemigo injusto kantiano es la intuición del fin de todo posible orden de lo político, y por lo tanto no en principio el presentimiento de ningún orden nuevo ni emergente.

Para Kant el enemigo injusto es aquel "cuya voluntad públicamente expresa (de obra o de palabra) revela una máxima mediante la que, si fuera convertida en regla universal, se haría imposible cualquier condición de paz entre naciones, y, en su lugar, se perpetuaría un estado de naturaleza" (Schmitt, *Nomos* 169). Estrictamente según la definición kantiana, el enemigo injusto es el enemigo del orden de lo político: no de un orden dado, sino de toda posibilidad de un orden de lo político. Schmitt dice: "Una guerra preventiva contra tal enemigo tendría que considerarse incluso más que una guerra justa. Sería una cruzada, porque estaríamos lidiando no simplemente con un criminal, sino con un enemigo injusto, con un perpetuador del estado de naturaleza" (169). La noción del enemigo injusto, descubrimiento kantiano, desmantela la presuposición misma de un orden de lo político en un sentido específico. Como figura límite, el enemigo injusto está fuera del nomos, en el sentido de que rehúsa reconocer la autoridad nómica misma. Pero el nomos es un principio totalizante fuera del que, por definición, no puede haber nada: incluso el principio de la disolución nómica sale del nomos mismo en cada caso. El nomos, si lo es, debe producir su propia antítesis, en función de una nueva división totalizante interna a sí mismo. La invención kantiana de la figura del enemigo injusto hace que algo ocurra: el enemigo injusto kantiano se presenta fuera de la jurisdicción del nomos, contra la jurisdicción del nomos. Es un escándalo.

Pero el escándalo se radicaliza en un sentido que Schmitt no nota. Es cierto que cita, con gran alabanza ("es imposible entender el concepto de enemigo justo mejor de lo que Kant lo entendió" [169]), la definición kantiana del enemigo justo. Pero la definición kantiana del enemigo justo es en sí misma escandalosa, y potencialmente desarregla la diferenciación schmittiana. Para Kant, "un enemigo justo sería un enemigo al que yo le estaría haciendo mal al resistirlo, pero entonces no debería ser mi enemigo" (citado por Schmitt, *Nomos* 169). Schmitt nos da la definición kantiana, pero en su texto no extrae sus implicaciones, rehúsa hacerlo, y con ello quizás es Schmitt mismo el que nos ofrece dos caras. Si el enemigo justo es tan buen muchacho que sería hasta injusto oponerse a él, entonces el enemigo justo es una imposibilidad. En otras palabras, si el enemigo, en virtud de su justicia misma, es siempre de antemano un amigo, entonces todos los enemigos, para serlo realmente, tienen que ser injustos. Pero si todos los enemigos son injustos, entonces todos los enemigos quedan fuera de la jurisdicción nómica. El orden nómico, en ese caso, manifiesta su jurisdicción efectiva, en todo otro sentido que no sea el punitivo, sobre los amigos. Por lo tanto, pierde su universalidad. Pierde, de hecho, más que su universalidad: pierde su posición como concepto político mismo, puesto que no puede ya responder por, y sólo puede someterse a, la división esencial de lo político entre amigos y enemigos. En ese caso, el orden nómico y el estado de cualquier política concreta se hacen incompatibles. Si hay política, no hay un nomos vinculante. Si hay nomos, el enemigo injusto, es decir, cualquier enemigo, cae fuera del orden de lo político. ¿Preferiremos entonces sostener la noción de orden nómico o restringirnos a una noción anómica y salvaje de lo político? ¿Tenemos tal opción?[66]

Si todos los enemigos son injustos, entonces todos los enemigos deben ser exterminados. No hay fin y no hay límite a la guerra: la guerra es total, desde la perspectiva tanto de los amigos del orden nómico como de sus enemigos injustos. Pero la guerra total no

---

[66] Jan-Werner Müller nota que *Nomos de la tierra* "iba a permanecer la piedra de toque de todas [las] reflexiones de la postguerra [de Schmitt]—no mínimamente porque le permitió cambiar el terreno de la discusión desde el pasado alemán y la política doméstica a más elevadas ruminaciones sobre la historia del mundo e incluso míticas. Cuando algunos de sus admiradores quisieron publicar una colección de sus escritos políticos al principio de los setenta, insistió en que empezaran con Nomos y publicaran sólo escritos de la postguerra" (87). Schmitt era consciente de la opción imposible entre un orden nómico y la anomía radical de una política salvaje de enemistad absoluta, y esa imposibilidad se le hizo crucial, en el sentido de crucial como enigma, e irresuelto como tal. Esto, que no puede ser de ninguna forma desvinculado de su comprometida historia política personal, va a marcar también la escritura de su *Teoría del partisano*.

puede ser una orientación fundamental y un principio de orden. La noción de guerra total, incluso cuando es una guerra total por la defensa del orden nómico, anuncia ya el final de todo posible reinado del orden nómico. Anuncia también una radicalización de lo político en la medida en que se abre a su determinación más extrema como guerra total. Pero una guerra total sin nomos es una guerra totalmente desregulada, no discriminatoria, y sin legalidad. Y una guerra bajo tales condiciones ha generalizado ya la división amigo/enemigo hacia su disrupción efectiva, pues la amistad presupone legalidad. Enfrentada a una guerra total, que es guerra civil total, la humanidad se encuentra privada de la amistad, en el mismo sentido en el que se encuentra privada de enemistad, pues la noción de división amigo/enemigo ha dado paso a su total indiferenciación. En el final lógico del concepto, la división política encuentra su final efectivo. La guerra total es el fin de lo político. Toda noción de un orden de lo político queda ahora más allá de la línea. La guerra total es la amenaza absoluta.

Derrida dice que todos los esfuerzos occidentales o norteamericanos para identificar estados terroristas o estados canallas son "racionalizaciones destinadas a negar, más que la ansiedad absoluta, el pánico o el terror ante el hecho de que la amenaza absoluta no viene ya ni descansa sobre el control de estado alguno, de cualquier forma de lo estatal. Era necesario disimular, mediante esta proyección identificatoria, era necesario sobre todo disimular ante uno mismo el hecho de que el poder nuclear o las armas de destrucción masiva son virtualmente producidas y accesibles en lugares que ya no dependen de estado alguno. Ni siquiera estados canallas" (*Voyous* 150). El orden interestatal de lo político ya no es la determinación primaria del estado de cosas político. Derrida nota que la situación presente lleva "a su límite y a su fin" (150) el concepto de estados canallas, que está esencialmente conectado al orden interestatal de la modernidad política, al orden político de la soberanía estatal, o incluso de la democracia interestatal (puesto que "el derecho internacional . . . pretende ser fundamentalmente democrático" [137]). Pero "la soberanía y la democracia son al mismo tiempo, y también una después de la otra, indisociables y contradictorias recíprocamente" (143). La democracia requiere de la fuerza—un orden democrático de lo político debe postularse como orden soberano, no subordinado a ningún otro orden. "Si la constitución de esta fuerza," sin embargo, "está efectivamente, en principio, destinada a representar y a proteger una democracia global, en realidad la traiciona y la amenaza" (143)—por la sencilla razón de que "el abuso del poder es constitutivo de la soberanía misma" (145).

Por un lado, entonces, no es posible darle a la soberanía un sentido democrático: "conferir sentido en la soberanía, justificarla, encontrar una razón para ella, es ya limitar su excepcionalidad sobre la decisión, someterla a reglas, al derecho, a una ley general, a un concepto. Es por lo tanto dividirla, someterla a partición, a participación, a reparto" (144). Pero, por otro lado, no es imposible tampoco darle a la soberanía un sentido democrático, puesto que el conferimiento de sentido continúa y nunca cesa una vez que la soberanía queda discutida, mencionada, incluida en el lenguaje y por lo tanto compartida. Así que "la soberanía pura no existe, siempre se postula desmintiéndose, negándose a sí misma, en un acto de autoinmunización, traicionándose al traicionar a una democracia que, sin embargo, no puede vivir sin ella" (144).

Esta estructura aporética de la soberanía determina a un tiempo para nuestra época la retórica de estados canallas y la lleva a su final. Todo estado soberano abusa de su poder y es por lo tanto un estado canalla. Derrida considera que es demasiado fácil, aunque legítimo por lo demás, concluir que "allí donde todos los estados son canallas . . . ya no hay más estado canalla" (146). Propone una hipótesis más fuerte, a saber, que el fin del equilibrio de la Guerra Fría entre dos superpoderes destruyó el sistema interestatal a favor de la soberanía nominal norteamericana. Era pues cuestión de tiempo: "Con las dos torres del World Trade Center la totalidad (lógica, semántica, retórica, jurídica y política) del aparato que hacía de la denuncia de los estados canallas algo últimamente consolador y significativo se colapsó visiblemente" (147). Los atentados del World Trade Center y el Pentágono fueron consecuencia de la disolución del sistema interestatal de soberanía imposiblemente compartida; consecuencia de la primacía imposible (dentro de un derecho internacional democrático) de la soberanía norteamericana; índice de la disolución de estrategias de contención; del límite y del fin de un orden de lo político largamente establecido. Si hubo trauma, entonces, no fue primariamente el trauma o la herida de lo que llegó a ocurrir y ocurrió: fue más bien consecuencia de "la aprensión inevitable de una amenaza *peor* y *por venir*" (148): la aprensión de la amenaza absoluta. El pánico o el terror de la amenaza más allá del orden estatal es la clausura del orden de lo político—es decir, de *un* orden de lo político. A ese orden debiera sucederle, inciertamente, otro orden. ¿Podría ser el orden de un principio no soberano de salvación, el orden de un dios no soberano, lo que Derrida llama la democracia-por-venir? Nada es menos cierto. ¿Necesitará tal nuevo orden un partisano? ¿Es la partisanía lo que se requiere para la construcción de un orden no soberano o antisoberano de lo político? Derrida, como cité, dice que este no es el momento de una guerra de partisanos—aunque llame "interesante" al entendimiento schmittiano de tal noción. ¿Qué significa eso?

3. Más allá del principio de razón política

El libro *Estado de excepción*, de Giorgio Agamben, también habla del agotamiento del orden presente y de la posibilidad de una "nueva condición" (112). Derrida, refiriéndose a los "estados preocupantes" de Madeleine Albright, y notando la tropología médica de la frase, postula como posibilidad de orden nuevo la llegada, o la nueva llegada, de un "dios soberano" que, "tras una Revolución de la que todavía no tenemos idea," nos "llevará . . . hacia lo que vino del Terror y de los Comités de Salud Pública de la Revolución Francesa" y hacia "un Consejo de Seguridad muy otro" (*Voyous* 160-61). De forma semejante Agamben menciona la "máquina letal" que será o ya es el resultado del "estado de excepción" normativo que regula nuestro sistema político-jurídico (*Stato* 110). Si para Derrida el partisano, o más bien el contrapartisano, es el que toma sobre sí mismo el enfrentamiento de la amenaza absoluta mediante una intensificación del principio de soberanía que disuelve a la democracia en un paroxismo de autoinmunidad, en Agamben emerge una noción parecida de autoinmunidad a través del recurso al "terror anómico" (*Stato* 85) que fuerza el desarrollo de un estado permanente de excepción radicado en la indiferenciación "entre anomía y *nomos*, entre la vida y la ley, entre *auctoritas* y *potestas*" (*Stato* 110). "El estado de excepción . . . ha alcanzado hoy su desarrollo planetario máximo. El aspecto normativo de la ley puede por lo tanto ser borrado impunemente y contradicho por una violencia gubernamental que, aunque ignora el derecho internacional en el extranjero y produce domésticamente un estado de excepción permanente, todavía pretende estar aplicando el derecho" (*Stato* 111). El resultado es la "guerra civil global," una situación de hecho que, dice Agamben, ya había sido profetizada por Schmitt en su *Teoría del partisano* (*Stato* 11).

El capítulo central de *Estado de excepción* invierte el "escándalo" del interés que mostró Walter Benjamin por la teoría schmittiana de la soberanía al insistir en que de hecho la doctrina schmittiana sólo puede entenderse como "respuesta a la crítica benjaminiana de la violencia" (69). En juego está la posibilidad de algo otro que una teología política, que para Benjamin depende de la liberación de lo que llama "violencia pura:" "el carácter propio de esta violencia es que ni pone ni preserva la ley, sino que la depone y así inaugura una nueva época histórica" (*Stato* 70). Sólo tal violencia puede ser anómica, porque es enteramente independiente de la ley, y por lo tanto afirma un área de existencia que no está subordinada a la ley. Schmitt habría querido cuestionar tal afirmación de la existencia incondicionada de la violencia pura a favor de una subordinación jurídica total de la violencia: "es para neutralizar la nueva figura de una violencia pura, sustraída a la dialéctica de poder constituyente y poder constituido, que Schmitt elabora su teoría de la soberanía" (*Stato* 71). Si el soberano es para Schmitt el que decide la excepción, la decisión excepcional "inscribe la anomía en el cuerpo mismo del *nomos*" (71), y sutura la fractura que parecía expandirse en la crítica benjaminiana entre el orden del regulamiento jurídico y un orden alternativo de vida libre y desatada. Para Agamben en estos asuntos se decide "la definición misma de lo que Schmitt llamó lo político" (67). Pero la definición que nos de Agamben de lo político será benjaminiana y no schmittiana.

"El documento decisivo en el dossier Benjamin-Schmitt es sin duda la octava tesis de la filosofía de la historia, compuesta por Benjamin unos pocos meses antes de su muerte: 'la tradición de los oprimidos nos enseña que el 'estado de emergencia' en el que vivimos no es la excepción sino la regla. Debemos alcanzar una concepción de la historia que sea consistente con esa intuición. Entonces nos daremos claramente cuenta de que es nuestra tarea propiciar un estado real de emergencia, y esto mejorará nuestra posición en la lucha contra el fascismo'" (*Stato* 75). Si el estado de excepción se hace la regla, la teoría schmittiana según la cual la decisión excepcional tiene como función primaria sostener la regla al suspender temporalmente su aplicación se hunde. La indecidibilidad de regla y excepción hace que la regla y la excepción se devoren recíprocamente. Lo que queda es una zona anómica "donde funciona una violencia sin ropaje jurídico de ninguna clase" (76-77). El interés de Benjamin por salvar la existencia conceptual de una violencia pura, desnuda de ropaje jurídico, opera contra el interés de Schmitt por salvar la relación esencial entre violencia y ley. La captura de la violencia por el universo de la ley, en la dialéctica del poder constituyente y el poder constituido, hace posible lo que Derrida llamaría una política del dios soberano, mientras que la liberación de la violencia con respecto de la ley abriría quizá la posibilidad de una dispensación alternativa, a-teológica o a-ontoteológica. Agamben lo hace explícito en un párrafo extraordinario: "la lucha por la anomía parece ser, para la política occidental, tan decisiva como la *gigantomachia peri tes ousías,* como la batalla de gigantes sobre el ser que define a la metafísica occidental. Al ser puro, a la pura existencia como última postulación metafísica corresponde la violencia pura como objeto político extremo, como la 'cosa' de lo político; a la estrategia onto-teo-lógica, que intenta capturar al ser puro en la red del *logos*, corresponde la estrategia de la excepción, que debe asegurar la relación entre la violencia anómica y la ley" (*Stato* 77).[67] Con ello Agamben aclara la vinculación de la teoría schmittiana con la metafísica occidental, y parece abrirle el camino a una formulación postmetafísica de lo político desde la teoría de la violencia pura de

---

[67] El análisis clásico de la onto-teo-logía, de Martin Heidegger, y la proposal de un "*Schritt zurück*" o paso atrás hacia lo impensado de la filosofía, incluyendo al dios impensado (113), que "liberaría" al ser mediante una dilucidación de la diferencia entre el ser y los seres, puede encontrarse en "La constitución onto-teo-lógica de la metafísica." Heidegger desarrolló este pensamiento a lo largo de los años, y Agamben se está refiriendo a él. Que la estructura de la metafísica sea onto-teo-lógica también significa que la soberanía, como fundación última, agota el "pensado" de la metafísica, lo que es pensable dentro de ella. Si, por lo tanto, la política es ontoteológica, el intento de conmover la soberanía, de encontrar una determinación de lo político más allá de o fuera de la soberanía, es un intento de consumar el proyecto heideggeriano de pensar lo impensado de la ontoteología. Ver en conexión con esto el "*envoi*" al primer ensayo de Derrida en *Voyous*, que es una discusión con la noción heideggeriana de un dios que salva, o un dios más allá del Dios Uno (155-61).

Benjamin. Conviene prestar atención dado el retorno de la anomía estatista en el horizonte político global del presente, empezando por el de la Administración norteamericana.

Si la ley confía en una zona anómica para asegurarse como fundamentación última, el *logos* confía en la alógica, que debe también capturar. La liberación tanto de la violencia pura como del ser puro establece la posibilidad de un pensamiento alternativo de lo político, así como de una relación alternativa a la ontoteología: una práctica no-ontoteológica de lo político. Aquí la presentación de Agamben del trabajo político es consistente con la presentación de Derrida de una democracia-por-venir a través de la noción de una mesianicidad sin mesianismo. Esta es la formulación de Agamben: "Exhibir la ley en su no-relación a la vida y la vida en su no-relación a la ley significa abrir entre ellas un espacio para la acción humana que en un tiempo reclamó para sí el nombre de política. La política ha sufrido un eclipse duradero porque está contaminada por la ley, y se concibe a sí misma en el mejor de los casos como poder constituyente (esto es, como violencia que impone la ley), cuando no se reduce simplemente a una negociación con la ley. Verdaderamente política, en su lugar, es sólo la acción que rescinde el vínculo entre violencia y ley" (*Stato* 113).[68] Es decir, la política, propiamente dicha, es la interrupción de la máquina biopolítica que resulta del terror anómico y que produce incesantemente el aparato contrapartisano del poder de la excepción. Pero el estado de excepción ha alcanzado su máxima tensión hoy—haciéndose norma, también arruina su propia excepcionalidad: sujeto a trastornos de autoinmunidad, el dios de la soberanía ha caído en agonía mortal, y ya no puede preservar el orden.

Puede parecer paradójico que la noción benjaminiana de violencia pura, contra la violencia "mítica" que constituye lo político en la alternancia implacable de poder constituyente y poder constituido,

---

[68] El ensayo de Derrida "Fuerza de ley" analiza el ensayo de Benjamin "Crítica de la violencia" en el contexto de la interrogación de la diferencia entre ley y justicia. El interés de Derrida es también elicitar una liberación de la violencia de la ley en nombre de la estructura mesiánica de la justicia misma. Este ensayo probablemente marca el momento de máxima proximidad entre los proyectos de Agamben y de Derrida. El acontecimiento por venir, la estructura del venir, marca la posibilidad de la democracia fuera de la soberanía. Ver en este contexto Agamben, *The Coming Community*.

pueda ser entendida por Agamben como la cifra de una política no-ontoteológica. Después de todo, Benjamin le llama a su violencia pura "violencia divina."[69] Pero, tal como la entiende, la violencia divina, al disolver el vínculo entre la violencia y la ley, al postularse como algo absolutamente otro que la ley, de hecho, al postularse como otredad absoluta, es una figura de lo incondicional—es lo incondicional por excelencia. En cuanto incondicional, esta violencia pura y divina se sustrae a la lógica de la soberanía política. [70] Sólo lo incondicional puede romper, por arriba, el vínculo entre la soberanía y la incondicionalidad.

Ese vínculo no puede ser roto para Schmitt. La ontoteología

---

[69] Para Benjamin, "la justicia es el principio de todo hacer de fines divino, el poder el principio de todo hacer leyes mítico" ("Critique" 248); "si la violencia mítica es hacer leyes, la violencia divina es destruir leyes; si lo primero pone límites, lo segundo los destruye ilimitadamente; si la violencia mítica trae a la vez culpa y retribución, el poder divino sólo expia; si lo primero amenaza, lo segundo golpea; si lo primero es sangriento, lo segundo es letal sin derramamiento de sangre" (249-50). Para Benjamin, de forma suficientemente oscura, "una nueva época histórica" (252) depende de la interrupción del principio de la violencia hacedora de leyes por la violencia divina. Es por lo tanto extraordinario que, en el final mismo del ensayo, Benjamin diga: "la violencia divina, que es el signo y sello pero nunca el medio del despacho sagrado, puede ser llamada violencia 'soberana'" (252).

[70] ¿Cómo puede entonces llamarse violencia "soberana"? Ver nota anterior. Derrida objeta a esta determinación: "Soberana en que se llama a sí mismo y es llamada allí donde soberanamente se llama. Se nombra a sí misma. Soberano es el poder violento de esta apelación originaria. Privilegio absoluto, prerrogativa infinita. La prerrogativa da la condición de toda apelación. No dice nada más, se llama a sí mismo, por tanto, en silencio. Nada resuena, entonces, sino el nombre, la nominación pura del nombre antes del nombre. La pre-nominación de Dios—aquí está la justicia en su poder infinito" ("Force of Law" 293). Así como "Fuerza de ley" es el momento de máxima cercanía entre Agamben y Derrida, las cosas comienzan a descomponerse justo en este punto. Derrida encuentra la noción de violencia divina inapropiada, precisamente porque es demasiado soberana: "es en este punto que este texto ["Crítica de la violencia"], en toda su movilidad polisémica y todos sus recursos de inversión, me parece finalmente demasiado cercano, hasta el punto de fascinación especular y vértigo, a la misma cosa contra la que uno debe actuar y pensar, hacer y hablar. Este texto, como muchos otros de Benjamin, es todavía demasiado heideggeriano, demasiado mesiánico-marxista o arqueo-escatológico para mí" (298).

schmittiana insistirá en la subordinación jurídica total de la violencia precisamente para eliminar el residuo de incondicionalidad que establece la diferencia misma entre incondicionalidad y soberanía. En efecto, la soberanía, para ser tal, debe ser incondicional. Pero la incondicionalidad excede a la soberanía. El acto político, en cuanto soberano, es siempre para Schmitt, en palabras de William Rasch, "cortar la cadena y fijar un punto de origen que sirva como norma no derivada, o establecer procedimientos para determinar dónde cortar la cadena, o establecer reglas discursivas para establecer procedimientos para determinar dónde cortar la cadena" (Rasch, "Politics" 42). En otras palabras, una política de la excepción soberana es para Schmitt entendible como la interrupción de un regreso infinito cuyo último apoyo es el principio ontoteológico de razón suficiente. Dios, el dios de la soberanía ontoteológica, es el garante de la ley infinita de la causalidad, del infinito recurso al principio y la fundamentación. *Nihil est sine ratione* organiza una política analógica de fuerza bajo el principio de la subordinación universal a la ley de causalidad, esto es, bajo el principio de razón suficiente: todo debe tener una causa, todo debe estar fundamentado.[71] El político soberano no es sino el ocupante analógico del principio mismo, un sustituto del dios de la causalidad, ya como poder constituido ya como poder constituyente. De ahí que, en la determinación clásica, lo incondicional siempre exceda a la soberanía.

Bajo esta determinación, la violencia pura o divina es la excepción a la excepción—la sustracción radical del regreso infinito, la afirmación de una suspensión no sangrienta pero de todas maneras letal de la cadena significante. Como incondicionalidad absoluta, la

---

[71] En *El principio de razón* Heidegger reflexiona sobre lo impensado en el principio de razón como principio del ser, y en el compromiso de Leibniz con la ontoteología. Ver también Rasch, "Conflict" 2-9, y su análisis de la soberanía schmittiana en conexión con el principio de Leibniz. Si "lo que Leibniz de hecho estableció fue, no la racionalidad del mundo creado por un Dios que sirve como su razón suficiente, sino más bien la irracionalidad de la razón misma, que, como todos los otros sistemas de creencias que buscan su fundamentación en orígenes, requiere un salto de fe" (Rasch, "Conflict" 5), la teoría schmittiana de la soberanía no es una continuación sino más bien un intento de salvar el principio leibniziano que, por un lado, "renuncia a toda posibilidad de dotar a la ley de dignidad metafísica" (7), y por otro apropia y seculariza la dignidad metafísica de la ley.

violencia pura des-condiciona la soberanía, esto es, la desabsolutiza, y libera a lo político de lo político mismo, abriendo la posibilidad de un entendimiento no schmittiano de lo político. Otra vez en palabras de Rasch:

> La violencia divina . . . viene como si del afuera para delimitar el espacio de lo político, de hecho, para marcar ese espacio para su demolición. También reconoce que la paradoja en el origen del mundo mítico no puede resolverse pacíficamente, pero asume que el extraño nudo de la asimetría en la fuente de lo político puede sencillamente ser cortado por un único y simple acto de violencia que "fundará una nueva edad histórica" en la que la autoexcepción del soberano quedará anulada y cancelada. La violencia divina no reemplaza un orden político por otro, sino que reemplaza un orden de lo político, basado en la autoexcepción soberana, por otra manifestación de lo político más allá de toda excepción que faltaría por determinarse. (Rasch, "Politics" 44)

Pero Rasch es todavía un schmittiano, y no un benjaminiano. Para él no es posible ninguna interrupción del principio político de razón suficiente—del principio último del orden político, del *arché* del nomos, el principio de excepción soberana, que Rasch muestra persuasivamente que es un caso más de la ley lógica del tercero excluido ("Politics" 38-42). Esto es, no es posible ninguna interrupción del principio político de razón suficiente sin arriesgar el colapso de lo político en una escatología del fin del mundo, que es lo mismo que una escatología del origen radical: "quedar liberado de la estructura de la soberanía es ser devuelto a un estado de inocencia natural" (48). Rasch sospecha que la violencia pura de Benjamin, y de Agamben, promisoria de una "política completamente nueva" (38), podría de hecho no lograr nada sino la exclusión de lo político mismo. Como dice en otro ensayo, "lo político no existe para introducir la buena vida en la eliminación del antagonismo social; más bien existe para servir como *medium* para un conflicto aceptablemente limitado y por lo tanto productivo en la ausencia inevitable de toda visión final y universalmente aceptada de la buena vida" (Rasch, "Sovereignty" 30-31). Rasch opone una política del *katechon*—una política propiamente schmittiana de la contención del mal—a la política mesiánica del restablecimiento de la inocencia natural que él detecta en el *Homo sacer* de Agamben.[72] ¿Hay, de hecho, en *Estado de excepción*, también una "apelación a la esperanza ontológica . . . de la perfectibilidad última" (Rasch, "Sovereignty" 29)? ¿Y, *a fortiori*, es eso lo que habría detrás del *Voyous* de Derrida? ¿Qué promete, en suma, la mesianicidad sin mesianismo, o en otras palabras, la promesa de una politicidad no-ontoteológica? La cuestión crucial aquí atañe a la determinación de un entendimiento práctico de lo político más allá de toda ilusión mesiánica. La ilusión—la estafa—mesiánica convierte a toda política en una especie de ultra-política cuya efectividad vacila entre lo vacío y lo catastrófico. O la pregunta alternativa: ¿es la política ontoteológica la única posible política de nuestro tiempo?

4. La razón más allá de la razón

La autoinmunidad según Derrida refiere a "esta extraña lógica ilógica por la que un ser vivo puede destruir espontáneamente, de forma autónoma, aquello que, en él, está destinado a protegerlo contra el otro, a inmunizarlo contra la agresión intrusiva del otro" (*Voyous* 173). La autoinmunidad es por lo tanto un tipo de pulsión de muerte que puede estar relacionada a la estructura de la traición como autotraición que, como vimos, Lacan considera una estructura básica de la relación humana con su ser. Para Lacan el abandono del imperativo ético de no ceder en el deseo propio es una acomodación a lo real de la cual no hay

---

[72] Para el *katechon* ver Schmitt, *Nomos* 59 ss., 87, 238. Pero Rasch da una explicación concisa: "la palabra *katechon* refiere a una figura que causa perplejidad en la "Segunda epístola a los tesalonios" de San Pablo, en la que Pablo intenta calmar expectativas demasiado ansiosas. El retorno de Cristo, nos asegura Pablo, es inminente, pero estará precedido por signos. Sólo después de que el Anticristo haya usurpado el lugar de Dios en el templo vendrá Cristo de nuevo a reclamar lo suyo. Esperar a Cristo implica esperar al Anticristo, aunque el tiempo de la llegada de éste último tampoco es conocido, pues hay, dice Paul, un *katechon*, un retrasador o retenedor, cuya tarea es impedir la llegada del Maligno" ("Politics" 50). Una política del *katechon*, más o menos secularizada, es una política del contenimiento de la catástrofe: se justifica en nombre de prevenir lo peor, más bien que en nombre de lograr lo mejor. Es una política radicalmente antiutópica, pero no antimesiánica.

retorno posible: el camino de vuelta del hombre ordinario a sus propios asuntos queda bloqueado una vez ha pagado el precio de su acomodo al servicio de los bienes, y ha traicionado con ello la estructura de su deseo: "una vez que uno ha cruzado esa frontera... no hay vuelta atrás. Puede ser posible hacer alguna reparación, pero no deshacer lo hecho" (Lacan, *Ethics* 321). Esta traición formaliza la política, igual que formaliza la religión, para Lacan. La política lacaniana, en la medida en que se entienda como política del sujeto, está enmarcada en un servicio postrevolucionario de los bienes, en el que una *jouissance* sublimada espera infinitamente, e inútilmente, la formación del estado universal. Podemos postular que toda política hegemónica, es decir, toda política concebida dentro del marco de la teoría de la hegemonía, está sujeta a esa condición. ¿Hay un marco alternativo para la política contemporánea?

Tanto Derrida como Agamben radicalizan la intuición schmittiana de la necesidad de transformación en el concepto de lo político dado el agotamiento del orden político de la modernidad. El orden político de la modernidad se ha agotado en desarrollos autoinmunitarios—algo que fue anticipado por Schmitt tanto en su teoría del partisano, mediante la proyección de la figura del contrapartisano total que sigue la inevitabilidad de una compulsión moral, como en su investigación de la noción de un nomos de la tierra, que llega a un parón inesperado en la noción kantiana del enemigo injusto. Si se puede decir que tanto Derrida como Agamben son hasta cierto punto schmittianos, a pesar de su antagonismo fundamental con el pensador alemán, es precisamente en la medida en que ambos encuentran un punto de partida para sus investigaciones respecto de la soberanía política en algunas de las teorías schmittianas cruciales. Derrida, por ejemplo, lo hace muy claro en una especie de reconocimiento a regañadientes: "Uno no tenía que esperar por Schmitt para saber que el soberano es el que decide excepcional y performativamente sobre la excepción, el que guarda o se da a sí mismo el derecho de suspender la ley; o para saber que este concepto jurídico-político, como todos los otros, seculariza una herencia teológica" (Derrida, *Voyous* 211-12). Agamben hace de Schmitt una referencia crucial tanto en *Homo sacer* como en *Estado de excepción*.[73] Ambos

---

[73] *Estado de excepción* es de hecho la segunda parte de *Homo sacer*. Schmitt

están interesados, no, como Rasch, en una reafirmación de la soberanía como único posible marco pragmático para una conceptualización de lo político hoy, sino más bien en un desmantelamiento de las demandas de soberanía como demandas políticas últimas, o como últimas demandas de lo político. Quieren explorar los trastornos contemporáneos de la soberanía, trastornos en la soberanía—lo que Derrida llama en francés *mal de souveraineté* (*Voyous* 196). Estos trastornos son trastornos autoinmunitarios: la soberanía acaba sufriendo de sí misma, puesto que es su acción la que la condena en última instancia, en impotencia poco consoladora, a vérselas con la absoluta amenaza o el terror anómico de lo real.

¿Podemos pensar en lo político, no más allá de la soberanía, sino más bien como no agotado en el marco de la soberanía? ¿Hay una posición propiamente política que pueda establecer una distancia con respecto de la soberanía sin soñar, como hace el hombre ordinario lacaniano o los recientes adeptos a la teoría de la multitud, en el logro mesiánico del estado universal, cuando el deseo coincida consigo mismo, y cuando por lo tanto no habría nada sino el soberano, pero ahora bajo la forma precaria e infinitamente fungible de deseo soberano? Si hubiera una posición, si fuera posible desarrollar una posición que pueda pensar en la soberanía sin estar absolutamente circunscrita a la soberanía, esa posición habría logrado desbancar la ontoteología. No se habría librado de ella, como no se habría librado de sufrir decisiones soberanas, pero habría desplazado a la ontoteología, y a su traducción política como teoría de la soberanía, de su posición en el horizonte último de lo político. Derrida usa la frase taquigráfica "dios no soberano" para esta posibilidad, haciéndole eco al Heidegger del "último dios," pero también desplazando a Heidegger.[74] Y Agamben

---

aparece en la página 8 y ya no sale más del libro. Ver en particular 26-42.

[74] *Voyous* 153-61 pone a Heidegger en el centro de esta discusión, como ya noté. Derrida menciona brevemente en esas páginas el libro de Heidegger, *Contribuciones a la filosofía*, que merecería mayor atención en este contexto. El "último dios" heideggeriano está absolutamente marcado por la estructura del "por-venir," por la acontecimentalidad en cuanto tal. *Contribuciones*, libro que Heidegger insistió en que se publicara sólo póstumamente, investiga las posibilidades de un "otro comienzo" fuera de la ontoteología. Cf. "el último es el que no sólo necesita el mayor tiempo de preparación sino que también *es*: no el cesar, sino el comenzar más profundo, que alcanza lo más lejano y se alcanza a

habla de la liberación con respecto de la anomía, como solicitamiento e interrogación del profundo compromiso histórico entre violencia y ley.

Si la violencia se convierte en la "cosa" de la política para Agamben, ello es así en la medida en que la "acción humana" pueda "rescindir el vínculo entre la violencia y la ley" para exponer la violencia de la ley, y no la legalidad de la violencia (que sería el proyecto schmittiano). Pero la referencia a la acción humana, sin duda una referencia a la obra de Hannah Arendt, pero sin hacer de esto último reflexión explícita, corre el riesgo de constituir un límite en el proyecto de Agamben.[75] Es cierto que la acción humana es un referente inevitable en lo político. Pero Agamben todavía se coloca, con ello, bajo la determinación lacaniana, si bien en el lado del héroe. Su proyecto, una liberación de la violencia pura, es un proyecto trágico, en la medida en que lleva al héroe hacia lo que Sófocles llamaba *até*. De *até* dice Lacan: "Es una palabrita irreemplazable. Designa el límite que la vida humana puede sólo brevemente cruzar. El texto del Coro es significativo e insistente—*ektos atas*. Más allá de este *até*, uno puede sólo pasar un breve periodo de tiempo, y ahí es donde Antígona quiere ir . . . Se sabe del propio testimonio de la boca de Antígona el punto que ella alcanza: literalmente no puede soportarlo más . . . Vive con el recuerdo del drama intolerable de aquel cuya descendencia ha sido destruida en la figura de sus dos hermanos. Vive en la casa de Creón; está sujeta a su ley; y eso es algo que no puede aguantar" (*Ethics* 262-63).

Agamben, como el héroe trágico, se sitúa "en relación a la meta del deseo" (265), a saber, en la persecución sin cese de una liberación de la ley soberana que ha creado un estado de excepción permanente: la violencia ineluctable del estado como casa de Creón. Liberar la violencia pura para destruir la ley: de esto uno podría decir lo que dice Lacan del héroe trágico, "sabe lo que hace. Siempre se las arregla para hacer que las cosas le caigan encima de la cabeza" (275). Agamben define el estado contemporáneo como un estado en el que "la norma

---

sí mismo con la mayor dificultad. Por lo tanto, el 'último' se aparta de todo cálculo . . . ¿Cómo podemos entonces prepararnos para la pista insólita del último dios?" (285). Ver 285-93, pero necesariamente en el contexto de la interpretación total del libro—algo todavía no hecho lo suficientemente bien por la crítica.

[75] Ver Arendt, *Human Condition* 175-247.

rige, pero no es aplicada (no tiene fuerza) y . . . actos que no tienen valor legal adquieren la fuerza . . . El estado de excepción es un espacio anómico, donde lo que está vigente es la fuerza de ley sin ley . . . donde el acto y el poder están radicalmente separados" (*Stato* 52). Si el estado contemporáneo, la incorporación contemporánea de la ley, es la excepción absoluta, entendida como opresión absoluta, y si sólo una liberación de la violencia de su captura en la ley puede producir una política apropiada, la acción humana de esta política, como Antígona, descansa "en una relación pura y simple del ser humano a eso de lo que milagrosamente resulta ser portador, a saber, el corte significante que le confiere el poder indomable de ser lo que es ante todo lo que pueda oponérsele. Cualquier cosa puede invocarse en conexión con esto, y eso es lo que hace el Coro en el quinto acto cuando evoca al dios que salva. Dionisos es este dios; de otra forma ¿por qué iba a aparecer aquí? No hay nada dionisíaco en el acto o en el aspecto de Antígona. Sin embargo ella empuja hacia el límite la realización de algo que podría llamarse el puro y simple deseo de la muerte en cuanto tal. Ella encarna ese deseo" (Lacan, *Ethics* 262). Una política del deseo heroico, en el cumplimiento ineluctable del imperativo ético, puede concebirse como política antisoberana, pero todavía es una política subjetiva de la catástrofe y sometida a la pulsión de muerte. En el límite, el héroe no abandona el horizonte de la soberanía: el héroe sólo la invierte, y la pone al servicio de una *jouissance* intensamente mística, hacia "el pasaje que permite acceso a la justicia que uno de los fragmentos póstumos de Benjamin define como un estado del mundo en el que la justicia aparece como un bien absolutamente inapropiable e injuridificable" (Agamben, *Stato* 83).

La noción del héroe aparece también en *Voyous* de Derrida como razón heroica o heroísmo de la razón, vinculada a la justicia (183-84). Pero lo que quiera que sea heroico en la razón se hace depender, no de la equivalencia o de la indisociabilidad de soberanía e incondicionalidad de la razón, sino más bien de su im/posible separación: "se trata precisamente de otro pensamiento de lo posible (del poder, del dominador y soberano 'yo puedo,' de la ipseidad misma) y de un im-posible que no sólo será negativo" (*Voyous* 197). Derrida llama im-posible a la disponibilidad de la razón, que es lo que la hace heroica precisamente en su autoabandono, a través de cierta renuncia incondicional a la incondicionalidad. Esto tiene que ver con la apertura necesariamente absoluta a la eventualidad o carácter acontecimental del acontecimiento. La razón renuncia a la incondicionalidad en su apertura a su posibilidad heterónoma en el acontecimiento. "El acontecimiento debe anunciarse como im-posible, debe anunciarse sin aviso previo, anunciarse sin anunciarse, sin horizonte de expectativas, sin *telos*, sin formación, sin forma teleológica o preformación" (198). Lo que ha de venir en el acontecimiento, en todo acontecimiento, para serlo, es siempre una "singularidad incalculable y excepcional" (203). Nada viene, en el acontecimiento, que sea de antemano esperado, y nada viene, en el acontecimiento, que no sea absolutamente singular y más allá del cálculo.

Esta es por supuesto la estructura formal mesiánica (sin mesianismo) del acontecimiento. El reto es entonces pensar la razón "como experiencia de lo que llega—evidentemente como otro, como excepción o singularidad absoluta de una alteridad que no sea reapropiable por la ipseidad de un poder soberano y de un conocimiento calculable" (203). Esta estructura es la que marca o entrega la posibilidad, no de una incondicionalidad de la soberanía, sino de "incondicionalidad sin soberanía." Derrida lista aquí una serie de figuras conocidas ya por sus escritos anteriores: hospitalidad, don, perdón, justicia, mesianicidad. La traza de esa determinación, incondicionalidad sin soberanía, no oscurece lo que es también soberano en cada una de esas figuras, sin lo cual no podrían darse como lugar de experiencia: no hay hospitalidad sin soberanía, pero al mismo tiempo no hay hospitalidad soberana, puesto que esta última sería contraria a la hospitalidad; no hay justicia sin soberanía, pero si la justicia fuese sólo soberana no podría producirse como justicia. En cada caso, el horizonte de la diferencia entre lo incondicional y lo soberano dentro del concepto—lo que los abre a todos a su acontecimentalidad, como acontecimientos políticos, como acontecimientos en lo político— es lo que organiza su valencia política: "Sólo una hospitalidad incondicional puede dar sentido y racionalidad práctica a todo concepto de hospitalidad" (205). Se hace necesario por lo tanto pensar a la vez la indisociabilidad y la heterogeneidad de la soberanía y la incondicionalidad. Pero para esta tarea la razón debe dividirse a sí misma, y debe incorporar "una pasividad" que ya la sitúa en el temblor y en el desplazamiento de la soberanía:

> Si un acontecimiento . . . debe llegar, necesita afectar a una pasividad más allá de todo dominio. Debe tocar una vulnerabilidad expuesta, sin inmunidad absoluta, sin indemnidad, en su finitud, y de manera no horizontal, allí donde no es ya posible plantarle cara a la imprevisibilidad del otro. A este respecto, la autoinmunidad no es un mal absoluto. Permite la exposición al otro . . . y debe permanecer incalculable. Sin autoinmunidad, con absoluta inmunidad, nada llegaría nunca. Uno esperaría por nada, por nadie, por ningún acontecimiento. Lo que debe pensarse aquí es esta cosa inconcebible o inconocible, una libertad que ya no sería el poder de ningún sujeto, una libertad sin autonomía, una heteronomía sin servidumbre, esto es, algo así como una decisión pasiva. (*Voyous* 210)

Una política de la decisión pasiva, abierta a la escisión de violencia y ley, dada en el hiato entre la incondicionalidad soberana de la razón y el exceso de una razón abierta al acontecimiento, a la llegada del otro, que yo me permito reconfigurar como el no sujeto para eliminar precisamente el exceso de subjetividad que la aparición del otro siempre parece restituir en el uno—esa sería la propuesta de Derrida para una política práctica del orden nuevo de lo político. Política del dios no soberano, o política no ontoteológica "allí donde el nombre de Dios le daría algo distinto al pensamiento, por ejemplo, una no soberanía vulnerable, sufriente y divisible, mortal incluso, capaz de contradecirse o de arrepentirse . . . *eso* sería una historia completamente diferente y quizás la historia de un dios que se deconstruye incluso en su ipseidad" (216).

Lejos de abrirse sin más a la llegada del otro, de cualquier otro o también de cualquier uno, pues el otro no es siempre necesariamente lo desconocido o lo que siempre llega absolutamente, sino que esa es sólo su posibilidad límite, su posibilidad más extrema, la política de la decisión pasiva es fundamentalmente una crítica de la militancia subjetiva. En su análisis de la *Teoría del partisano* schmittiana, Jan-Werner Müller nota que "el partisano era esencialmente una reencarnación de la figura romántica del héroe—un individuo sin egoísmo que dejaba atrás su individualidad al servicio del colectivo nacional" (Müller, *Dangerous Mind* 149). Al mismo tiempo, sin embargo, si "el partisano revolucionario . . . marcó claramente otro estadio decisivo en la destrucción de la forma supuestamente humanitaria del conflicto interestatal europeo," "por definición, el partisano era una figura totalitaria—absorto existencial y totalmente en su lucha" (150). La intensificación máxima de la soberanía del partisano es ipseidad partisana—el partisano lidia con el enemigo, con el enemigo absoluto, mediante una negación existencial radical, que es el otro lado de la autoafirmación total, no importa cuán mediada por el partido, el estado por venir, o la comunidad nacional. La definición de lo político en términos de la antítesis amigo/enemigo revierte en conflicto de catástrofes subjetivas. *Otro* orden de lo político sólo puede querer decir un orden no decidido por la *jouissance* subjetiva. ¿Puede darse un paso atrás en esto? ¿Un paso hacia la llegada de algo más allá del alcance del héroe o del hombre ordinario, de aquello que ni el héroe, calcinado por *até*, ni el hombre ordinario, circunscrito al servicio de los bienes en la estructura de la traición, pueden cabalmente entender? Pero ese es el paso hacia el no sujeto. Como decía Heidegger, "la dificultad yace en el lenguaje" ("Constitución" 154). La dificultad: establecer las condiciones teóricas para un entendimiento y una práctica de lo político no consumibles en artes del sujeto. La subjetividad, decía Nietzsche, es una interpretación: una interpretación catastrófica, añadimos, mediante la que todo acceso a una práctica incondicional de justicia queda distraída y bloqueada. Si la militancia subjetiva es el límite del ordenamiento político de la modernidad, ¿cómo remover el límite? ¿Cómo trasponer la fantasía? El último capítulo de este libro se vuelve hacia ello, en su diferencia estricta con la filosofía.

An-arqueología de lo político
(Sobre *Volver al mundo*, de José Angel González Sainz)

> La filosofía, en su misma diacronía, es la conciencia de la ruptura de la conciencia. En un movimiento alterno, como el que lleva del escepticismo a la refutación que lo reduce a cenizas, y de las cenizas a su renacer, la filosofía justifica y critica las leyes del ser y de la ciudad, y encuentra otra vez la significación que consiste en separar del absoluto uno-para-el-otro el uno tanto como el otro.
> (Levinas, *Otherwise* 165)

> Era como si ya no emergiera ningún rostro de su cara o se hubiese producido un eclipse. El eclipse del rostro . . . el eclipse del rostro y el despunte de la rigidez.
> (González Sainz, *Volver al mundo* 215)

> La belleza de un rostro y la curva de una cadera no excitan la sexualidad como hechos históricos, puramente naturales, sino como imágenes que comprenden toda la experiencia social. En esta experiencia sobrevive la intención de algo otro que la naturaleza, del amor que no está restringido al sexo.
> (Horkheimer/Adorno, *Dialectic* 108)

1. Crueldad y traición

Quizás la noción misma de un no sujeto de lo político es una contradicción performativa desde el punto de vista del pensador, que se ve obligado a referirse al no sujeto como alteridad. Alteridad significa que el no sujeto nunca es el objeto—la alteridad del no sujeto excede radicalmente la objetividad, dado que en todo caso el objeto es siempre objeto para un sujeto. El no sujeto no está nunca a la mano, nunca accesible. El no sujeto no es el objeto, y es al mismo tiempo nunca yo, en la misma precisa medida en que debe ser articulado en el discurso por un lado y debe fracasar en su articulación por el otro. Como no disponible, como instancia siempre en retirada, el no sujeto no puede ser articulado. Y sin embargo no hay nada más que articular, puesto que todo lo demás está a la mano, ha sido siempre ya articulado. Podría decirse incluso que la subjetividad es la articulación misma.

Pensar el no sujeto de lo político es incurrir en contradicción performativa: el pensamiento, o su expresión, siempre formaliza una traición. Esta traición—esta traición política del no sujeto—es la única posibilidad: la articulación mata a lo articulado en su ser, y lo pone en palabras al servicio de un procedimiento discursivo. Si la traición es inevitable, uno puede proceder a ella ciegamente, o intencionalmente, o bien uno puede proceder a ella siguiendo el imperativo abrumador de contenerla, intentando entonces traicionar la traición. Contener la traición está siempre contaminado de traición. Esta es la "indiscreción" necesaria de la filosofía política, para usar el término de Emmanuel Lévinas (*Otherwise* 7). Su alternativa es la crueldad. La escisión de violencia y ley, su traición recíproca, es alternativa a la crueldad.

Crueldad y traición son los temas ocultos pero más prominentes del "Excurso Dos" en la *Dialéctica de la Ilustración*, de Max Horkheimer y Theodor Adorno. El excurso se titula "Juliette o la Ilustración y la moralidad." De acuerdo con el proyecto del libro, intenta pensar "la historia del pensamiento como órgano de dominación" (117), y lo hace dirigiéndose a lo que los autores llaman "los escritores negros [o los 'cronistas oscuros'] de la burguesía" (117; 118), es decir, Sade y Nietzsche. La tesis del excurso es simple: Sade y Nietzsche exponen la crueldad de la historia del pensamiento como órgano de la dominación; exponen la crueldad del pensamiento como Ilustración; exponen la crueldad de un proceso histórico que ha llevado, en el pensamiento, a la construcción de la figura del sujeto trascendental como dominador del mundo. Pero traicionan tal crueldad al reconocerla en cuanto tal. Dicen Horkheimer y Adorno: "De foma contraria a sus apologistas, los escritores negros de la burguesía no han intentado evitar las consecuencias de la Ilustración armonizando teorías. No han postulado que la razón formalista está más íntimamente aliada a la moralidad que a la inmoralidad. Mientras los escritores optimistas se limitaron a negar y denegar para proteger la unión indisoluble de la razón y el crimen, los cronistas oscuros declararon sin piedad la verdad traumática" (117-18). Y continúan: "No haber glosado por encima ni suprimido sino haber trompeteado a todos los vientos la imposibilidad de derivar de la razón argumento fundamental alguno contra el asesinato dio combustible al odio que los progresistas (precisamente ellos) todavía dirigen contra Sade y Nietzsche" (118). La razón no conjura el crimen. Al contrario, la razón, en una de sus caras, es crueldad esencial. No puede minimizarse el hecho de que la razón sirve al asesinato, en el sentido de que sirve a la historia de la dominación, de que sirve a la opresión de lo humano por lo humano. Kant, que trató de salvar a la razón de sí misma, que intentó traicionar a la razón escondiendo su complicidad con la fuerza, aparece inevitablemente como uno de los "lacayos moralistas de la burguesía" (119). No importa que haya sido un lacayo compasivo, puesto que, como Nietzsche advierte, la compasión es "el mayor peligro" de la razón (citado por Horkheimer y Adorno 119). La negación de la compasión en Nietzsche es por lo tanto la negación de un subterfugio. Nietzsche, como Sade, rehúsa la traición de la razón, o quizás traiciona esa traición al redimir "la confianza inalterable en el hombre que está constantemente amenazada por todas las formas de tranquilizamiento que buscan sólo consolar" (119). Sólo la razón en cuanto tal, sólo el poder del pensamiento y de la Ilustración, en su otra cara, puede liberar "la utopía de una humanidad que, ya no distorsionada en sí, no tiene más necesidad de distorsionar" (119). Horkheimer y Adorno reconocen en Nietzsche y en Sade un tipo de contradicción performativa: abrazan la crueldad de la razón, y al hacerlo así la traicionan. La traición es, en sus términos, un índice o una traza de utopía. La señal de la utopía es de hecho la contradicción performativa misma.

  Pero esta traza de utopía—la promesa eterna de la dialéctica, incluida la dialéctica negativa, de Platón al mismo Adorno—es precaria, desde el punto de vista de la razón, y su contenido epistémico es quizás del orden de una fe. ¿Quién puede decirnos que la auto-consumación del pensamiento, o incluso su consumación más allá de la auto-consumación absoluta, lleva inevitablemente al fin de la distorsión, a la apoteosis de la verdad, y que esta verdad será menos o más que la crueldad absoluta? Si uno piensa que tal afirmación puede ser hecha, entonces el pensamiento está inevitablemente modelado en la fantasía del pensamiento divino, y parte de la postulación de que la auto-transparencia es accesible. Llegar a la auto-transparencia al final del camino del pensamiento, a través de la mediación infinita, es la promesa o la esperanza de la dialéctica, pero permanece promesa o esperanza.

La auto-consumación del pensamiento es la autonomía total de la razón, en una situación histórica que rehusó considerar a la razón empresa puramente humana. Esta fue la definición kantiana de la Ilustración: "la emergencia del hombre de su inmadurez auto-infligida. La inmadurez es la incapacidad de usar el propio entendimiento sin la guía de otra persona" (Kant, citado por Horkheimer y Adorno 81). La madurez es el desarrollo de la razón del hombre hacia algo otro que razón particular (y heterónoma en cuanto particular). Una vez convertida en sistema plenamente autónomo, la razón, en tanto que "poder abstracto del sujeto" (90), sólo enfrenta una resistencia indiscriminada. La reducción de esa resistencia es la "intencionalidad sin propósito" (90) de una razón plenamente funcionalizada, la razón como ama de la naturaleza, dominadora del mundo. El pensamiento dejado a su propia deriva, a su intencionalidad fundamental, acaba perdiéndose, cancelándose a sí mismo en la plena auto-consumación. "Con la formalización de la razón, en la medida en que su función preferida es la de ser un símbolo para procedimientos neutrales, la teoría misma se convierte en un concepto incomprensible, y el pensamiento aparece como dotado de sentido sólo cuando el sentido ha sido descartado. Una vez queda vinculada al modo de producción dominante, la Ilustración—que lucha por minar todo orden que se haya convertido en represivo—se abroga a sí misma" (93). La auto-abrogación de la Ilustración es la negación del conocimiento. En la negación del conocimiento el último refugio de la alteridad queda eliminado. La crueldad emerge entonces como lo que Adorno y Horkheimer llaman la planificación de una sociedad totalmente administrada. Pero es entonces que la revelación de lo social como administración total deja paso a la mínima posibilidad de un éxodo respecto de la administración total. Este éxodo puede de hecho haberse convertido, en la crítica adorniana explícita de la dialéctica hegeliana, en el verdadero logro de la dialéctica: una totalidad fisurada, la fisura en la totalidad, viene a ser así la marca de la utopía en el pensamiento total. Es también la fisura infrapolítica.

Sade y Nietzsche, y por implicación Horkheimer y Adorno, rehúsan traicionar al pensamiento mediante consuelos plausibles o implausibles. Su fidelidad a la no-distorsión, en la que Adorno y Horkheimer encuentran la traza de utopía, refiere a lo que ellos llaman una "confianza inalterable." Pero ¿cuál es el fundamento de esta confianza inalterable en un mundo del que toda referencia al imperativo categórico kantiano, a toda ley moral trascendental, a toda fundamentación cierta de una ética del pensar o del actuar ha sido eliminada? La confianza debe todavía y siempre ser confianza en el poder de la razón, y concretamente en el poder de la razón para alcanzar la verdad, incluso en el sentido ciertamente restringido de verdad como no-distorsión. Esa confianza es por lo tanto todavía Ilustración, y necesariamente incorpora una fe en los resultados redentores o benéficos de la madurez humana: una fe en el progreso contra los progresistas, una fe en el avance del pensamiento más allá de la razón plenamente funcionalizada (la fe en una dialéctica más allá de la dialéctica: dialéctica negativa, o dialéctica de la totalidad en fisura).

La traición de la traición de la razón—el rechazo a esconder la complicidad de la razón con la dominación—es el resultado necesario de la confianza ilustrada, pero en sí no basta. La traición de la traición de la razón abre un camino más allá de la razón autonomizada en absoluto funcionalismo, una posibilidad de éxodo. Pero éxodo ¿adónde? La posibilidad de la no dominación debe permanecer abierta como recurso para el pensamiento en el fin del pensamiento, no sólo como su limitación. En el horizonte de vencimiento del nihilismo en el que se instalan Horkheimer y Adorno deben aparecer—esa es la confianza—estrategias para pensar más allá del mundo como resistencia indiscriminada al sujeto, y eso significa, estrategias para pensar el mundo más allá de la división sujeto/objeto. *Volver al mundo*, de José Angel González Sainz, piensa novelísticamente algunas de esas estrategias.

2. Micrologías y el Ab-soluto

El argumento de la novela es fácil de resumir—la novela busca reproducir formas estructurales arcaicas y/o melodramáticas contra las que establecer su posición. Una mujer austriaca, Bertha, llega de Viena a un pequeño pueblo de la provincia de Soria, en el noreste de España, para asistir al funeral y al entierro de su ex-amante, Miguel, al que ella nunca había dejado de amar. Miguel es un periodista conocido que había vivido en el extranjero la mayor parte de su vida adulta pero que continuaba regresando al pueblo de su infancia con insistencia grande y quizás obsesiva. En el pueblo Miguel tenía largas conversaciones y daba largos paseos con Anastasio y con su hija, mentalmente disminuida de nacimiento. Miguel estaba apartado de su madre y obviamente sufría de una angustia oscuramente vinculada a su pasado. Sus viajes repetidos al pueblo parecían ser un intento de lidiar con tal angustia. Pero llegó a El Valle una última vez, y ahora, en el presente de la narración, o bien ha cometido suicidio, o bien ha sido matado en un episodio borroso que implica a otros dos individuos: Enrique Ruiz de Pablo, famoso poeta y profesor, y líder político notorio de la izquierda radical a principios de los años setenta, y Gregorio, ahora mejor conocido por su apodo, El Biércoles, un amigo de la niñez de Miguel ahora trastornado y llevando la vida de un hombre salvaje en los bosques que rodean El Valle.

La novela está estructurada en tres partes, la primera y la última de las cuales recuentan conversaciones de Bertha con Anastasio, y la segunda de las cuales cuenta las conversaciones de Bertha con Julio, un cuarto amigo de la niñez de Miguel. Enrique Ruiz de Pablo es unos años más viejo que Miguel, Julio, Gregorio o Anastasio. Aprendemos que Ruiz de Pablo fue un mentor carismático para tres de los amigos, pero no para Anastasio, durante años cruciales de la adolescencia y primera juventud. Eventualmente aprendemos también que la relación terminó en una grave ruptura entre los tres amigos y Enrique, e incluso con la locura de Gregorio. Por fin sabremos que no ha habido suicidio: Ruiz de Pablo mató a Miguel, fue atacado por Gregorio pero sobrevivió, y en el presente de la narración está escondido. Esos son los aspectos sustanciales del argumento, a los que deberíamos añadir algunos detalles importantes para el análisis que sigue. La novela nos cuenta el reclutamiento de los tres jóvenes amigos, entre los cuales Miguel es el más inteligente, por Ruiz de Pablo y para un grupo comprometido con la lucha armada revolucionaria contra el estado español bajo la dictadura de Francisco Franco y en los años inmediatamente subsiguientes a la muerte del dictador. El grupo, cuyo referente real pueden ser los Comandos Autónomos Anticapitalistas, ha optado por una "línea autónoma y libertaria en el ámbito de un nacionalismo desestabilizador del sistema como era el del [País Vasco]" (301). Están o estaban conectados a ETA, en su periferia, pero seguían una línea ideológica particular cercana a la de la Autonomía italiana, y por lo tanto influida por figuras como la de Antonio Negri, o por Gilles Deleuze y Felix Guattari. "La realización socializada del deseo—como la dialéctica de la inversión, la construcción de una máquina de guerra más potente—era uno de los sustratos ideológicos de una amplia gama de actividades transgresoras y delictivas que abarcaban todos los ámbitos, desde el familiar y corporal hasta el político, mezclándolos todos en un batiburrillo pulsional donde la figura de carne y hueso del padre o el reconocimiento de la familia era todo uno con la figura o el reconocimiento del Estado, y las raíces del desahogo, de la proyección estética o del impulso erótico se confundían con las de la acción política" (413). Cuando consuman el asesinato de "un conocido político socialista," "cargaban ya a su cuenta una docena larga de asesinatos y un sinfín de sabotajes y atentados de difícil y vaga atribución y confusa reivindicación" (413). (Se piensa que los Comandos Autónomos Anticapitalistas mataron alrededor de 25 personas en su agitada historia.)

Ruiz de Pablo prepara un golpe oscuro dentro de la Organización, que pasa por un asesinato para el que debe conseguir la ayuda de los tres amigos. Miguel debe apretar el gatillo, pero un accidente inesperado lo retrasa y le impide hacerlo. Gregorio dispara o piensa disparar por él. Este episodio desencadena una serie de acontecimientos que termina en el auto-exilio de los tres amigos a París. Pero la Organización los localiza. Tras dos atentados fallidos contra la vida de Julio, Gregorio, ya internamente devastado, cambia la vida de sus amigos por su trabajo renovado como asesino para la Organización. Mientras tanto, Blanca, una llegada tardía al grupo y, resulta, no sólo enamorada de Miguel sino preñada con su hijo, sufre un accidente que le hace perder el niño y la deja en una silla de ruedas. Ruiz de Pablo se la lleva con él.

La narración ocurre muchos años más tarde. Julio está de vuelta en el pueblo, donde trabaja como guardabosques. Gregorio ronda por los montes y de vez en cuando gana algo de dinero o comida como sepulturero en el pueblo. Miguel logra gran éxito como periodista. Y Ruiz de Pablo vive en el pueblo, desde el que continúa su trabajo como poeta famoso e intelectual público, con una Blanca parapléjica a la que cuida. Miguel empieza a volver al pueblo, buscando sin duda un camino de regreso a su vida de juventud y a la vida de los bosques y de las montañas que la rodearon. La pistola que Gregorio disparó había permanecido en manos de Julio, y por fin Julio y Miguel consiguen que alguien les prepare un análisis balístico que confirma con evidencia sus sospechas de que Gregorio no había matado al hombre que Ruiz de Pablo había entrampado—y que por lo tanto fue Ruiz de Pablo quien lo mató. Miguel por fin se enfrenta con Ruiz de Pablo y descubre que Ruiz de Pablo es su hermano bastardo, lo que fuerza a Miguel a abandonar su plan de venganza. Pocas horas más tarde, Ruiz de Pablo mata a Miguel, es atacado por Gregorio, sobrevive y abandona el pueblo hacia algún escondrijo.

La narración evoluciona pues hacia soluciones claramente melodramáticas, incluyendo la peripecia del descubrimiento de vínculos de sangre, que explica la motivación de venganza resentida en las acciones de Ruiz de Pablo, la dramática separación de Miguel y Blanca, y la locura de Gregorio. Pero estos elementos melodramáticos sirven al propósito de enfatizar la estructura edípica general del argumento y su igualmente obvia conexión con el viaje nostálgico de Odiseo. La narración busca pues enmarcarse en una forma narrativa claramente convencional, y por lo tanto no original, quizás tampoco ya interesante. Y sin embargo la novela tiene una fuerza extraordinaria así como una belleza extraña y desolada. Su virtud está fuera del argumento, aunque sostenida en él, en las líneas narrativas y discursivas que hace posible. En ellas la novela establece su reivindicación del estatuto de obra de arte, para el que no hay por qué no tomar la definición de Horkheimer y Adorno: "Está en la naturaleza de la obra de arte, o de la semejanza estética, ser lo que el acontecimiento nuevo y aterrorizante fue en la magia del primitivo: la aparición de la totalidad en lo particular. En la obra de arte todavía ocurre la duplicación mediante la cual la cosa aparece como espiritual, como expresión del *mana*. Esto constituye su aura. Como expresión de la totalidad, el arte reivindica la dignidad de lo absoluto" (Adorno/Horkheimer 19).

La dignidad de lo absoluto está mencionada en el título mismo de la novela: *Volver al mundo*. "Mundo" refiere a la totalidad de relaciones. El aura de esta novela, escrita ya muy entrada la época de la reproducción mecánica, queda laboriosamente establecida más que adquirida mediante una duplicación ardua de la mimesis natural. El recurso fundamental de la novela a la conversación, y con ella, a decir más que a mostrar, puesto que el efecto de la conversación en *Volver al mundo* no depende, como en las novelas clásicas del modernismo literario, de sus silencios sino de sus cuidadosas revelaciones y articulaciones, es el índice de su relación con la filosofía y también del abandono radical de todo tipo de fetichismo estético. La mimesis en esta novela aparece más bien como el intento desesperado de mimesis. La empresa de volver al mundo queda tematizada como pulsión forzosa, como motivo abrumador, como camino a la salvación voluntarioso y al mismo tiempo obligado, así como exhaustivamente autorreflexivo, en un contexto en el que la salvación no es consecuencia de seguir el camino, sino que, de lograrse, se logrará más allá de todo proyecto de la voluntad. Esta es la dimensión específicamente artística o estética de la novela—la renuncia a toda construcción de sistema mediante el que pueda garantizarse el logro intencional. En eso se juega la diferencia respecto de la filosofía.

Las conversaciones de Miguel con Anastasio, o más bien el relato de Anastasio a Bertha de sus conversaciones con Miguel, sirven como ocasión de excursos múltiples hacia las micrologías de la vida social y natural en el pueblo, que no pueden ser racionalizadas como prescripciones para la acción, aunque sienten el fundamento de una mimesis específica si sólo potencialmente política. Estas micrologías, en su *pathos* expresivo, son alegóricas de la aparición radical de la totalidad en lo particular, aunque en vena melancólica, y dan el escenario para la crítica política que la narración ofrece.[76] O, más bien que constituir una crítica política, la fuerza de la novela tiene que ver

---

[76] Tomo la noción de micrologías de Adorno, o más bien del libro de Hent de Vries *Minimal Theologies*, que remite a Adorno. *Minimal Theologies* es un texto sobre la relación entre Adorno y Levinas que me ha permitido enmarcar este capítulo.

con su crítica de lo político. Antes de proceder a ello, seleccionaré tres ejemplos de los que son en mi opinión los tres hilos alegóricos dominantes en la estrategia de escritura de la novela: la naturaleza, lo femenino y la vida social. Uso la expresión "hilos alegóricos," pero podría también llamarlos "incidentes," según el uso que le da Alain Badiou a esa palabra en su interpretación de la obra de Samuel Beckett: incidentes en la totalidad que conmueven la totalidad, fisuras en la totalidad, la aparición de vestigios de alteridad en la mismidad.[77]

Al comienzo de la tercera sección Anastasio le cuenta a Bertha la historia de los olmos que franqueaban el camino rural hasta la carretera y que podían ser vistos desde la casa de Anastasio. Los grandes olmos, la delicia y el asombro de sus variaciones cromáticas y de su presencia aurática, fueron para los amigos, dice Anastasio, "una constante de nuestra vida, casi . . . un eje, una referencia fija" (417). Y cuenta la intimación de que, contra el trasfondo de los ritmos lentos y repetitivos de la vida rural, "el único verdadero movimiento fuera en el fondo el de lo que está quieto, el de esa fuerza incomprensible que unos períodos se adormece y otros de repente se despereza, que se sume y luego estalla mientras dura lo que llamamos siempre" (478). Pero "un buen día esos olmos empezaron a enfermar" (478). La enfermedad que vino de Holanda es un proceso que ataca al árbol en varios pasos, mediante varias invasiones de insectos que lo debilitan y preparan para el ataque de la grafiosis, causada por un hongo, "el verdugo final" (478): "Uno es el que debilita, otro el que propaga e inocula, y un tercero el que mata y apuntilla cuando los otros ya han hecho el primer trabajo de debilitamiento. Todo un proceso, un perfecto reparto de tareas y una verdadera simbiosis de intereses: una obra maestra de la destrucción" (478).

Muchas páginas más tarde, hacia el final de la novela, retorna el tema de la plaga que mató a los olmos, esta vez asociado al vacío interno de Miguel: "es un animalillo que va a ciegas . . . insignificante y monótono a más no poder, pero con una persistencia y una voracidad tales que es capaz de acabar con los ejemplares más nobles, con los más

---

[77] Dice Badiou: "Lo que provoca al pensamiento es la contradicción entre, por un lado, el brillo formal del incidente (su aislamiento, su estatuto como excepción) y, por otro lado, la opacidad de su contenido" (*Dissymetries* 19). Ver también 20. 21, 31, 56, 57.

esbeltos y corpulentos" (603). El gusanito—cifra de la enfermedad de los tres pasos—queda descrito como dotado de intencionalidad sin propósito: "No tiene miras sino más bien una ausencia total de miras . . . no tiene más que un instinto: corroer, carcomer, mellar y abrirse camino en la oscuridad dejando el hueco de su paso como rastro hasta que ya todo entorno es vacío . . . Para ellos no hay límite que valga . . . sólo lo que conviene a su voracidad, y esa voracidad—esa conveniencia—es su Dios, su amor verdadero y su infinita oquedad, y su oquedad, su Dios—el hueco de su paso, repetía, el hueco de su paso como rastro—, se gana royendo, mordisqueando, desgastando" (603-04).

Si el animalillo se opone a los aparentemente poderosos olmos en esos pasajes, en la descripción del carácter de la madre de Julio en la sección segunda el trasfondo obvio no es sólo la frenética intencionalidad sin propósito del padre de Julio, un alma amable pero un desastre de hombre que pasó su vida persiguiendo una invención ruinosa tras otra, desperdiciando el dinero familiar. El trasfondo es también la atracción general que el principal carácter masculino de la novela, Miguel, siente hacia su otro lado, el lado reprimido o ignorado que Miguel eligió eludir, como Julio y Gregorio, pero no Anastasio (y como, por lo demás, tantos otros de los hombres de la novela hicieron con sus vidas en formas diversas), cuando los amigos decidieron dedicarse a seguir las enseñanzas de Ruiz de Pablo y su activismo político radical. En algún momento Julio le cuenta a Berta de una carta de Miguel, en la que Miguel escribe (atacando algo así como el romanticismo político en general, con palabras que se hacen eco negativamente del *pathos* hölderliniano) de su rechazo de la subjetividad heroica que había sido obligada compañera de su vida política:

> había aprendido a apreciar muchos momentos como si toda la vida estuviera concentrada cada vez en cada cosa y cada instante, y todo pudiera ser contenido no ya en el ánfora sagrada del vino y del espíritu, sino en el pequeño receptáculo de la atención. Ni héroes ni poetas ni almas bellas . . . ni el vino de la fascinación ni el espíritu del sacrificio, sino la vieja y desgastada vasija de la atención. Rescatar cada momento de todas las ansias y todas las representaciones y fascinaciones, eso es salvarse . . . de todos los miedos y todos los

rencores, porque ese rescate es la única revancha contra el tiempo . . . Sabía que aquello [la revancha contra el tiempo] no era tampoco más que una fascinación . . . al fin y al cabo." (204-05).

La madre de Julio, que ha alcanzado reconciliación o resignación respecto a las actividades de su marido, "se parecía a otras muchas personas de por aquí, sobre todo mujeres" (221). "Atender y tener cuidado" definen su modo primario de estar en el mundo (221). "Alguien que cuida durante toda su vida que todo esté a punto . . . que todo esté dispuesto, a disposición, las cosas y el tiempo a disposición y no que, por no estarlo, dispongan ellas y él a su antojo de nosotros, no puede tener mucho miedo" (223). Y es por supuesto esta cualidad de no tener miedo, o no *mucho* miedo, que revela al pánico masculino como su contrapartida necesaria, aquello por lo que Miguel siente nostalgia. La reconciliación con el tiempo, con la vida, con el mundo en cuanto tal, a través del cuidado y la atención, es precisamente lo que el temor del vacío, el temor de Dios como la oquedad de una traza, hace aparecer como el verdadero objeto del retorno, y el momento propiamente utópico de la novela; así, el otro lado de su crítica de lo político.

Las páginas dedicadas a la trashumancia, a la migración estacional de los pastores que durante siglos había constituido la vida infraestructural del pueblo, forman una parte importante del tercer hilo alegórico de la novela, sobre la vida social, y en este caso algo así como un contrapunto explícito a la estructuración odiseica de la narrativa, por otra parte ya prefigurado en la historia de los olmos y en la presentación del cuidado femenino del mundo como antídoto al miedo. (Los incidentes narrativos son por lo tanto el contramovimiento a la estructura argumental, la micrología en la que se construye la posición filosófico-estética de la novela.) Por supuesto los pastores, definidos por su misma ausencia respecto de lo social, pueden sólo representar lo social alegóricamente. Apenas tienen contacto con sus vecinos—cada uno de ellos tiene un mundo aparte. Pueden ser vistos, en su ancianidad, después de la desaparición de su modo de vida, en el bar del pueblo. "No se mueven, pero todo en su vida ha sido trasiego, tránsito, mudanza continua de aquí para allí . . . Rara vez los sorprenderás a estos con gente a su alrededor, a no ser que estén rodeados a su vez de intemperie, y el sonido articulado de la voz humana, si se prolonga más allá de unas escuetas frases necesarias, les parece un ruido intolerable" (367); "Hacen inmensos esfuerzos por estar junto a los demás, como si la vida les reservara ahora como castigo lo que antes les había escamoteado también como castigo" (368); "Pregúntales, habla con ellos alguna vez, y te contarán qué es pasarse la vida caminando por otro sitio que aquel por el que todos caminan, vivir de aquí para allí, llegar y saber que tienes que partir; te contarán qué es la soledad, la intemperie, las estrellas... cómo se vive entre los animales... qué era la noche y la nostalgia de casa lo mismo que la nostalgia luego del camino" (370).

He llamado a este tramado alegórico de la novela micrologías, o incidentes, notando que, aunque precisamente incidentales al argumento, le dan consistencia a la estructura narrativa al formar el trasfondo contra el que emerge una crítica de lo político.[78] La crítica de lo político en *Volver al mundo* está por supuesto orientada hacia la militancia radical de los tres amigos en la Organización, hacia su compromiso vital con la acción, que la novela define varias veces como asesinato: el paso a la acción, en las formas de lucha armada revolucionaria, es el pasaje al asesinato, dice la novela, y no es de otra manera. Una de las mujeres dice: "bailábamos, aunque bailásemos solas, agarradas una de la otra o a la cintura de algún forastero mientras ellos aprendían a odiar y aprendían a disparar por el monte, a matar, a ser hombres aprendiendo a matar, que es lo que siempre han hecho y a lo que siempre le han llamado ser hombre" (419). Y por lo tanto ser hombre es de alguna forma esencial siempre menos que ser hombre. Una descripción de la mentalidad militante de la izquierda radical de los años setenta es menos presuntuosa:

> almas bellas predispuestas al entusiasmo, al fervor de una moralidad bella y auténtica, de una verdad efectiva y poderosa que discriminara inequívocamente todas las cosas para poder ser yo aprisa y enérgicamente en su defensa, heroicamente a ser posible, y para dotarnos, de la misma forma inequívoca y violenta, de un enemigo a la altura de nuestras propias convicciones. Artistas del yo, hambrientos de salvación, soñadores de

---

[78] Julián Jiménez Hefferman también entiende la novela de González Sainz como una crítica de la militancia, en el contexto de otras novelas españolas sobre la transición postfranquista.

absoluto, temperamentales e ingenuos, fascinados por la audacia y estética de la violencia, por la guerrilla de la palabra y la conspiración contra lo más poderoso, que en el fondo no hacía sino esconder y sublimar la pequeña conspiración casera contra nuestros padres para la que no teníamos arrestos ni solvencia. Y todo ello . . . en medio del mismo ejército de obtusos y farsantes, de hipócritas y resentidos que hay en todas partes, pero que allí se daban licencia para matar. (317)

La Organización, aunque ideológicamente sostenida en las piedades filosóficas y los pronunciamientos supuestamente spinoziano/nietzscheanos asociados explícitamente con Deleuze y Guattari y con Negri, se presenta como una mera fachada para juegos de poder de carácter sórdido, para pasiones secretas de orden negativo/reactivo. La pasión por la justicia y el encantamiento con la rebelión por amor de la libertad o de la igualdad acaban inevitablemente atrapadas en la dialéctica del poder que es el ambiente natural de toda organización política por muy multitudinaria o rizomática que pretenda ser, como por otra parte podrían haber aprendido en Nietzsche. Miguel y Julio llegan a ver que la elocuencia fatua y sacerdotal de Ruiz de Pablo esconde un secreto profundamente repulsivo, una necesidad convulsa de manipulación de lo humano basada en un deseo de venganza, basada en el resentimiento. El culto nietzscheano de la voluntad de poder como incremento voluntarista de fuerza, como crueldad desencadenada sobre el mundo, que, en la retórica de esta novela, es consustancial a la filosofía de Negri y de Deleuze/Guattari de los setenta, pero que puede entenderse como referido a toda práctica política no renuente, es gemelo de un entendimiento de la práctica de lo político como inversión revolucionaria del mundo en subjetividad, ya al nivel personal o al colectivo. Pero la venganza, en el caído sentido de la venganza edípica contra los mayores, es su base. Los hilos micrológicos de la narrativa constituyen todos ellos límites de la subjetividad, denuncias del sueño de control total del mundo en las que la totalidad aparece en lo particular como aquello que no puede ser reducido a lo particular, como de hecho lo inaprensible o ab-soluto.

No hay conciliación de la oquedad de la destrucción como traza de lo divino en el mundo; no hay conciliación de lo femenino en la sociedad patriarcal, consumida por la práctica del ego; y no hay conciliación de la soledad y el desraizamiento en lo social. Esos son hechos micrológicos, olvidados por nuestra filosofía y nuestra práctica de lo político, con los que podemos aprender a vivir, estética o moral o infrapolíticamente. La aceptación de tales hechos, como precisamente posibilidad de construcción de un entendimiento alternativo de la práctica de vida, y así de lo político, es lo derivable del delirio ebrio de Miguel en la noche de su muerte, justo después de haber aprendido que su peor enemigo es también su hermano: "El lugar en el límite como único tiempo . . . aceptar cada uno su parte de silencio y su parte de abandono, su precariedad pero también la alegría de todo ello porque ésa es la alegría; liberarse también de la libertad para ser libres" (615). Esta aceptación es un abandono de la crueldad. Y, le dice Julio a Bertha, "no es que me haya vuelto reaccionario o nada por el estilo, o por lo menos lo que se suele entender normalmente por reaccionario. No te equivoques" (346). ¿En qué se ha convertido? ¿Cuál es la consecuencia de la traición de la militancia política, como traición de la razón, la consecuencia de la traición de la traición de la militancia política? ¿Es un abandono general de lo político?

3. An-arqueología más allá de la evasión

La novela de José Angel González Sainz busca una crítica de lo político como militancia, aunque no en el nombre de valores reaccionarios. La crítica se efectúa mediante un entramado alegórico compuesto de series cuidadosamente articuladas que establecen incidentes micrológicos contra el trasfondo de un argumento cuyas líneas maestras reproducen instancias míticas de la tradición occidental, tales como la historia de Odiseo o la historia de Edipo. Ese entramado alegórico busca invertir o subvertir el fondo argumental mismo, estableciendo líneas de escape o fisuras en la totalidad. El pensamiento micrológico funciona aquí, pues, como herramienta de detección o desvelamiento de lo que Horkheimer y Adorno llamarían trazas utópicas, es decir, instancias de no dominación dentro del pensamiento como historia de la dominación. Las micrologías ofrecen, en términos conscientemente estéticos, la posibilidad de una inversión infrapolítica en un regreso al mundo como totalidad de relaciones a la vez que hacen claro que el mundo así ofrecido ya no puede ser entendido, ni dominado, como totalidad cerrada. En lo político la filosofía del ego de la militancia radical, incluso la camuflada en pasiones multitudinarias, cierra el mundo en totalidad al poner a la acción, en el asesinato (el asesinato del enemigo aparece aquí como el trabajo propio de la subjetividad, su intencionalidad sin propósito), al servicio de una construcción total de la subjetividad, al servicio de una lucha contra el mundo como resistencia indiscriminada. La militancia política radical es aquí la culminación de la Ilustración en su sentido cruel, y así la contrapartida estricta del poder biopolítico del Estado como administración total de la vida—su otra cara o su inversión, pero no su alternativa. El sujeto es, en esta novela, aunque sea un sujeto opositor y anti-estatal, un sujeto supuestamente revolucionario pero al servicio de la adquisición del poder, propiamente el sujeto de lo político.

El ciego Julián es el único testigo en la escena del asesinato de Miguel, aunque se trate de un testigo que no ve, que sólo puede oír, pero en cuyo oído se revela la verdad de lo que es (el juez dice: "Ya . . . ; eso es lo que usted dice, pero usted en realidad no ha visto nada." Julián responde: "Yo no le he dicho lo que he visto . . . sino lo que ha sucedido" [619]). Unas palabras dichas por Julián son anunciadas temprano en la novela como carismáticas, como palabras que revelan la verdad de la situación. La novela sólo las mienta en su final. Esas palabras son: "matar al hermano . . . en el fondo querer matar al hermano y acostarse con la hermana; ser acogido por la madre y reconocido por igual por el padre. Eso es, y no mucho más en el fondo" (639). Son palabras para Miguel, claro, o para su hermano, pero sería un error entender esta novela, y el final de la novela, como historia puramente personal. La novela quiere referirse a toda la generación de españoles que tomaron posiciones políticas radicales hacia el final de la dictadura de Franco—incluyendo, si bien sin pasar a la lucha armada, al autor mismo de la novela, José Angel González Sainz—y tuvieron que lidiar con las consecuencias durante la transición democrática y hasta hoy. Matar a tu hermano y acostarse con tu hermana—ese es un diagnóstico sencillo, que la novela reconoce y enfatiza como tal: "¿O es que alguien se creía otra cosa?" (639). El diagnóstico, que se aplica a Miguel como se aplica a todos esos artistas del yo enamorados de la liberación social de su propio deseo y comprometidos con la dialéctica de la inversión del mundo a través de la construcción de máquinas de poder cada vez más potentes, fija finalmente la estructuración edípica de *Volver al mundo* de la forma más explícita posible. Pero por supuesto esas no son las últimas palabras de la novela.

Anastasio tiene la última palabra, Anastasio, el cuarto amigo, el que eligió no seguir la retórica maestra de Ruiz de Pablo y en cambio se quedó en el pueblo para acabar cuidando a su hija disminuida mental. Anastasio dice que, al oír esas palabras del ciego, miró a sus ojos, a los ojos del ciego, y vió algo en ellos. Lo que vió está demasiado enredado en la narrativa, y así no es posible un resumen totalmente explicativo. Debo dejar que resuenen esas palabras, aunque tienen que ver con ojos, con la vista, la visión, e incluso con visiones oscuras y micrológicas a las que no se les podrá dar expresión discursiva—son algo así como una segunda vista, o un segundo sentido teórico a través del que la estructuración edípica de la trama explota en algo otro:

> Lo que vio Miguel en la rama del árbol antes de caer fulminado al agua de la balsa aquella madrugada, lo que vio instantes después de oír aquella frase que incluía la palabra olvido, olvidarse, siempre te olvidas de algo fundamental, y mirar inmediatamente hacia abajo: el caño, el hueco oscuro, y el resplandor de luz que ascendía desde el fondo, y también los ojos del ciervo, los ojos como disecados o alucinados, alelados del ciervo antes del accidente, e igualmente los ojos del gato montés echándose encima de estampida en el umbral del hueco del viejo roble. Los ojos del vacío . . . los ojos ciegos que de repente se llenan de un resplandor que se acerca a toda velocidad y se abalanza sobre ti con su espada flamígera para expulsarte como te expulsa el olvido o el abandono; los ojos que salen como de la corteza o la tierra de las caras apostadas ante la cristalera del Hostal, los ojos saltones de la noche, pero también los ojos de la montaña y los ojos verdes incluso de ella. (639-40)

Obviamente el Edipo ciego es una referencia aquí, Miguel tras ser cegado en la visión atroz que incluye sin embargo el repaso de todas sus micrologías de redención—naturales, sociales y femeninas. Miguel se vuelve en el delirio de su borrachera, tras haber constatado que su peor enemigo, su asesino, es también su hermano, un Edipo postedípico que ha abandonado ya sus compulsiones y vive en la verdad de su tragedia. Por lo tanto, también se ha movido más allá de ella, habiéndola dejado atrás, para, como Edipo en Colona, abrir otra narrativa. Ese "algo fundamental" que es olvidado ya no será más olvidado, ya no, puesto que el olvido era la condición misma del destino de Edipo, ahora consumado y por lo tanto vencido.

Estas palabras también llevan a su final, y dejan en ello atrás, las referencias odiseicas, puesto que la novela interpreta a Odiseo en la luz o la estela de Edipo. Los que quieren "que alguien permanezca siempre en un sitio fijo a la espera, a veces olvidada y otras anhelada, pero en todo caso siempre ahí, aguardando en el lugar de la casa y el árbol [recuérdese la función del árbol en la casa del héroe, al final de la *Odisea*] para dar significado, para dotar de sentido a lo que no es más que miedo y olvido o querer hacer soportable lo insuficiente de la vida y la soledad de la pérdida en que ésta consiste" (528), los militantes, viajeros de la guerra, dependen del mismo miedo y olvido que estructura su vida contra el trasfondo de la pérdida y de la catástrofe. Volver al mundo es precisamente no volver a Itaca, puesto que Itaca es una formación sustitutiva, una formación compensatoria que sucede en el "lapso de tiempo que transcurre entre el abandono del miedo y la llegada de la angustia por no sentirlo" (529). No hay retorno a Itaca sin una salida inmediata de Itaca, y esta es la estructura que la novela, a pesar de basarse en ella, condena por fin como el envenenamiento de la vida en la militancia subjetiva, sea del signo que sea. Como lo dicen Horkheimer y Adorno en sus páginas sobre Odiseo,

> Si es el orden fijo de la propiedad dependiente de la vida asentada lo que fundamenta la alienación humana en la que se origina toda nostalgia de la casa y todo anhelo por el estado primigenio del hombre, sin embargo todo anhelo y toda nostalgia de la casa están orientados hacia la vida asentada y la propiedad fija (y sólo en ellas puede aparecer la noción de patria). La definición de Novalis, según la cual toda filosofía es nostalgia de casa, es verdadera sólo si este anhelo no se disuelve en el fantasma de una antigüedad remota y perdida . . . La patria es el estado de haber escapado [al nomadismo, a la desposesión]". (Adorno/Horkheimer 78)

La patria es por lo tanto una consecuencia natural de la

filosofía del yo, y consustancial a la noción de militancia subjetiva. La patria es, sin embargo, precisamente no lo que descubre Miguel—o descubren Anastasio y Bertha—en los ojos de la montaña que los miran (cf. *Volver al mundo* 640, últimas líneas del texto: "Y entonces Bertha no supo si eran los ojos de Anastasio o eran a lo mejor los de la montaña los que la miraban.")

Pero, si es así, no es sólo no la patria. Es esencial reparar en que la destrucción de la posición edípica, y la destrucción del mito odiseico del retorno, formalmente vinculados a la crítica de lo político como militancia subjetiva, ocurren en una novela que hace de esas tres instancias de lo humano condición misma de su enunciación y así de su posibilidad. Es por ello que la crueldad de la novela es de forma fundamental otra versión de la crueldad que Horkheimer y Adorno detectan en Sade y Nietzsche. Es, precisamente, la crueldad que sigue, y por lo tanto también precede, a una auto-traición. De hecho, *Volver al mundo* rompe su propia trama, traiciona su propia trama, al evitar cuidadosamente la totalización de una resolución edípica u odiseica. Si la patria es el estado de haberse escapado, *Volver al mundo*, cuya principal estructuración tiene que ver con la posibilidad y el ansia de retorno de Miguel a su patria, a sus orígenes, al pueblo como escena fundamental o primaria de su vida, donde está todo lo importante, incluyendo el espesor del tiempo, es decir, el tiempo mismo como algo otro que la simple sucesión, evita toda concepción final de la patria como final estable porque, al fin, no hay posibilidad de evasión, de escape. Que no hay escape, que Edipo tiene que acabar mirando a sus propios ojos muertos—decirlo es la crueldad de *Volver al mundo*. Ahí aparece la totalidad en lo particular, pero ahora como totalidad en fisura, como ab-soluta. Y ahí es que aparece la presentación de la práctica política como práctica posible de no-dominación. La historia del pensamiento concluye en esta novela en la liquidación postdictatorial de la práctica militante como práctica *también* de dominación, donde lo que está en juego no es por cierto sancionar al poder dictatorial o al estado fáctico, sino eliminar su mimesis invertida como práctica de liberación. La novela nos acerca a una traza utópica en dialéctica negativa—y quizá en ello lleva más lejos que nadie hasta ahora, en los países recientemente afectados, la reforma del pensamiento en postdictadura.

Me referí al principio de este capítulo a la noción levinasiana de traición como indiscreción necesaria. Antes de concluir este libro con algunas observaciones a su respecto, que me permitirán vincular mis afirmaciones anteriores sobre el no sujeto de lo político no sólo con la novela de González Sainz, sino con la noción de práctica política como práctica de no dominación en el sentido que González Sainz abre, conviene citar una referencia aparentemente casual de Lévinas a Odiseo. En cierto momento de *De otro modo que el ser* Lévinas discute la proximidad y la no-indiferencia hacia el otro. Acaba de decir que "no hay escape" en lo que respecta al otro: "al menos no hay escape posible con impunidad" (77). La proximidad del otro viene antes que la autoconciencia, y nos obsesiona al crear, al haber creado siempre de antemano, una instancia de anterioridad a la que Lévinas llama el "Decir." La organización de la autoconciencia, como por lo demás de toda ontología—la misma ontología de la que Nietzsche piensa que sólo entrega el nihilismo como conclusión posible—pertenece a lo dicho, no al decir. El decir es la fractura de la autoconciencia. Dice Lévinas entonces: "La autoconciencia es un camino de retorno. Pero la *Odisea* ha sido también una aventura, una historia de innumerable encuentros. A su tierra nativa Ulises vuelve disfrazado bajo un exterior falso. Las discusiones coherentes que él sabe cómo llevar disimulan una identidad que es distinta de ellas, pero cuya significación no escapa al olfato animal" (81). Lévinas apunta a algo dentro de la *Odisea* más allá de la *Odisea*: a la historia de los innumerables encuentros que interrumpen la evasión, que interrumpen el sendero de retorno a la autoconciencia. Esos encuentros no son separables del regreso a Itaca, y sin embargo no son lo mismo. Constituyen las micrologías infinitas de la relación, que, en cuanto tales, apuntan al decir desde lo dicho.

Por lo menos dos veces en *Volver al mundo* se hacen explícitos temas levinasianos. Cuando a Julio se le pide que mate por la Organización, después de muchos días de observar a su víctima, un oficial del ejército jubilado, Julio se dispone a matar. Se acerca mucho—su mirada se fija en la cabeza que va a destruir: "de repente vi su nuca. Pero no la nuca de aquel tipo que me había señalado el compañero del bigote unos días atrás en la cafetería, ni tampoco la que yo había visto hasta no hacía nada a lo lejos, la nuca de una figura, de un bulto, la nuca de la abstracción y la injusticia de la vida, sino una nuca que era más bien un rostro, no sé cómo decirte, que era como si en ella hubiera irrumpido, no me digas cómo, de pronto el rostro . . . todo fue ver esa nuca . . . y empezar a desmoronarme" (357). Después de este episodio, en el que Julio no consuma su crimen, Julio se escapa a París para reunirse con Miguel. La referencia a la nuca es una referencia literal a Lévinas, en la medida en que éste último menciona esa nuca que es un rostro en una de sus más importantes entrevistas. O más bien Lévinas cita a Vassily Grossman: "En *Vida y destino* Grossman cuenta cómo en Lubyanka, en Moscú, delante de la puerta infame a donde uno podía llevar cartas o paquetes a amigos o parientes arrestados por 'crímenes político' o recibir noticias de ellos, la gente formaba cola, y cada uno leía en la nuca de la persona que estaba delante de él los sentimientos y las esperanzas de su propia miseria . . . Grossman no está diciendo que la nuca sea un rostro, sino que toda la debilidad, toda la mortalidad, toda la mortalidad desnuda y desarmada del otro puede leerse en ella. No lo dice de esa manera, pero el rostro puede asumir sentido en lo que es lo opuesto del rostro" (Lévinas, *Is It Righteous To Be?* 208). De forma convergente, cuando Gregorio se une a Miguel en París, tras haber matado por la Organización, a su llegada a la estación de Austerlitz Miguel ve en él a un hombre cambiado: "había cambiado hasta en los rasgos anteriores de la cara, hasta el punto de que era como si ya no emergiera ningún rostro de su cara o se hubiese producido un eclipse. El eclipse del rostro . . . el eclipse del rostro y el despunte de la rigidez" (215). Matar causa la pérdida de rostro del asesino en la misma medida en que borra la cara del muerto. Esta es por supuesto otra forma de testificar de la proximidad (violenta) del otro.

    Más allá de esas referencia puntuales, sin embargo, la significación del pensamiento de Lévinas en *Volver al mundo* queda mejor registrada en la tematización de la traición como indiscreción necesaria. He sostenido que la traición (la traición de la traición) es la única posibilidad de expresión del no sujeto dentro de la esfera del lenguaje. La trama alegórica de la novela de González Sainz sirve ese propósito. Lo que cuenta la historia de los olmos, la fenomenología del cuidado femenino o el relato de los pastores trashumantes es lo incontable de lo que permanece más allá de la expresión, pues desborda la expresión. Los incidentes micrológicos que socavan o destruyen la trama del encuentro edípico de Miguel con su peor enemigo constituyen la historia de los encuentros innumerables en el camino a Itaca, más allá de todo camino a Itaca. Apuntan así al no sujeto de lo político como al paradójico y omni-importante centro de lo político. En la ruina de lo político como práctica del yo, emerge algo otro sin lo cual ninguna política importa: el corazón de lo político. Las micrologías son en la novela el adelanto estético de la contradicción performativa: cómo ir más allá de Edipo desde una estructura edípica, cómo moverse lejos de Odiseo en un camino de retorno, cómo dejar el nihilismo ontológico abandonando la ontología, cómo entrar en la política habiendo consumado la crueldad de la militancia subjetiva.

Para Lévinas la respuesta es la traición. Odiseo, en cada uno de sus encuentros, debe traicionar su retorno a Itaca. Ya Horkheimer y Adorno presentaron el camino de retorno de Odiseo como no originario (pues su condición es la entrada del hombre en vida sedentaria y propiedad fija o propiedad de la tierra). Lévinas se pregunta si es posible hallar el referente verdadero y pre-original del retorno al preguntarse si "es posible una an-arqueología" (*De otro modo* 7). An-arqueología: una ciencia de la traición, la traición de la patria de la subjetividad: "Todo se muestra al precio de esta traición, incluso lo indecible. En esta traición la indiscreción respecto de lo indecible, que es probablemente la tarea misma de la filosofía, se hace posible" (*De otro modo* 7). Decir lo indecible es la tarea de la filosofía en la medida en que nada excepto lo no dicho, incluso lo no dicho dentro de lo dicho, merece decirse. ¿Por qué no sugerir entonces que decir el no sujeto es al menos preparatorio para un pensamiento posible de lo político?

¿Nos da *Volver al mundo* una introducción a la tarea misma del pensamiento en la España postransicional? ¿En el Chile o la Argentina de 2003, que es el año de publicación de la novela? ¿Incurre así en la traición del arte? Pero quizás el arte hoy, o el arte de la novela, ya no es sino su autotraición. Sin duda también yo habré incurrido en traición al presentar esta novela, al final de mi libro, como pensamiento político, y como lección de política.

Coda

La globalización plena es el momento de la propiedad ajena, y así también el final de la historicidad de la experiencia. Marx teoriza este momento como el momento de la separación en *Grundrisse*. Dado que la separación en el capitalismo está intrínsecamente conectada a la noción de límite inherente de la producción cuyo vencimiento Žižek considera la fantasía capitalista fundamental, y dado que por lo tanto está relacionada tanto con la noción marxiana del sujeto como con la crítica žižekiana, debo elaborarla. Daré dos ejemplos del texto de Marx sobre el límite inherente de la producción capitalista. Primer ejemplo:

> El capital fuerza a los trabajadores a ir más allá del trabajo necesario al trabajo de plusvalía. Sólo de esa forma puede el capital realizarse, y crear valor de plusvalía. Pero, por otro lado, el capital pone el trabajo necesario sólo en la medida en que sea trabajo de plusvalía, y en que el trabajo de plusvalía pueda realizarse como valor de plusvalía. Pone el trabajo de plusvalía, entonces, como condición del trabajo necesario, y el valor de plusvalía como límite del trabajo objetificado, como límite del valor en cuanto tal. Si no puede poner valor, no pone trabajo necesario. Dados sus fundamentos, no puede proceder de otra manera. Por lo tanto restringe el trabajo y la creación de valor . . . y lo hace por las mismas razones y en la misma medida en que pone el trabajo de plusvalía y el valor de plusvalía. Por naturaleza, por tanto, pone una barrera al trabajo y a la creación de valor, en contradicción con su tendencia a expandirlos sin límite. Y en la medida en que pone una barrera que es específicamente una barrera ante sí, y al mismo tiempo desborda toda barrera, el capital es contradicción viva. (Marx, *Grundrisse* 421).

Segundo ejemplo: "Dado que el valor forma los fundamentos del capital, y dado por lo tanto que necesariamente existe como intercambio de contravalor, así necesariamente se repele a sí mismo. Un capital universal, un capital sin capitales ajenos que lo confronten, con los que intercambia—y desde el punto de vista presente nada lo confronta sino o bien los trabajadores asalariados o bien él mismo—, es por lo tanto una no-cosa. La repulsión recíproca entre capitales ya está contenida en el capital como valor de cambio realizado" (421). En el primer ejemplo, Marx ve contradicción en el hecho de que el poner mismo del trabajo de plusvalía, necesario para la creación de valor de cambio, ya es una restricción del trabajo. Por lo mismo, poner o reclamar valor de plusvalía es una restricción en cuanto a creación de valor. En el límite, esto resulta en sobreproducción, esto es, en la devaluación del valor, y por lo tanto en la devaluación del capital. En el segundo ejemplo, el valor de cambio sólo puede existir contra un contravalor con el que intercambia. El capital está por lo tanto partido internamente, y no puede nunca descansar en la plena reconciliación consigo mismo. El capital es una contradicción viva en perpetua autoconfrontación—pero una autoconfrontación cuya fuerza aumenta en la medida en que el capital sigue su tendencia a vencer sus propias barreras internas. Esto es por supuesto esencial al análisis marxiano del capitalismo, a su noción de crisis y a su noción de un vencimiento necesario del capitalismo por una economía del tiempo alternativa, una nueva temporalización de las fuerzas productivas, y así un nuevo estadio de lo social: en otras palabras, un vencimiento por el llamado modo comunal de producción. Este último sería una consecuencia de remover el límite, y de hacer al capital actuar, no como barrera externa a las fuerzas de producción, sino más bien como espuela interna—así el sujeto en penuria de la mano de obra viva podría florecer en expansión sin límite. Según Marx, el capitalismo tiene una fuerza "civilizatoria" especial sobre la que "descansa la justificación histórica y el poder contemporáneo del capital" (287):

>de la misma forma en que la producción fundada en el capital crea industriosidad universal por un lado—esto es, trabajo de plusvalía, trabajo creador de valor—por otro lado crea un sistema de explotación universal de las cualidades naturales y humanas, un sistema de utilidad general, que utiliza la ciencia misma igual que

> todas las cualidades físicas y mentales, mientras nada aparece más alto en sí mismo, nada legítimo por sí mismo fuera de este círculo de producción e intercambio social. Así que el capital crea la sociedad burguesa, y la apropiación universal de la naturaleza y del lazo social mismo por los miembros de la sociedad. De ahí la gran influencia civilizadora del capital; su producción de un estadio de la sociedad en comparación con el cual todos los estadios previos parecen meros desarrollos locales de la humanidad y mera idolatría de la naturaleza. Por primera vez, la naturaleza se hace puramente un objeto para la humanidad, puramente asunto de utilidad, y deja de ser reconocida como poder en sí mismo. Y el descubrimiento teórico de sus leyes autónomas aparece como una treta para subyugarla a las necesidades humanas, sea como objeto de consumo o como medio de producción. (409-10)

Por primera vez, desde luego, con el capitalismo, la riqueza, en lugar de la creación de mejores ciudadanos (487), se hace el fundamento de la relación socioeconómica. Y dice Marx:

> La vieja perspectiva, en la que el ser humano aparece como la meta de la producción, independientemente de su limitado carácter nacional, religioso o político, parece muy augusta por cierto cuando se contrasta con el mundo moderno, donde la producción es la meta de la humanidad y la riqueza la meta de la producción. De hecho, sin embargo, cuando la limitada forma burguesa es arrancada, ¿qué es la riqueza sino la universalidad de las necesidades, capacidades, placeres, fuerzas productivas humanas, etc., creadas mediante el intercambio universal? ¿qué es la riqueza sino el pleno desarrollo de la dominación humana sobre las fuerzas de la naturaleza, tanto de la llamada naturaleza cuanto de la propia naturaleza humana? ¿el absoluto desarrollo de las potencialidades creativas, sin presuposiciones que no sean las del desarrollo histórico previo, que hace de esta totalidad de desarrollo, esto es,

el desarrollo de todos los poderes humanos en cuanto tales, el fin en sí mismo, y no medido en algún metro predeterminado? ¿donde el hombre no se desarrolla en una especificidad, sino que produce la totalidad? ¿donde lucha no para permanecer siendo aquello que ha llegado a ser, sino que es en el movimiento absoluto del devenir? 487-88

¿Cuál es entonces el problema? Parecería que el modo burgués de producción es mejor que cualquier otro modo de la historia. Y para Marx, por cierto lo es. Sin embargo, es sólo *relativamente* mejor, y por la misma razón, desde otra perspectiva, es sólo relativamente peor. El límite debe encontrarse precisamente en las contradicciones internas del modo de producción regido por el capital, que son también "su naturaleza y el carácter esencial de su concepto mismo" (415). Por eso continua la cita anterior: "En la economía burguesa—y en la época de producción a la que corresponde—este completo desarrollo del contenido humano aparece como un completo vaciarse, esta objetificación universal como alineación total, y la destrucción de todas las metas limitadas y unilaterales como el sacrificio del último fin humano a un fin enteramente externo" (488). Y esto es lo que Marx vincula a su concepto de separación. La separación viene a ser un tema esencial para Marx, puesto que es la condición misma de la historicidad, y a la que opone la propiedad. De la separación dice: "No es la unidad de la humanidad viva y activa con las condiciones inorgánicas naturales de su intercambio metabólico con la naturaleza, y por lo tanto su apropiación de la naturaleza, lo que requiere explicación o viene como resultado de un proceso histórico, sino más bien la separación entre esas condiciones inorgánicas de la existencia humana y esta existencia activa, separación que está completamente puesta sólo en la relación entre trabajo asalariado y capital" (489). La propiedad, por oposición a la separación, es precisamente "la relación del sujeto trabajador (productor o autorreproductor) con las condiciones de su producción o reproducción como suyas propias" (495). Sólo las comunidades arcaicas vivían su relación económica como relación de propiedad en ese sentido. En ellas "el ser objetivo del individuo como propietario, por ejemplo propietario de la tierra, se presupone, y se presupone además bajo ciertas condiciones que lo encadenan a la comunidad, o más bien forman un vínculo en su cadena. En la sociedad burguesa, el trabajador por ejemplo está ahí puramente sin objetividad, subjetivamente; pero lo que está delante de él, opuesto a él, se ha hecho ahora la verdadera comunidad, de la que se esfuerza por comer, pero que acaba comiéndoselo a él" (496) Verdadera comunidad, o *Gemeinwesen*, en el sentido de lo que es común a todos, es hoy el dinero para Marx: queremos apropiarnos de dinero, pero el dinero se ha apropiado de nosotros. En consecuencia,

> la producción basada en valor de cambio y la comunidad basada en el intercambio de estos valores de cambio—incluso aunque parezcan poner a la propiedad como consecuencia del solo trabajo, y poner a la propiedad privada por encima del producto del propio trabajo como su condición—y el trabajo como condición general de la riqueza, todos presuponen y producen la separación del trabajo de sus condiciones objetivas. Este intercambio de equivalencias continúa; es sólo la capa superficial de una producción que descansa en la apropiación del trabajo ajeno sin intercambio, pero con la apariencia de intercambio. Este sistema de intercambio descansa en el capital como su fundamento, y, cuando es contemplado separadamente del capital, como aparece en su superficie, como sistema independiente, entonces es una mera ilusión, pero una ilusión necesaria. Por lo tanto no queda ya ningún espacio para asombrarse de que el sistema de valores de cambio—intercambio de equivalencias medido en trabajo—se vuelva, o más bien revele como su trasfondo oculto, la apropiación de trabajo ajeno sin intercambio, la separación completa de trabajo y propiedad. (509)

Lo que significa, y ahí quería llegar, que el momento de plena autoconsumación del modo de producción basado en el intercambio, es decir, el momento del mercado mundial, o el momento de la globalización en cuanto tal, es también el momento de la absoluta apropiación del trabajo ajeno. Este es el momento del robo absoluto del tiempo, y por lo tanto también el momento de la subjetividad más hondamente en penuria del sujeto de la mano de obra viva. No es sorpresa que *Speed*, en la interpretación de Jameson, deba concluir que la absoluta reducción del tiempo al presente es también la reducción absoluta del sujeto a su posición como totalidad vacía: ya no hay sujeto, sólo su lugar vacío, en plena separación.

Obras citadas

Agamben, Giorgio. *The Coming Community*. Michael Hardt trad. Minneapolis: University of Minnesota Press, 1993.
___. *Homo Sacer. Sovereign Power and Bare Life*. Daniel Heller-Roazen trad. Stanford: Stanford University Press, 1998.
___. "The Messiah and the Sovereign: The Problem of Law in Walter Benjamin". *Potentialities. Collected Essays in Philosophy*. Daniel Heller-Roazen trad. Stanford: Stanford University Press, 1999. 160-74.
___. *Stato di eccezione. Homo Sacer 2.1*. Turín: Bollati Boringhieri, 2003.
___. *The Man Without Contents*. Georgia Albert trad. Stanford: Stanford University Press, 1999.
___. *Il tempo che resta. Un commento alla Lettera ai Romani*. Turín: Bollati Boringhieri, 2000.
Althusser, Louis. "Ideology and Ideological State Apparatuses (Notes Towards an Investigation)". *Lenin and Philosophy and Other Essays*. Ben Brewster trad. Nueva York: Monthly Review Press, 1971. 127-86.
___. "The 'Piccolo Teatro': Bertolazzi and Brecht. Notes on a Materialist Theatre." *For Marx*. Ben Brewster trad. Londres: Verso, 1965. 129-151.
Arendt, Hanna. *The Human Condition*. Introducción de Margaret Canovan. Chicago: University of Chicago Press, 1998.
Badiou, Alain. *L'être et l'événement*. París: Editions du Seuil, 1988.
___. *Dissymetries. On Beckett*. Nina Powers ed. y Alberto Toscano trad. Manchester: Clinamen Press, 2003.
___. *Saint Paul. The Foundations of Universalism*. Ray Brassier trad. Stanford: Stanford University Press, 2003.
___. *Deleuze. The Clamor of Being*. Louise Burchill trad. Minneapolis: University of Minnesota Press, 1997.
Bambach, Charles. *Heidegger's Roots. Nietzsche, National Socialism, and the Greeks*. Ithaca, NY: Cornell University Press, 2003.

Benjamin, Walter. "Critique of Violence". *Selected Writings. Volume 1. 1913-1926*. Marcus Bullock y Michael W. Jennings eds. Cambridge, MA: Belknap Press, 1996. 236-252.

Blanchot, Maurice. *The Unavowable Community*. Pierre Joris trad. Barrytown: Station Hill Press, 1988.

Bont, Jan de (director). *Speed*. 20th Century Fox, 1994.

___. *Twister*. Warner Brothers, 1996.

Borger, Julian. "Israel Hired to Train US Killer Team for Iraq Ops". *The Guardian Weekly*, 11 de diciembre/17 de diciembre, 2003, 1-2.

Borges, Jorge Luis. "Los teólogos". *Prosa completa. Volumen 2*. Barcelona: Bruguera, 1980. 30-37.

Bosteels, Bruno. "Alain Badiou's Theory of the Subject. Part I. The Recommencement of Dialectical Materialism?" *Pli. The Warwick Journal of Philosophy* 12 (2001), 200-229.

___. "Alain Badiou's Theory of the Subject. The Recommencement of Dialectical Materialism? (Part II)". *Pli. The Warwick Journal of Philosophy* 13 (2002), 173-208.

Bourdieu, Pierre, y otros. *La misére du monde*. París: Editions du Seuil, 1993.

Butler, Judith, Ernesto Laclau, and Slavoj Žižek. *Hegemony, Contingency, Universality. Contemporary Dialogues on the Left*. Londres: Verso, 2000.

Cabezas, Oscar. "On Schmitt's *The Concept of the Political*". Manuscrito.

Clavero, Bartolomé. *Genocidio y justicia. La destrucción de las Indias ayer y hoy*. Madrid: Marcial Pons, 2002.

Chakrabarty, Dipesh. *Provincializing Europe. Postcolonial Thought and Historical Difference*. Princeton: Princeton University Press, 2000.

De Lillo, Don. *Cosmopolis*. Nueva York: Scribner, 2003.

Deleuze, Gilles and Felix Guattari. *What is Philosophy?* Hugh Tomlinson y Graham Burchell trads. Nueva York: Columbia University Press, 1994.

Derrida, Jacques. *Acts of Religion*. Gil Anidjar ed. Nueva York: Routledge, 2001.

___. "Du marxisme. Dialogue avec Daniel Bensaid". *Sur parole. Instantanés philosophiques*. París: Editions de l'Aube, 1999. 115-122.

___. "Force of Law. The 'Mystical Foundations of Authority'." *Acts of Religion*. Gil Anidjar ed. y trad. Nueva York: Routledge, 2002. 228-298.

___. "Passions. 'An Oblique Suffering'". *On the Name*. Thomas Du Toit. ed. y David Wood trad. Stanford: Stanford University Press, 1995. 3-31.

___. *Politics of Friendship*. George Collins trad. Nueva York: Verso, 1997.

___. *Specters of Marx. The State of the Debt, the Work of Mourning, and the New International*. Peggy Kamuf trad. Nueva York: Routledge, 1994.

___. *Voyous. Deux essais sur la raison*. París: Galilée, 2003.

Donoso Cortés, Joaquín José María. "Discurso sobre la dictadura". En *Ensayo sobre el catolicismo, el liberalismo y el socialismo*, 241-61.

Donoso Cortés, Juan. *Ensayo sobre el catolicismo, el liberalismo y el socialismo. Otros escritos*. Introducción de Manuel Fraga Iribarne. José Luis Gómez ed. Barcelona: Planeta, 1985.

Dreyfus, Hubert L. "'Being and Power' Revisited". Milchman and Rosenberg, *Foucault*, 30-54.

Edler, Frank H. W. "Heidegger's Interpretation of the German 'Revolution'". *Research in Phenomenology* 23 (1993), 153-71.

___. "Philosophy, Language, and Politics: Heidegger's Attempt to Steal the Language of the Revolution in 1933-34". *Social Research* 57.1 (1990), 197-239.

Evans, Richard J. *The Coming of the Third Reich*. Londres: Penguin, 2003.

___. *The Third Reich in Power*. Nueva York: Penguin, 2005.

Foucault, Michel. *The History of Sexuality. Volume 1. An Introduction*. Robert Hurley trad. Nueva York: Vintage, 1990.

___. *Society Must Be Defended. Lectures at the Collége de France 1975-76*. Mauro Bertani y Alessandro Fontana eds. David Macey trad. Nueva York: Picador, 2003.

___. "Truth and Juridical Forms". In *Power. Essential Works of Foucault 1954-1984. Vol. 3*. James D. Faubion ed. y trad. Paul Rabinow ed. de la serie. Nueva York: New Press, 2000. 1-89.

Friedman, Thomas L. "No Vote for Al Qaeda". *New York Times*, 25 de marzo, 2004, A27.

Fritsche, Johannes. *Historical Destiny and National Socialism in*

Heidegger's *Being and Time*. Berkeley: University of California Press, 1999.

Fukuyama, Francis. *The End of History and the Last Man*. Nueva York: Free Press, 1992.

González Sainz, José Angel. *Volver al mundo*. Barcelona: Anagrama, 2003.

Hammet, Dashiell. *The Maltese Falcon*. Nueva York: Vintage, 1997.

Hallward, Peter. *Badiou. A Subject to Truth*. Prefacio de Slavoj Žižek. Minneapolis: University of Minnesota Press, 2003.

Hardt, Michael y Antonio Negri. *Empire*. Cambridge: Harvard University Press, 2000.

Heidegger, Martin. "Carta sobre el humanism". *Hitos*. Versión de Helena Cortés y Arturo Leyte. Madrid: Alianza Editorial, 2000.

___. "La constitución onto-teo-lógica de la metafísica/Die Onto-Theo-Logische Verfassung der Metaphysik". *Identidad y diferencia/ Identität und Differenz*. Arturo Leyte ed. Helena Cortés y Arturo Leyte trads. Barcelona: Anthropos, 1988. 98-157.

___. *Contributions to Philosophy (From Enowning)*. Parvis Emad y Kenneth Maly trads. Bloomington: Indiana University Press, 1999.

___. *Nietzsche*. 4 volúmenes. David Farrell Krell trad. San Francisco: HarperCollins, 1991.

___. *Parmenides*. André Schuwer y Richard Rojcewicz trads. Bloomington: Indiana University Press, 1992.

___. *The Principle of Reason*. Reginald Lilly trad. Bloomington: Indiana University Press, 1991.

___. "The Question Concerning Technology". *The Question Concerning Technology and Other Essays*. William Lovitt trad. Nueva York: Harper and Row, 1977. 3-35.

___. *Ser y tiempo*. Jorge Eduardo Rivera trad. Santiago: Editorial Universitaria, 1997.

___. "The Word of Nietzsche 'God is Dead.'" *Question*, 53-112.

Heller, Agnes. "Parmenides and the Battle of Stalingrad". *Graduate Faculty Philosophy Journal* 19.2/20.1 (1997), 247-62.

Herr, Michael. *Dispatches. A Correspondent's Memoir: 1967-1975*. En *Reporting Vietnam. Part Two. American Journalism 1969-1975*. Nueva York: The Library of America, 1998. 555-764.

Hersh, Seymour. "The Gray Zone. How a Secret Pentagon Program Came to Abu Ghraib". *New Yorker*, 24 de mayo, 2004, 38-44.

___. "Moving Targets. A Vietnam-Style Mission in Iraq". *New Yorker*,

15 de diciembre, 2003, 48-55.

Horkheimer, Max y Theodor Adorno. *Dialectic of Enlightenment*. John Cumming trad. Nueva York: Continuum, 1989.

Huntington, Samuel P. *The Clash of Civilizations and the Remaking of World Order*. Nueva York: Simon & Schuster, 1996.

Jameson, Fredric. "The Ends of Temporality". Notas de conferencia dada en Duke University, marzo 2002.

Jiménez Hefferman, Julián. "Tierra: Terror: Error. Crónicas de heroísmo errado en la narrativa contemporánea". Separata. *Studi Ispanici*, 2006.

Joyce, James. *Ulysses. The Corrected Text*. Hans Walter Gabler ed. Nueva York: Vintage, 1986.

Kagan, Robert. *Of Paradise and Power. America and Europe in the New World Order*. Nueva York: Alfred A. Knopf, 2003.

Kamen, Henry. *Empire. How Spain Became a World Power 1492-1763*. Nueva York: HarperCollins, 2003.

Kisiel, Theodore. "Situating Rhetorical Politics in Heidegger's Protopractical Ontology 1923–25: The French Occupy the Ruhr". *Existentia* 9 (1999), 11-30.

Kraniauskas, John. "Empire, or Multitude: Transnational Negri". *Radical Philosophy* 103 (Sept/Oct 2000), 29-39.

Lacan, Jacques. *The Seminar of Jacques Lacan. Book II. The Ego in Freud's Theory and in the Technique of Psychoanalysis 1954-1955*. Jacques-Alain Millar ed. Sylvana Tomaselli trad. Nueva York: Norton, 1991.

___. *The Seminar of Jacques Lacan. Book VII. The Ethics of Psychoanalysis 1959-1960*. Jacques-Alain Miller ed. Dennis Porter trad. Nueva York: W. W. Norton, 1992.

___. *The Seminar of Jacques Lacan. Book XX. On Feminine Sexuality, the Limits of Love and Knowledge, 1972-1973. Encore*. Jacques-Alain Miller ed. Bruce Fink trad. Nueva York: Norton, 1998.

Laclau, Ernesto. *Emancipation(s)*. Londres: Verso, 1996.

___. *New Reflections on the Revolution of Our Time*. Londres: Verso, 1990.

___ y Chantal Mouffe. *Hegemony and Socialist Strategy. Towards a Radical Democratic Politics*. Londres: Verso, 1985.

Lacoue-Labarthe, Philippe y Jean-Luc Nancy. *Retreating the Political*. Simon Sparks ed. Londres: Routledge, 1997.

Lazzarato, Maurizio. "Immaterial Labor". Paolo Virno y Michael Hardt eds. *Radical Thought in Italy. A Potential Politics*. Minneapolis: University of Minnesota Press, 1996. 133-46.

Lea, Henry Charles. *A History of the Inquisition in Spain*. 4 volúmenes. Nueva York: Macmillan, 1906-7.

Levinas, Emmanuel. *Is It Righteous To Be? Interviews with Emmanuel Levinas*. Jill Robbins ed. Stanford: Stanford University Press, 2002.

___. *Otherwise than Being, or Beyond Essence*. Alphonso Lingis trad. Pittsburgh: Duquesne University Press, 1998.

Martínez Marzoa, Felipe. *Heidegger y su tiempo*. Madrid: Akal, 1999.

Marx, Karl. *Grundrisse. Foundations of the Critique of Political Economy*. Martin Nicolaus trans. Londres: Penguin, 1993.

Menand, Louis. "Patriot Games. The New Nativism of Samuel P. Huntington". *New Yorker*, 27 de mayo, 2004, 92-98.

Miklitsch, Robert. "'Going Through the Fantasy:' Screening Slavoj Žižek". *South Atlantic Quarterly* 97.2 (1998), 475-507.

Milchman, Alan and Alan Rosenberg eds. *Foucault and Heidegger: Critical Encounters*. Minneapolis: University of Minnesota Press, 2003.

___. "Toward a Foucault/Heidegger *Auseinandersetzung*". Milchman y Rosenberg eds. *Foucault*. 1-29.

Moreiras, Alberto. "Against Cultural-Political Closure". *South Atlantic Quarterly* 104.2 (2005), 263-75.

___. "Beyond the Line: On Infinite Decolonization". *American Literary History* 17.3 (2005), 575-94.

___. "Children of Light. Neopaulinism and the Cathexis of Difference. Part One". *The Bible and Critical Theory* 1.1 (2004). Y "Children of Light. Neopaulinism and the Cathexis of Difference. Part Two". *The Bible and Critical Theory* 1.2 (2005). DOI:10.2104/bc04003. **www.epress.monash.edu.au**.

___. *The Exhaustion of Difference. The Politics of Latin American Cultural Studies*. Durham, NC: Duke University Press, 2001.

___. "A God Without Sovereignty, Political Jouissance, the Passive Decision". *CR: The New Centennial Review* 4.3 (2005), 71-108.

___. "Historia biopolitica e historia desobrada. Comentarios sobre reflexion inmaterial". *Extremoccidente* 1 (2002), 71-75. Traducción en versión revisada: "Infrapolitics and Immaterial Reflection".

Polygraph 15-16 (2004), 33-46.

___. *Infrapolítica. Instrucciones de uso*. Madrid: La Oficina, 2020.

___."Line of Shadow: Metaphysics in Counter-Empire". *Rethinking Marxism* 13.3-4 (2001), 216-26.

___. *Línea de sombra. El no sujeto de lo político*. [Primera edición.] Santiago de Chile: Palinodia, 2006.

___."Preemptive Manhunt: A New Partisanship". *Positions* 13.1 (2005), 9-30.

___. "A Thinking Relationship. The Ends of Subalternity. On *Hegemony, Contingency, Universality. Contemporary Dialogues on the Left*". *South Atlantic Quarterly* 101:1 (Winter 2002), 97-131; Traducción española: "Una relacion de pensamiento: El fin de la subalternidad". En *Postmarxismo. En los margenes del marxismo. Cuadernos sociologicos* 1. Santiago de Chile: Arcis, 2002. 159-200.

Müller, Jan-Werner. *A Dangerous Mind. Carl Schmitt in Post-War European Thought*. New Haven: Yale University Press, 2003.

Nancy, Jean-Luc. *The Inoperative Community*. Peter Connor y otros trads. Minneapolis: University of Minnesota Press, 1991.

___. "The Jurisdiction of the Hegelian Monarch". *The Birth to Presence*. Brian Holmes y otros trads. Stanford: Stanford University Press, 1993. 110-42.

"National Security Strategy of the United States of America". **http://www.whitehouse.gov//nsc/nss.html**.

Negri, Antonio. *Insurgencies. Constituent Power and the Modern State*. Maurizia Buscagli trad. Minneapolis: University of Minnesota Press, 1999.

Nietzsche, Friedrich. *The Gay Science. With a Prelude in Rhymes and an Appendix of Songs*. Walter Kaufmann trad. Nueva York: Vintage, 1974.

___. *Twilight of the Idols/The Anti-Christ*. R. J. Hollingdale trad. Londres: Penguin, 1990.

___. *Writings from the Late Notebooks*. Rüdiger Bittner ed. Cambridge: Cambridge University Press, 2003.

Parker, T. Jefferson. *California Girl*. Nueva York: HarperTorch, 2004.

Pérez Villanueva, Joaquín and Bartolomé Escandell Bonet eds. *Historia de la Inquisición en España y América*. 3 volúmenes. Madrid: Biblioteca de Autores Cristianos/Centro de Estudios Inquisitoriales, 1993.

Prades, María Jesús. "Madrid Bomb Suspect Indicted in 9/11 Case". *The Herald-Sun*, 29 de abril 2004, A3.

Ranciére, Jacques. *Disagreement. Politics and Philosophy*. Julie Rose trad. Minneapolis: University of Minnesota Press, 1999.

Rasch, William. "A Completely New Politics, or, Excluding the Political? Agamben's Critique of Sovereignty". *Soziale Systeme* 8 (2002), 38-53.

___. "Confict as a Vocation. Carl Schmitt and the Possibility of Politics". *Theory, Culture and Society* 17 (2000), 1-32.

___. "Sovereignty and Its Discontents. On the Primacy of Conflict and the Structure of the Political". Manuscrito.

Sagrada Biblia. Pedro Franquesa y José María Solé trads. Barcelona: Regina, 1968.

Sanger, David E. and David Johnston. "US Official Says Spanish Government 'Mishandled' Reports on Bombing". *New York Times*, 18 de marzo 2004, A10.

Santner, Eric L. *On the Psychotheology of Everyday Life*. Chicago: University of Chicago Press, 2001.

Schmitt, Carl. *The Concept of the Political*. George Schwab trad. Chicago: University of Chicago Press, 1996.

___. *The Nomos of the Earth in the International Law of the Jus Publicum Europaeum*. Editado y traducido por G. L. Ulmen. Nueva York: Telos, 2003.

___. *The Theory of the Partisan. A Commentary/Remark on the Concept of the Political*. Trad. Por A. C. Goodson. Publicado en el website de *CR: The New Centennial Review*: **http://www.msupress.msu.edu/journals/cr/schmitt.pdf**.

___. *Political Theology. Four Chapters on the Concept of Sovereignty*. George Schwab trad. Cambridge: MIT Press, 1985.

Schmitt, Eric. "Finding Hussein Took Skill and Plenty of Legwork". *New York Times*, 16 de diciembre, 2003, A18.

Sharabi, Hisham. *Neopatriarchy. A Theory of Distorted Change in Arab Society*. Nueva York: Oxford UP, 1988.

Sluga, Hans. *Heidegger's Crisis. Philosophy and Politics in Nazi Germany*. Cambridge, MA: Harvard University Press, 1993.

Spanos, William S. *America's Shadow. An Anatomy of Empire*. Minneapolis: University of Minnesota Press, 2000.

"Statement 'You Love Life, You Love Death'". *The Guardian Weekly*, marzo 18-24, 2004, 1.

Strauss, Leo. "Notes on Carl Schmitt, *The Concept of the Political*". J. Harvey Lomax trad. En Schmitt, *Concept* 83-107.

___. *The Political Philosophy of Hobbes. Its Basis and Its Genesis*. Elsa M. Sinclair trad. Chicago: University of Chicago Press, 1963.

Surowiecki, James. "The Most Devastating Retailer in the World". *New Yorker*, 18 de septiembre, 2000, 74.

Tyler, Patrick E. y Don Van Natta Jr. "Militants in Europe Openly Call for Jihad and the Rule of Islam". *New York Times*, 26 de abril, 2004, A1-A10.

Virno, Paolo. "Virtuosity and Revolution. The Political Theory of Exodus". *Radical Thought in Italy. A Potential Politics*. Paolo Virno y Michael Hardt eds. Minneapolis: University of Minnesota Press, 1996. 189-210.

Vries, Hent de. *Minimal Theologies. Critiques of Secular Reason in Adorno and Levinas*. Baltimore: Johns Hopkins University Press, 2005.

Zambrano, María. *Persona y democracia. La historia sacrificial* [1958]. Barcelona: Anthropos, 1988.

Žižek, Slavoj. "Um empreendimento pré-marxista". *Folha de São Paulo. Mais!*, 24 de septiembre, 2000, 13.

___. *The Fragile Absolute—Or, Why is the Christian Legacy Worth Fighting For?* Londres: Verso, 2000.

___. "Is There a Politics of Subtraction?" Manuscrito.

___. "Psychoanalysis in Post-Marxism: The Case of Alain Badiou". *South Atlantic Quarterly* 97.2 (1998), 235-261.

___. *The Puppet and the Dwarf. The Perverse Core of Christianity*. Cambridge, MA: MIT Press, 2003.

___. ed. *Revolution at the Gates. Selected Writings of Lenin from 1917*. Londres: Verso, 2002.

___. *The Ticklish Subject. The Absent Centre of Political Ontology*. Londres: Verso, 1999.

___. con Eric L. Santner y Kenneth Reinhard. *The Neighbor. Three Inquiries in Political Theology*. Chicago: University of Chicago Press, 2005.

www.ingramcontent.com/pod-product-compliance
Lightning Source LLC
Chambersburg PA
CBHW031948080426
42735CB00007B/309